古代歷史文化 研究輯刊

五 編

王明蓀 主編

第26冊

中國現代化的推手
——以留美實科女生爲主的研究（1881-1927）（下）

王惠姬 著

國家圖書館出版品預行編目資料

中國現代化的推手——以留美實科女生為主的研究
（1881-1927）（下）／王惠姬 著—初版—新北市：花木蘭文
化出版社，2011〔民100〕
目 2+212 面：19×26 公分
（古代歷史文化研究輯刊 五編：第 26 冊）
ISBN：978-986-254-439-6（精裝）
1. 清末留學運動　2. 婦女教育　3. 教育現代化
618　　　　　　　　　　　　　　　　100000596

ISBN-978-986-254-439-6

9 789862 544396

古代歷史文化研究輯刊
五　編　第二六冊　　　　　ISBN：978-986-254-439-6

中國現代化的推
——以留美實科女生爲主的研究（1881-1927）（下）

作　　者　王惠姬
主　　編　王明蓀
總 編 輯　杜潔祥
印　　刷　普羅文化出版廣告事業
出　　版　花木蘭文化出版社
發 行 所　花木蘭文化出版社
發 行 人　高小娟
聯絡地址　新北市永和區中正路五九五號七樓之三
　　　　　電話：02-2923-1455／傳眞：02-2923-1452
電子信箱　sut81518@gmail.com
初　　版　2011 年 3 月
定　　價　五編 32 冊（精裝）新台幣 56,000 元

中國現代化的推手
——以留美實科女生爲主的研究（1881-1927）（下）

王惠姬　著

附 表

第四章　留美實科女生與中國醫護衛生的現代化

　　留美女生返國後的表現，分布許多領域，其中如醫學、護理、理工與自然科學教育等方面，頗有成就，有助於中國的現代化。本章擬說明醫護與衛生方面。

第一節　清末留美返國女生的行醫濟世

　　在近代，女醫生專指由醫學院畢業，用西醫的方法技術診治病人的女子。女子赴美學醫，學成後回國行醫，如清末的金韵梅、許金訇、石美玉、康成等等，成為現代中國早期的女醫生。民元以後至 1930 年代，女醫更多。她們的貢獻，探討如下。

一、引進西洋醫護技術濟世

（一）金韵梅在廈門與天津的行醫

　　1888 年，金韵梅初返抵上海，曾給清吏上書，主張推廣醫藥、西學，開辦女子醫藥護士學校，未能得到支持。〔註1〕同年接受荷蘭復興會的婦女差會（Women's Board of the Dutch Reformed Church）資助委派，赴廈門女病院行醫，手到病除，受當地人歡迎，頗為出名。次年，她擔任第一位衛理會醫生的助手。〔註2〕事實上，當時中國尚無條件自辦女子醫院。即使外國傳教士在

〔註 1〕　傅華，〈天津護士學校創辦概況〉，頁 60。
〔註 2〕　貝德士輯，〈中國基督徒名錄〉，頁 407；李濤，〈金韵梅醫師事略〉，頁 757。

上海興辦一所女子醫院也不容易經營。1883 年，美國聖公會傳教士萊芙斯納德（E. Reifsnyder）女醫師抵上海，次年春在舊城所開一小診所，2 個月後以無法維持而關閉。後來，她與第一位來華的女護士麥基奇尼（E. Mckechnie）合作重開診所。她倆募款達 12,000 元，就在上海西門外徐家匯建一醫院，稱西門婦孺醫院，英文名威廉森醫院，以紀念主要捐款人韋女醫（Mrs. Williamson）。1885 年開診，有 20 張病床；為病人提供被褥及衣服，但不提供伙食；門診病人需付少許掛號費和押金。人手還有女總管伯內特（M. A.Burnett）、賈米森與文恆里。〔註3〕

1889 年，金韵梅因感染瘴氣深重，赴日本神戶山手通養病一年多。1905 年返國，到成都行醫。〔註4〕這一年清廷實行新政，對中國落後無序的醫療衛生狀況，開始進行管理和改進。當時在全國首都北京設立「衛生處」，隸屬北京內外巡警總廳（原內外城工巡總局），以負責管理北京的清道、防疫、檢查實務、屠宰考驗、醫務藥科各事項。1910 年，民政部效仿先進國家經驗，由各部及順天府等官署，成立「衛生會」，招請通曉西醫的專業人員，研究制定〈預防時疫清潔規則〉、〈管理種痘規則〉等規程。衛生處設立化驗所、內外城官醫院、傳染病醫院等，首度將衛生防疫、食品檢驗、醫務醫藥等醫療衛生事業，納入政府管理的範圍。民國以後，設「衛生廳」於京師警察廳之下，負責城市道路的清掃、保健防疫、醫藥化驗等；同時設立京都市政公所，也負責北京一部份的公共衛生事務。〔註5〕由此可知清末民初中國對西洋醫療衛生才剛起步，只有較早對外開放的通商口岸，較具條件能建立學堂，培育西醫人才。這也可說是北洋大臣所駐辦的天津較早設立女子西醫院及女醫學堂的背景。

1907 年，金韵梅獲聘擔任天津官立「北洋女醫局」總理，參與醫療工作，提供當地婦女不願給男醫生治病的解決之道。北洋女醫局於 1905 年初夏由直隸總督袁世凱創設後，經費不算充裕。據當時在天津北洋軍醫學堂副監督伍連德（1879-1960）憶述，他初識金韵梅，略知她主持的北洋女醫局及女醫學堂，是以 3 萬銀元創立。後由海關按月撥給 700 元作為經費，不足之數則以

〔註3〕 鄧鐵濤、程之範主編，《中國醫學通史：近代卷》，頁 320、321。韋女醫係 1885 年由美國婦女傳道聯合會派至上海。王治心，《中華基督教史綱》（香港：基督教文藝出版社，1959），頁 327。

〔註4〕 Lily Xiao Hong Lee & A.D. Stefanowska, ed., p. 95.

〔註5〕 袁熹，〈近代北京醫療衛生事業與市民健康〉，《北京檔案史料》期 3（2005 年 3 月），頁 166-180。

醫院業務收入和官商捐助爲補充。〔註6〕所聘女醫官戴文潤、許文芳只粗通醫學。初立期間，因院址是借用天津育嬰堂的部分房屋，設備簡陋；且係租屋而常遷徙，患者難以尋覓。〔註7〕1908 年初夏，女醫局及女醫學堂奉命遷至天津東門外的長蘆老育嬰堂內。她先偕巡檢吳峻前往該處勘查，再將改建計劃繪圖說明，向主管長蘆鹽運使張鎮芳報告，以該處房屋年久失修，屋內通長土炕均已殘缺，多處滲漏，宜拆掉中間一排不合用的舊屋，估價招工建講堂、割症房（手術室）、產科院（產房）各一所，俾可早日開學，方便學生在醫局臨床實習試驗，且日後不再遷移。〔註8〕可見女醫局創業維艱，既受制於經費有限，又因風氣未開，國人對西醫不信任，初立時期慘澹經營。

　　1908 年 7 月，金韵梅再呈報所需工料銀 3,974 兩及有關的房圖、攬單與估折等文件，且先付 1,500 銀兩給工頭，俾擇期開工。〔註9〕北洋女醫局發展至 1910 年春，有總理、正醫士、庶務長、幫庶務各 1 人；醫生均具有西洋醫科大學文憑，每日診病時間爲上午 8-12 點，來診病患先掛號領排，依次而進；急診則不在此限。但均登簿病例，以茲考證。限於設備，不處理防疫事務，也無病房收容重症病患。〔註10〕這一年，金韵梅有鑒於天津民氣逐漸開通，但對西醫，尤其割治手術，尚有疑懼而裹足不前，遂囑咐該女醫局醫士等，

〔註6〕　吳相湘，〈伍連德是中國近代醫學的先驅〉，頁 47；1902 年，袁世凱繼李鴻章之後，在天津辦北洋軍醫學堂與北洋醫學院。1907 年聘留英醫生擔任副監督（相當於副校長）。伍連德生於馬來亞檳榔嶼，父親爲廣東人。伍連德 17 歲時（1896），赴英國倫敦劍橋大學學醫，後在歐陸幾所重要醫院與巴斯德學院等研究所實習。1903 年學成，返馬來亞吉隆玻從事熱帶病研究，後在檳榔嶼開設私人診所，1907 年應邀回中國。見郝明義，〈傳染病和近代中國〉，http://www.netandbooks.com/taipei/magazine/book_6_4.html. 2006 年 12 月 1 日擷取。

〔註7〕　〈北洋女醫局女醫士戴文潤衛劃分權限吉免收掛號金事致長蘆鹽運使張鎮芳稟文〉（光緒卅四年七月廿八日），見哈恩忠編選，〈清末金韻梅任教北洋女醫學堂史料〉《歷史檔案》1999 年第四期，頁 65。

〔註8〕　〈女醫學堂總教習金韻梅爲查勘育嬰堂估建女醫學堂事致長蘆鹽運使張鎮芳稟文〉（光緒卅四年四月），見哈恩忠編選，〈清末金韻梅任教北洋女醫學堂史料〉，頁 63。

〔註9〕　〈補用知府倉永齡爲監修女醫學堂開工日期等事致長蘆鹽運使張鎮芳稟文〉（光緒卅四年六月八日），見哈恩忠編選，〈清末金韻梅任教北洋女醫學堂史料〉，頁 63-64。

〔註10〕　褚季能，〈甲午戰前四位女留學生〉，頁 11；〈長蘆鹽運使張鎮芳爲移送金韻梅所編答慈善行政調查書事致調查局文〉（宣統二年三月十八日），見哈恩忠編選，〈清末金韻梅任教北洋女醫學堂史料〉，頁 66-68。

　　凡遇重大病症，未經問明該病人夫家、母家，立有同意字據者，一概不准用麻藥割治；並請准張鎮芳撰一示諭，並張貼該局，公告週知。〔註11〕

　　至 1911 年初，女醫局求診的病患日眾，金韵梅又呈准自添設藥劑生 1 名，兼理配藥、看護等事，月薪 10 兩、伙食 4 兩；〔註12〕並獲撥款改造病房 4 間、修理各病房 22 間（含廚房 4 間、門房 1 間），以洋灰抹地、白灰抹牆等，使更潔淨。〔註13〕不久，她呈請添設副教習（兼女醫局副醫士長）、看護教習與養病院女司事各 1 名，獲准添派看護教習鐘茂芳（北洋女醫學堂畢業）與養病院女司事 1 名，副教習何氏則延期增聘。〔註14〕同年夏，金韵梅從英國購置的第一批藥材運抵中國，因內含嗎啡、鴉片等禁運品，被海關扣留，爲避免貽誤女醫局醫政，她遵照當時清政府稅務處札文及總稅務司所奏定章程的規定辦理：「凡地方醫院及軍醫並醫學堂等處，如爲療病獲研究學問需用莫啡、鴉片等項，需先向該館上司印文行知海關監督，由海關監督知照海關，並另由該館上司出具護照交運輸的人轉向海關驗明相符，照章完稅放行。」〔註15〕向張鎮芳呈明其份量與價值，附上洋文原單與此章程規定，轉飭海關放行。這說明她堅定守法的品德操守。

　　後來，北洋女醫局新遷天津東門外水閣大街，更名爲水閣醫院。金韵梅繼續留任，爲新醫院首任院長，直到 1916 年袁世凱病逝，天津海關止付經費，

〔註11〕　〈女醫學堂總教習金韵梅爲請頒諭單避免醫症事端事致長蘆鹽運使張鎮芳稟文〉（宣統二年九月廿八日），見哈恩忠編選〈清末金韵梅任教北洋女醫學堂史料〉，頁 71。

〔註12〕　〈女醫學堂總教習金韵梅爲擬添派藥劑生事致長蘆鹽運使張鎮芳稟文〉（宣統二年四月廿六日），哈恩忠編選，〈清末金韵梅任教北洋女醫學堂史料〉，頁 68。

〔註13〕　修理改造病房共費工料銀 780.001 兩，見〈女醫學堂總教習金韵梅爲改造修理病房等事致長蘆鹽運使張鎮芳稟文〉（宣統二年四月廿六日）、〈女醫學堂總教習金韵梅爲修蓋房間銀款不敷應用事致長蘆鹽運使張鎮芳稟文〉（宣統二年九月十三日），哈恩忠編選，〈清末金韵梅任教北洋女醫學堂史料〉，頁 68、70。

〔註14〕　〈女醫學堂總教習金韵梅爲添設副教習等事致長蘆鹽運使張鎮芳稟文〉（宣統二年四月廿七日）、〈女醫學堂總教習金韵梅爲領學堂經費等事致長蘆鹽運使張鎮芳稟文〉（宣統二年五月廿九日）、〈女醫學堂總教習金韵梅爲醫士衛淑貞病逝請等事致長蘆鹽運使張鎮芳稟文〉（宣統三年七月七日）、〈女醫學堂總教習金韵梅爲請將畢業憑照蓋印事致長蘆鹽運使張鎮芳稟文〉（宣統三年十月廿三日），見哈恩忠編選，〈清末金韵梅任教北洋女醫學堂史料〉，頁 68-69、74。

〔註15〕　〈女醫學堂總教習金韵梅爲購買藥品行知海關監督事致長蘆鹽運使張鎮芳稟文〉（宣統三年閏六月十六日），哈恩忠編選，〈清末金韵梅任教北洋女醫學堂史料〉，頁 73。

醫務陷於停頓，才無奈辭職，前後擔任院長 8 年。〔註16〕該醫院後改為商辦，由天津耆老嚴範蓀、李湘琴等士紳組成董事會；嚴範孫擔任董事長。他們努力籌款經營，並聘請頗具經驗的留美女醫生康成為第二任院長（1916 年 5 月-1918 年秋）。〔註17〕據曾在水閣醫院接近金韵梅的任事者憶稱，她深受美國文化薰陶，言行舉動酷似美國人。〔註18〕但以中國人的長相，在當時男女授受不親的中國，「人不親土親」，還是受到女同胞及其親友較多的認同與信任。這也是西洋基督教差會栽培中國女西醫的用意。1934 年 2 月下旬，金韵梅患嚴重肺炎，〔註19〕於北京協和醫院治療，至 3 月 4 日病逝，終年 70 歲。1943 年 3 月英文版《中華醫學雜誌》，刊文指出她是中國近代的傑出女性，被譽為「國際醫學界的著名專家」。〔註20〕

（二）許金訇與李美珠在華南福建的行醫

1895 年，第二位留美學醫的女生許金訇，從費城女子醫科大學畢業返國，先在福州城內衛理會設立的伍絲頓紀念醫院（Wolstone Memorial Hospital；馬可愛醫院的前身）行醫。那是一間可收容 40 病人的小醫院。後來，她又在距福州城 3 英里的南台島婦孺醫院服務。〔註21〕她與美籍女醫生黎恩（Dr. Lyon）同工。工作包括 1. 門診治療；2. 住院病人的醫務；3. 監督指導醫護生的訓練。這一年結束，黎恩的工作報告提到「許醫師的信心和醫術，使病患獲得診治較去年大增。她對學生也大有啓發。她做為教師，兼用正確的生活與基督徒的原則帶領學生。」次年，黎恩休假返美，由年輕的許金訇接掌院長，她努力盡責，1896 年結束時，被同工公認她被資送赴美學醫，帶給福州空前最大的祝福。她的醫術、視病如親的態度等，直到 1907 年。都可見她的影響深不可測。〔註22〕

許金訇曾患肺炎，病重數週，其中有 3 週情況危及。黎恩女醫師也束手

〔註16〕 孫石月，《中國近代女子留學史》，頁 45。
〔註17〕 Shemo, pp. 90, 378, 386.
〔註18〕 徐亞倫，〈天津水閣醫院〉，《天津文史資料選輯》輯 38（1987 年 1 月），頁 153。
〔註19〕 貝德士輯，〈中國基督徒名錄〉，頁 470；鄧鐵濤、程之範主編，《中國醫學通史：近代卷》，頁 532。
〔註20〕 陳偉權，〈我國最早的女留學生——金雅妹〉，頁 3。
〔註21〕 褚季能，〈甲午戰前四位女留學生〉，頁 12-14，福州的婦孺醫院後名柴井醫院；馬可愛醫院日後改名協和醫院。又見林治平，《中國科學史論集》，頁 260。
〔註22〕 褚季能，〈甲午戰前四位女留學生〉，頁 12。

無策。許金訇當時是最好的主治醫生，深受本地與外國人士敬愛，福州的教友迫切為她禱告，終使她病情好轉。她中止工作，由父親照料 3 年，健康逐漸恢復。1898 年，她已能教導福州女校一班的學生。後來，她搭船到廈門一已婚姊妹家休養，藉著空氣和景致的轉換，次年身體復原，再度接掌馬可愛醫院。該醫院一向沒有住院醫生；護士也是輪調服務。南台島醫院的護士生，聽說城裡的人桀傲難馴，一旦抽中要輪調至城裡，往往難過得掉淚。許金訇被要求到城裡工作時，心情也很沉重；但她沒有怨懟地前往。此後，她兼負福州城內外兩間醫院的重任，來往奔走，備極辛勞。其實，她在馬可愛醫院的最初幾個月並不容易。病患總說要外國醫生，即使醫院的講聖經婦女（Bible Woman）為許金訇剛留美回國辯護美言，他們仍說不要中國學生，而要外國醫生。許金訇忍著不被信任的感傷，堅持幾個月後，城裡人逐漸發現她的才能。醫院愈加擁擠，需另租屋使用。她戰兢地行醫 5 年間，從未因城裡人刁難而落淚，終於獲得病患的愛戴。1904 年差會決定在黑石山為許金訇興建宿舍，她搬出醫院，使城內醫院的擁擠情況獲得改善。但很快又額滿為患。她將整棟醫院充分利用，各部門、房間與角落都井然有序。〔註23〕

　　許金訇每天給患者看病，門診數從 1895 年的 1,837 人，至 1899 年的 2,630人，1910 年增為 24,091 人。她也出診到無法赴醫院的重病患家中，且不分貧富貴賤。外診工作是最大的困難，一因路途遙遠，中國沒有汽車、火車或公共汽車，往來各地費時；二因許多病況都到最後關頭才求助於她。還好中國人多是家族同居，藉此，她出診看一個病人，順道給 16-20 個病人開藥方。她的醫術高明，深受社會人士歡迎。當地人擁向她，更期待醫院全年開放。

　　當時中國沒有空調設備，每年夏天，尤其七、八月暑氣蒸人，許金訇仍繼續工作，但讓學生放假，其中半數是平日的助手。1899 年夏天，暑氣蒸人，有兩週從 93 度升至華氏 99、100 度的高溫，沒有空調的醫院應當關閉，卻門庭若市。許金訇決定每週看門診 3 天，一些病人自願簽租鄰近的房子，以方便就醫。病人對她們樂於助人，心懷感激。其實華南連日的暑氣高熱，在擁擠的醫院門診中，很容易傳播致命的瘟疫，一旦引發感染，可能數分鐘內對更多人造成傷害，耗費數週還不能善後。因此，在必要時需採關門的措施。某天早晨，她聽說醫院對街的鄰舍有傳染病患，隨即決定關閉醫院，貼出佈告，並承諾一旦安全無虞，將再度開門看診。但次日早晨，許金訇判斷不致

〔註23〕　Burton, 1911:1, pp. 37-44, 66-68.

波及醫院，拿掉佈告，再度開放醫院。〔註24〕當然她的同工若貪生怕死，不願配合，醫院不可能如此運作。

許金訇行醫，獲得各階層人士以實際行動表達對她的感激。某年一個深夜，鄰近的一場火災燒及醫院西牆，焚毀沿牆前面的所有房子。人們努力搶救滅火，使醫院只有屋頂受損。事後，有些當地人跑來關懷致意，還帶來幾壺茶和幾盤菜。這在基督教國家也許不足爲奇。但在中國，火光之災常被人們視爲惹怒神明，最好保持距離。一般人如此看待這事，對照她所受到的忠誠對待，使她感到稀奇。再者，常有病人致贈匾額，懸掛客廳，上面書寫對許金訇的感恩。這是一般中國人表達感激的高尚方式。某日，許金訇監督黑石山宿舍的奠基工程時，趁機訪探附近圍觀者對她的觀感。有位老伯說他家好多人被她醫好，能與她爲鄰是三生有幸，求之不得。隨後，她的轎夫也提到聽過其他人雷同的說法。這些眞心話表明她受歡迎。福州的官民除了在語言文字上表達感激，也大量捐獻贊助醫院的工作。有位男士爲感激許金訇救治其妻與子，允諾捐款興建醫院，還向友人募款贊助。其實，黑石山宿舍建築與教堂不同，這些人不明白醫院是基督教會宣教的一部份，終極目標是希望引導他們接受基督教，否則情況或有不同發展。〔註25〕

許金訇受病患愛戴，在她母親長期臥病期間，更得到無數的回報。她因母親病重數月，幾乎每晚從醫院長途跋涉返家，早上再趕到醫院看診。她每天照顧母親，又要行醫等工作，負荷沉重，有些病人體恤她的疲累，不願她工作太操勞。但她心腸慈悲，總不忍拒絕需要幫助的人。她接掌馬可愛醫院 9 年，除了夏天必要時短暫關閉醫院，幾乎未曾休假，也從未生病。直到 1907 年，門診與住院的人數比往年更多，許金訇的身體終於累垮。教會同工堅持她停止工作，在盛夏期間出城，到尖山（Sharp peak）休養。她抵達那地兩天後，就生重病，一連數月獲得多人關心，在細心的照顧和護理下，次年 3 月逐漸康復。

許金訇病重期間，有些人建議關閉醫院，但她妹妹許淑訇以爲醫院關閉，對許金訇與病人打擊很大，她決定接手，堅持繼續開放。〔註26〕其實，許淑訇承接這個重擔，內心很害怕。每天一再靠著聖經章句「祂領導我」而勇往直前。人們渴望給許金訇看病，要求找那個從美國大學畢業而頭髮盤頂的醫

〔註24〕 *Ibid.*, pp. 49, 51, 62-64.
〔註25〕 *Ibid.*, pp. 44, 49-50, 65.
〔註26〕 貝德士輯，〈中國基督徒名錄〉，頁 438。

生。同事勸許淑昬梳像她姊姊的髮型，但她只讓她們對外宣稱：「這是許醫生的妹妹，她會盡力而爲。」許金昬逐漸強健，就回醫院做妹妹的顧問；康復後回到醫院，忙碌一如往常。許金昬在中國醫療傳教，美國友人肯定其意義重大，由母校俄亥俄威斯連大學頒授科學碩士的榮譽學位。〔註27〕1921 年，她所主持的福州基督教醫院，連其妹許淑昬在內，共有 8 位女醫生。〔註 28〕可見她們受到肯定與信任，醫務更加擴展。1927 年末，北伐軍入福州城時，局勢混亂，許金昬主持的診所被毀，遂轉往南洋發展，1929 年她在新加坡病逝。〔註29〕總計她行醫濟世達 30 餘年。

　　至於李碧珠返國後，1907 年在福州鄉村開辦一家診所。1912 年她作爲代表，去福州參加衛理會大會。1947-1948 年在福建哈瑞遜（Harrison）醫院任職。〔註30〕

（三）石美玉與康成在華中江西的行醫

　　1896 年 9 月，石美玉與康成一起返國行醫。兩位年輕女子，起初不免焦慮將受到的待遇。中國罕見西洋訓練的女醫，對福州的女醫許金昬，也只是風聞。石美玉與康成的親友，渴望爲她倆舉辦公開盛大的歡迎會，遂先向徵詢返國時間，並計劃安排。儘管外國傳教士質疑歡迎會的恰當性，最後還是同意。她倆從下了汽船，直到抵達傳教站的門口，一路受到鞠躬敬禮，還有鞭炮聲不斷，引起民眾好奇。她們在碼頭，受到比將官吏駕臨的更大更熱烈歡迎，還被當地一群急於一窺「女醫生」的居民圍觀，詢問「她們是中國女人嗎？」「她們真的在外國唸了 4 年書嗎？」「她們可以醫治病人嗎？」「她們會住在九江嗎？」等問題，獲得肯定答覆後，人們點頭稱好，面露嘉許的表情。

　　美以美會美籍傳教士認爲石美玉與康成是隸屬於該會的女醫，要求她倆先在差會開辦的教會醫院服務數月，克服人們的偏見，逐漸獲得信任，再給她倆預備另外行醫的工作點。兩位女醫則希望休息一段時間，並探訪多年不見的老友。結果她倆在南京醫院一個月，就回九江執業。當初設立的診所，只有一個

〔註 27〕　Burton, 1911:1, pp. 64-70.

〔註 28〕　〈職員名錄：醫士〉，中華續行委辦會編訂，《中華基督教會年鑑》第六冊（1921），頁 341。

〔註 29〕　林顯芳，《福州美以美年會史》（福州：美華書局，1936），頁 109，轉引自朱峰《基督教與近代中國的女子高等教育──金陵女大與華南女大比較研究》，頁 64。

〔註 30〕　貝德士輯，〈中國基督徒名錄〉，頁 440-441。

房間。她們上任的第三天，有 4 個病人來求診；他們隔天回去，又來 6 個新病患。她們逐漸獲得信任，當地居民就醫增多。大約 1 個月後，就受要求外診，去看一個重病的女人。她倆抵達後，發現城內最有名的中醫先已坐轎來到，且向家屬宣告不治。那病患的最年長家屬跪求她倆盡力搶救。總算她倆的診治有效，保住人命，3 天後獲得家屬設宴款待，以表感激。隨後，老祖母繫以紅色領巾，還贈送禮物。全體家屬護送她們回家，沿途鞭炮聲不斷。

她倆在開業 2 個月時，有 6 個住院病人。看似不多，但診所原為一般民宅，門診處因擁擠而顯得狹窄，必需加蓋樓層與多開窗戶做為改善，更好的解決方法是盡快租一棟房屋做診所，或者建一棟中國房子做為醫院。1896 年，她倆下鄉出診兩、三次。同年 12 月《中華醫療宣教雜誌》（*China Medical Missionary Journal*）描述她們曾碰到數個嚴重病例，雖不免有些人質疑不信，但都能救治病人。值得欣慰的是，她們被請求去搶救病人，是因名聲遠播。她們初期的成功，歸因於努力自我充實，回到自己的鄉梓幫助同胞，獲得眾多紳民的愛戴。她們頗具親和力，願意讓婦孺觸及雙手與衣裳，還受邀到其簡陋的住家作客。

第二年（1897），她們的小診所就獲贈功德牌。因有個孩子長期臥病，連名醫也宣佈不治，卻由她倆醫治而病情好轉。家長為表感激，擇日公開敬贈牌匾，上刻燙金的字，頌揚她們的名聲。那是一個午後 2 點，鞭炮與煙火聲不絕，樂隊鑼鼓喧囂。她們也以茶點招待對方。那塊黑色木板蓋著紅布，由 4 人抬到客廳的大桌上。石美玉鞠躬代表領受此禮物，有位高大的老士紳向她回禮，兩人都肅穆無語。石美玉退下，老士紳與醫院的 2 位教師端茶相敬；隨從注視那牌匾懸掛牆上後離去。這一年熱病流行，患病人多。有時一天診療一、兩百人；護士忙著照顧危急的病患，藥物總是不夠用，無法增收病人。總之，石美玉與康成自診所開辦的 10 個月內，除了最初一個月訪問南京的幾所醫院，共診治病患 2,352 人次，出外應診 343 家，又有住院 13 人次。1897 年結束時，她倆共診治 5,446 人次，包括門診 3,973 人、住院 90 人次、進城外診 134 人、下鄉外診 1,249 人。

石美玉與康成行醫的第三年（1898），診治的病患更多。她倆工作忠心有效率，她倆醫術、醫德的游刃有餘，讓差會的美籍同工感到驚佩。不久，醫院已發展到必須擴建，否則醫務不便。只有寬 28 尺、長 21 尺的一棟建築物，被迫擠入 21 個臥床者；又缺乏樹木隔熱，傍晚簡直形同火爐，使病人難受且不合乎

衛生。但因經濟匱乏，石美玉不得不寫信求助美國友人。她期盼美國教會的婦女組織捐款助建新醫院，但一直無音信。後由她留美時結識的芝加哥外科醫生但福德（Dr. T. N. Dantforth）慷慨解囊，1898 年在他的幫助下，在九江倉巷購地創建仁德婦幼醫院，收容婦女病患，〔註31〕兼為紀念他已逝的妻子。石美玉和康成合擬計劃，寄給芝加哥的建築師規劃相關細節，再連同必要的詳細說明及指導寄回九江。隨後在 1899 年動工，次年完工，是一棟以花崗岩和大理石裝飾的灰色磚造建築，還有許多舒適的廊道，入口處以柱子支撐，寫上「仁德婦孺醫院」（Elizabeth Skeleton Danforth Memorial Hospital）。數月後開始搬入傢俱，準備啟用。不料，義和團拳亂情況日趨嚴重，危及九江。美國領事勸告所有的外僑儘快離開九江，石美玉和康成遂與其他的傳教士赴日避難。

數月後，石美玉和康成返回中國，先在上海待數週，等到鄉下大抵平靜後，才回到內地。她們在上海期間並未閒置，發現不少病患，且加以診治。當時中國各地許多傳教士避居上海，其中有不少婦女同工。大家趁機舉開會議，討論有關的各階段婦女工作。康成應邀在會議上作有關婢妾的演說，她以自己是中國女性來現身說法，力主廢除這惡俗，令人印象深刻。她談到有個心地善良的好友，與她同時受洗，還表示要獻身作基督教事工，卻為了幫助家計，被吸鴉片的父親賣給 60 歲的男人做妾，以致成為受害者，心願落空。她認為當時是中國改革的暗夜，為獲得更多支持，必需努力呼籲，以掃除那些不人道的習俗。

兩位女醫生很快地重返九江執業。頗具規模的新醫院毫無受損，由她倆共同主持，工作更方便，鼓舞更大。1901 年 12 月 7 日，正值美國美以美會華中宣教區舉行年度會議期間，仁德醫院正式開幕。那是週六下午 7 點整，九江一些居民與外國人參加開幕式。中國官紳夫人紛紛穿戴華麗袍飾，摩爾主教蒞臨剪綵；美駐九江領事克倫尼爾（Mr. Clennell, H. B. M.）演說，南京副領事司圖亞特（Stuart）宣頌祝詞，畢比醫生和哈特醫生也作簡短有力的致詞。石美玉和康成則謙遜地躲在人後，不願被介紹，而由昊格矩代為主持人。茶會後，來賓參觀這精心規劃的醫院。診室計有 15 間，病床 96 張。還有走廊通到外國人病房、恢復室、日光浴房、暗房、辦公處、接待室等各區域。手術室採用自然光，手術台為玻璃和琺瑯材質；鄰近的消毒室，有製作消毒酒精的化學儀器等，中國訪客尤感興趣。藥房設有合適的櫥櫃與現代化的用具、

〔註31〕 〈書拾陸：職員名錄〉，中華續行委辦會編訂《中華基督教會年鑑》第二冊（1915），頁 414。

儀器、一台上好的顯微鏡、電池等，還有一間美好的圖書室。處處可見睿智
的設計和謹慎的開支。入口處牆上懸掛匾額讚詞，還有人們感恩致贈的合用
禮品。但福德醫生以此方式紀念妻子，讓中國人印象深刻。有官員在參觀後，
深表贊同地宣稱如此舒適的地方，就是健康的人也想住進來。〔註 32〕總之，
康成與石美玉對醫院環境的改善頗為滿意，明亮的新藥房、手術房，使人心
情愉悅；工作人員與病患也連帶受益，不愧為九江的一所模範醫院。

　　事實上，新醫院正式開幕以前，就已啓用。因 1901 年夏天長江大水災，潰
堤，死傷慘重，多人無家可歸。石美玉寫信報告但福德，提到 1%的人流離失所，
其中還有些餓莩；病人和飢民擠進醫院，連續幾個月，她倆每月都有上千的外
診與門診。當時，石美玉曾寫成〈婦女在遠東的事工〉一文，說明仁德醫院如
何把善心人士送來的衣服與棉被分發出去。她們收容上百位難民，提供藥品、
米和衣服。這年冬季，每日尚有許多難民上門求助。但捐獻的衣服不足以平均
分配，只能優先給那些最無助的可憐人。某天早晨下雨，有個疲憊憔悴的老婦
來到醫院，後背一個孫子，前胸還以衣服裹著另一個孫子；大的 3 歲，小的 3
個月。在水災以前，是小康人家；40 歲的兒子是文人學者，因羞於乞討，只有
幫家人撿柴燒飯。她的媳婦患傷寒熱，臥病在床，小孫子無人餵養，而大孫子
也生病，她已一連 3 天未進食，只有乞討以照顧全家。這老婦身上只穿一件單
薄的外衣，醫院給她一件棉袍，還有一些米帶回去煮粥給病婦吃。〔註 33〕這些
描述表明她倆對災民不只醫治病痛，還讓醫院成為避難所，提供他們生活最起
碼的物質需要。這是醫院為許多需要幫助者紓解痛苦的其中一例。總之，新醫
院啓用後，求診的難民比往常的普通病患更多。石美玉給差會寫報告，在 1901
年下半年間共診治病患 3,679 人次，住院病人 59 位，還有外診 414 人次。〔註 34〕
顯示拳亂以後，人們已恢復對她們工作的信心。

　　以往中國農曆新年假期，是許多行業一年當中難得的假期，太早開工被
視為不吉利。同樣道理，在正月初五以前，病人不上門。而並未關門休息的
仁德醫院，年初二就有病人湧至。其中有位稚齡女童，是因置放棉褥下方的
腳爐不慎翻倒而被嚴重燙傷。家人因沒錢而叫不到人幫忙，由家裡的老婦人
和幾個姪兒，合抬竹床來醫院。老婦人一進門，就問候康成開張了沒？又祝

〔註 32〕　〈石美玉（1872-1954）〉，《江西近代鄉賢錄》，頁 18-19。
〔註 33〕　Burton, 1911:1, pp. 175-178.
〔註 34〕　*Ibid.*, pp. 169-172, 1 華尺相當於 1 英尺多；Boorman, Vol. II, p. 128.

賀新年好，恭喜發財，以示趨吉避凶。幾天後，女童獲得醫治，家屬高興地到醫院門外放鞭炮，懸掛紅布條，公開表示感激。〔註35〕1901 年以後，病人遠從外省來求醫。石美玉和康成不但出診到九江和南昌的許多官員家裡，而且無所畏懼地出遠門，翻山越嶺，到附近的鄉下看診，頗受禮遇而一路平安。外診病人痊癒，她們的座轎往往被披掛紅布，在鞭炮聲中受到前呼後擁地返家。有些單純的鄉下人明說洋人讓他們害怕，不像她倆「血濃於水」了解中國的國情。這些話顯示她們受到鄉親的信任與愛戴。

1902 年初，經常一天看病 30、40 人，有時超過 50 人。這一年共診治 7,854 位病人，還有 531 次外診；收入共約 2,500 元。〔註36〕康成與石美玉在九江行醫 7 年，廣爲病人治病。新醫院提供增添的設備，她倆的聲譽更增。〔註37〕1902 年起，石美玉擔任院長，同年康成離開後的數週，醫院的病患人潮有增無減。她原先害怕好友兼同工不在，工作難以進行。隨後逐漸相信康成赴南昌是良機不可失，就予以祝福，自行在九江獨挑大樑，更加忙碌。門診每月平均上千人，且持續增長。她對病症開刀的成功，使得手術工作跟著吃重。新醫院又變得擁擠。在中國農曆新年期間，唯有該醫院以知名度高，吸引一些中上人家。當時僅 2 間單人病房，卻有 7 個自費病患申請，只好暫時分別安置在衣物室、縫紉室、浴室、護士的用餐室等。夏季則連地板都安置病患，甚至地板的空間不敷使用。她經常從早工作到晚，還下鄉處理一些棘手病症，直到坐轎回家已精疲力盡，難得有個好眠。幸好她體力過人，連同訓練有素的助理，各個複雜的環節都配合妥當，完成大量的工作。1904 年，石美玉還在九江另外開辦一間傷殘診療所，專爲提供給傷殘人就診。同時，她還兼任其他慈善事業，頗得當地民眾讚譽和各界人士好評。〔註38〕1906 年還有一些以往拒絕手術的貴婦人，回來就醫。從數年來的這些紀錄，確定獲得人們的信任。

石美玉爲了擴充醫院的空間，爭取到醫院周邊的一些土地。1905 年因她的陳情，將一條道路從一塊土地中間移到旁邊，再將那塊地歸併醫院內。同年，她用中國人的捐款，買下另一塊地。接著，在 1905 年年度會議後，收到美國一通電報帶來的好消息，有 1,000 元的款項可購買鄰居的寺廟「白馬寺」及其土

〔註35〕 Burton, 1911:1, pp. 172-175.
〔註36〕 〈石美玉（1872-1954）〉，《江西近代鄉賢錄》，頁 18。
〔註37〕 〈坤範：康城女醫博士行述〉，《女鐸》卷 20 期 9，頁 37；Burton, 1911:1, pp. 140, 145, 178.
〔註38〕 〈石美玉（1872-1954）〉，《江西近代鄉賢錄》，頁 18。

地。事實上，購買寺廟並非易事，總有些阻力，因此她購地成功後，高興地宣稱那是「一塊眞正改變爲美以美會」的獨立地區。總之，她自 1896 年與康成回國後，起初在租來的小型中國式建築行醫，到 1906 年才開始自行主持一間設備良好的大型婦孺醫院，醫務迅速增加，醫院也陸續增加土地財產。〔註 39〕

石美玉甚得人們愛戴。當時九江城門，入夜即關閉，門禁森嚴。但她夜間出診，城門隨時爲她而開。一次石醫生臥病在家，來往她寓所附近的小販們獲悉，彼此相告誡不要高聲叫賣，恐怕妨礙她靜養。〔註 40〕1906 年冬，石美玉罹患一場重病，她自己判斷是盲腸炎，服藥後恢復健康；後又復發，她和另一教區的醫生等友人，都認爲要盡快開刀，以免危及生命。她不得不放下最愛的工作，1907 年 2 月 9 日由好友胡遵理（Miss Jannie V. Hughes; 1874.3.9-1951.11.29）陪伴，〔註 41〕由上海坐船赴美療養數月。胡遵理爲美籍女傳教士，生於美國，姐妹都是傳教士，姐姐曾赴印度傳教。父親胡佐治來華前，曾在救世軍服務。胡遵理來華後，先在南昌美以美會工作，不久往九江諾立書院（儒勵女校前身）擔任校長，兼教聖經與中學課程。當時石美玉主持但福德醫院（又稱仁德醫院）。兩人由同工成爲知己，濟世救靈，相得益彰；姐妹情誼，終身不渝。美國羅斯福總統素知她的行醫工作，聽說她的病況嚴重，曾打電報指示舊金山移民局官員，讓她方便入境。於是她得到貼心的協助，迅速通關，從舊金山直達芝加哥威斯連醫院，由但福德醫生爲她動手術，抵美不到一個月，也就是在 4 月初，她已恢復健康，隨胡遵理一起旅行，到胡遵理的新澤西宅邸休養數週。

石美玉在休養兩週後，就跟胡遵理參加一些會議，還發表演說，爲醫院募集所需。她結交新朋友，募捐到醫院用的枕頭床單、嬰兒工具、盒裝設備等物，並資助培育一位護士。多數外國人只見過開洗衣店的黃種中國人，而面對她的笑臉，即使未聞其言，竟有好印象。石美玉有 1 個月在紐約各處演講，並在醫院實習，5 月在芝加哥結束實習。還回到美國中部安那堡（Ann

---

〔註 39〕 Burton, 1911:1, pp. 161-168, 179-182.

〔註 40〕 〈伯特利教會創辦人──石美玉醫師〉，戎玉琴等編《伯特利‧我們的家》，頁 58-59。

〔註 41〕 胡遵理主持傳道及教育方面的事工，長於講道，幽默動人。她能操流利的九江話，常用九江話誦讀聖經。她除了初通中文，更擅英文寫作，主編教會通訊月刊《心聲》（Heart Throbs）獨任其事，生花妙筆。劉淑榮，〈基督教在九江的傳播及其創辦的學校和醫院〉，中國人民政治協商會議九江市委員會文史資料研究委員會《九江文史資料選輯》第一輯（1984 年 7 月），頁 220-221。

Harber），重訪母校。她住在其業師布雷基醫生（Dr. Breakey）家，受到他接待與安排一個聚會，能見到大多數從前教導她醫學的教授，度過愉快時光。接著在牧師公館見到所有的教會女士，次日又在教堂有一個聚會。後來的幾個月，幾乎馬不停蹄地到處演說，且獲熱誠回應。

　　石美玉在教堂聚會，也遇到不少的熱心人士。她經常提起屢次申請而未得的物品，如九江亟需一個馬達唧筒，醫院特定的病床用枕頭、門燈等。她具說服力的語調，在走道來回問：「你不願意加入嗎？」總是使人難以拒絕。胡遵理與石美玉有一次在聖雅各教堂致詞後，一位紳士當場捐出 100 元；加上奉獻箱收入 182 元，以及牧師提供的補助，共募得 682 元。《紐約使者報》（*The New York Herald*）對她的工作，給予長篇熱烈報導，認為她募款的總額，足以維持一個醫療團隊的使用，而捐助者對有能力提供些微幫助，更是感到幸運而謝恩。石美玉的盲腸被但福德醫生稱為「該黑的東西」，她反而以為這是個受到祝福的東西，把她帶到美國，獲得人們的樂善好施。她不戀棧美國的愉快時光，渴望速回九江，1907 年 9 月初以健康的身體，帶著許多禮物，踏上歸途。〔註42〕

　　石美玉從美國收到的最好禮物，是興建醫院旁邊房舍的全部款額。多年來，醫院又像最初開業般擁擠，需要增建廂房。石美玉自己做主要的設計，將原先的建築擴展至極限，能安置病人到功能大不同的房間，還將各廳堂予以區隔，但仍有許多病患容納不下。經費總是不足，不是缺乏建築費用，就是建材漲價，造價超過預算的兩倍，使附加的廂房懸而未解。她回到九江後，就開始興建新廂房，次年秋完工。大約同時，還在城外的小山丘上，興建一間小別墅，1908 年完工，把夏天不能留在醫院煎熬的小病人，送此療養。同年底，在醫院新廂房旁邊，為石美玉和胡遵理興建宿舍也完工。1909 年 3 月，醫院又加蓋「護士之家」，也讓護士能搬進去住。護士需要更好的休息環境，下班後做為調劑。石美玉主持仁德醫院，兼顧各種不同的需求，表明她與護士的尊重。

　　紐約雅各鎮寶查理爵士（Hon. Charles M. Dow）環遊世界，在長江的輪船上，巧遇路易斯主教（Bishop Lewis），獲邀到九江探訪一些外科名醫。他看到「矮小且吸引人的當地中國女性」石美玉時，大吃一驚。她必須站在凳子上，才構得到手術台。但福德醫生見過她在芝加哥完成外科醫生所知的最大型手術，無人可比。再者，美國醫生處理最需細心審慎的手術時，會呼求其他醫生、實習醫生以及最專業的高級護士協助。石美玉進行手術，只有自己

〔註42〕 Burton, 1911:1, pp. 183-189.

調教的一些忠心護士協助。她在百忙當中,曾撥冗接受來自紐約的柏金斯醫生訪問。當時他停留九江,曾在她的手術室,由她指導完成首次的大手術。自願接受手術者的成功,很快去除人們對開刀的恐懼感。石美玉的操刀技術純熟。有個 20 多歲的女子,因唇裂顎的手術成功後,能談婚嫁。還有一老婦人手術摘除重達 52 磅的子宮肌瘤,解除 16 年的痛苦。許多肺癆患者見手術後能很快康復,也要求開刀。這些外科手術的奇蹟,使人們愈發感激。

　　從病人就醫數字,可證明石美玉是很好的全科醫生。她報告說 1908 年 4 月診治 1,800 多人,次年的 4 月份又診治 2,743 人。中國病患不到最後關頭不求醫的習性,造就她治好許多疑難雜症。她外診的內外科諸多病例,顯示女病患多是瀕臨死亡、癱瘓、瞎眼等情況才求醫。醫院有隔離區,對付麻疹;在傳染病房內,關著麻瘋病人;一個發瘋的婦人被鎖在她的房間;潰瘍、傷寒、肺結核、癱瘓的婦人與小孩,這些是當時美國人作夢也想不到的。伯金斯醫生(Dr. Edward C. Perkins)訪問石美玉幾天,也強調見過「那些到門診求治的病例,的確迫切需要幫助。在中國,這些病例通常不找醫生檢查,而紐約市四間大醫院的某些門診,幾乎都未出現像這小醫生要不停看病的情況。」伯金斯證實他看到那些要求她治療的重病患類似情況。當時的中國女醫生,是包辦各種內外疾病的全才,不像美國的醫生,是內外科分工精細的專家。

　　當時石美玉行醫,面臨諸多的困難情況。病患家屬缺乏照護的基本知識,而且許多人的居住與分娩環境惡劣,送醫時情況嚴重。當地酷熱,外籍女傳教士在太陽下山以前,不敢離開有蔭的房間。而大膽的石美玉,卻每天在診所醫治 20-50 個病人,還到許多地方去診治病患的疑難雜症。在美國的醫院,沒有像她每天面對的病例,包括:病人奄奄一息;一些窮苦的小病童送醫時,只剩一口氣。這都超乎想像。有個麻瘋婦人來就醫,全身不見完好的皮肉;手指頭和腳趾頭也已脫落。石美玉安排她住院隔離,採取各項預防措施,包括戴手套與及消毒殺菌。那婦人自認太污穢,要求醫生潔淨的雙手不要碰她,但石美玉每天親自清洗駭人的傷口,並治療包紮,直到數週後,她痊癒出院。她做為內外科兼具的醫生,聞名長江中下游地區,求診者有時一天高達 300 人。〔註43〕

　　石美玉自 1896 年留美回國後,在九江仁德婦幼醫院行醫,直到 1920 年。1906 年石美玉再度赴美,為擴建醫院募款。當時她主持的醫院,聲名遠播及

〔註43〕 *Ibid.*, pp. 190-197;不著撰人,〈石美玉(1872-1954)〉,《江西近代鄉賢錄》,
　　　　頁 17。

於美國，因此獲大批捐款。她回國後，就把醫院擴充一倍。1907 年新醫院建築大體落成，慕名求診數增至 2,743 人次，〔註44〕石美玉行醫多年，工作量大，身心負荷至極。她既希望幫助自己同胞的身心，又不想持續的辛勞，承擔太艱難的任務。只是她的心腸柔軟，而難以堅拒痛苦的病人。

九江婦幼醫院起初規模不大，1910 年代以後，逐漸擴充。據 1918 年梅雲英所撰〈九江婦幼醫院的近況〉一文，提到自從歐風東漸，西醫來華，在通商大埠設醫院與醫學堂，以科學新知汰中醫舊法。但只方便男子，未及於婦女。揚子江流域數千里，即使最著名城鎮，少見婦幼醫院。婦女一經受病，欲醫生、看護難得其人。仁德醫院洋樓高爽、布置潔淨，爲中外人所稱譽。特色在軟硬體兼顧：

> 空隙之地，植以樹木，春夏之交，綠陰鋪地，最易引人入勝，而應時花木，亦即隨時陳列，新鮮之氣，撲人眉宇。雖院近官街，其護醫女士，男僕女婢，近數十人，無一嬉笑喧譁者。此則於衛生大有關係，即此數端，以可見其於病人無微不至。以故來就醫者，醫癒各症，長年以三萬三千數百人計。其注意之點，則尤在於產科……自石醫生研究產科，凡於接生之家，無不著手成春。城廂內外，有口皆碑。其對於病人，則溫語相加，細探病源。醫生如此周詳，護醫自勤於服務。醫院得能發達，是由醫生之盡力也……〔註45〕

梅雲英盛讚仁德醫院，至 1910 年代更發達而出名。與石美玉與其醫療團隊在九江一帶行醫，造就婦幼的健康甚多。

康成在南昌開拓醫療事業，也算順利。此事緣起於 1902 年南昌巡撫派船北上九江，要求一位女醫前往醫治他病重的妻子。康成去了，把巡撫夫人帶回九江治療，數週後病癒返家。這般神奇的事很快傳開，南昌不少貴婦也前往九江醫院求治。南昌的人逐漸對她產生信心。1903 年康成應當地官紳邀聘，帶 1 個護士，到醫務增多的南昌開業。當地人捐錢，在城中心水上巷租一間房，取名給她做門診與住所，還提供一個小型藥櫃，遂開始看診。康成在最初 8 個月，診治 2,000 多人次，救活不少人性命，收入超過 700 元，其中很多是捐款。這數字與以往在九江的工作遠不能比。但醫院的財務，讓她覺得前

〔註44〕 褚季能，〈甲午戰前四位女留學生〉，頁 14；Boorman, Vol. II, p. 129.
〔註45〕 梅雲英，〈九江婦幼醫院之近狀〉，中華續行委辦會編訂《中華基督教會年鑑》第五冊（1918），頁 145-147。

途有望。1904 年，診所已因診務擴張，遷到德勝門外華陀廟。〔註46〕原稱「康濟醫館」的診所，經擴建後，改名爲「婦幼醫院」（即今南昌婦幼保健院）。康成的養母昊格矩在醫院的小教堂佈道。兩人聯手工作卅多年。〔註47〕

康成看病原本不分男女，後來因爲碰到不少輕薄男子，讓她很感厭煩，才改而只看女病人。1904 年 8 月，周藩台的媳婦臨盆時，身患重病，嬰兒難產，群醫皆束手無策。康成投藥一劑，隨即見效，孩子順利出生，遂被視爲神醫。〔註48〕1905 年診治人數，幾乎是 1903 年的 3 倍；財務收入由虧轉盈。她自願承擔城裡昂貴的房租，減輕財務重擔，以幫助更多病患。有時教會補助不敷挹注，她也將貴重首飾悉數變賣，湊付地價。1906 年，她診治的病患共 8,000 多人。這一年原本指望以醫藥費所得，新建一間容納 2,000 人的診所，卻意外獲得士紳提供城中心一塊價值 3,600 元的土地。次年在皇殿背破土開工。〔註49〕建築經費獲得美國慈善家捐助，在 1911 年秋落成啓用，舒適壯觀，更適合工作。〔註50〕官紳提供大部分協助的事實，使她大受鼓勵。但她不願接受爲自己名下的財產，堅持士紳把地契文件正式轉到美以美會婦女外國傳道會名下。〔註51〕這事表明她廉潔不貪，也成爲永久美好的根基。

截至 1906 年，康成已在南昌行醫 5 年。她是當地第一位也是唯一受西方科學訓練的女醫，一直都敬業樂群。病患來自國內各城鎮，甚至遙遠的鄱陽湖對岸城鎮，以及贛閩兩省交界地區；不少遠地的洋人也前來就醫。艱苦的行醫歲月，幾乎無間斷的辛勞。使得美以美會差會認爲在新醫院落成以前，讓她有個「安息年」休假。1911 年，康成休假進修期滿返國，消息迅速傳開，南昌新建的婦幼醫院尚未完工，她在舊診所工作，病人回籠，平均每天看診 60 人，有時還進行一些預先排定的手術。但新醫院藥品不足，令人擔心。當時物價在數年間大幅上漲，而病患多爲窮人，受困於高額醫藥費，她有時被迫不給一些人施藥。當辛亥革命爆發，華中地區一片混亂，大部分的傳教士離開南昌，但康成由護士協助，繼續留下，開放醫院，收容照顧許多飢民和

〔註46〕 Burton, 1911:1, pp. 140, 145, 178；不著撰人，〈坤範：康城女醫博士行述〉，《女鐸》卷 20 期 9，頁 37。

〔註47〕 胡纓，〈歷史書寫與新女性形象的初立：從梁啓超〈記江西康女士〉一文談起〉，頁 15。

〔註48〕 《警鐘日報》1904 年 10 月 22 日。

〔註49〕 不著撰人，〈坤範：康城女醫博士行述〉，頁 37。

〔註50〕 同上註；Burton, 1911:1, pp. 154-156.

〔註51〕 Burton, 1911:1, pp. 149-150.

病患、傷兵。40 張病床一直未閒置，還有許多病患一床難求。革命以後，她繼續行醫，且診務比原來擴增 3 倍。〔註52〕

據調查，1890 年中國的女醫共計 21 位，1889 年教會醫院共 61 處，藥房（門診所）共 44 處，共診療 348,239 位病患；〔註53〕1905 年在華宣教士總數 3,445 人，教會醫院共 166 處，藥房共 241 處，醫生 301 人（男 207 人，女 94 人）。〔註54〕可見在 15 年間，教會醫院成長將近 3 倍，藥房成長逾 5 倍，女醫成長將近 4 倍。惟中國籍女醫人數仍然極少。

二、醫療與傳教並行

（一）醫療附屬於傳教體系

清末由教會選派資助留美學醫的女性，返國行醫多與傳教目標有密切關係。如金韻梅、許金訇、康成、石美玉，從事醫療與傳教工作，是屬於「藉醫傳道」的模式。她們作為基督徒，又受到美國基督教差會栽培，信仰伴隨生活所有的事務，很難確切地區分。醫院每年度的報告，都記載那些接受醫療而成為基督徒的人。福州馬可愛醫院附設「醒靈堂」，每天有晨間聚會。通常讓門診病人、能下床的住院病人、僕人參加，配合傳播基督教，使病人的身心都受到照顧；偶爾也有訪客參加。〔註55〕許金訇接管該院一年後，有一些門診與住院病人信主。顯然醫療傳教的模式奏效。除了晨間聚會，教會常由美籍女傳教士與醫院連結，教導醫院病人讀聖經，對候診的病患個別談話，還有家庭訪問。美籍女傳教士溫柔而靈巧的傳講福音，又快樂的忙碌服事，使病患漸能相信她所講生命與真理的美好。

馬可愛醫院的病患，常有鄉下人，偶有男性。有一少女來自閩江上游數哩外的村莊，在醫院成為快樂、積極的基督徒，企盼返家後，以該村的第一個基督徒，向同村人傳布這福音，以後還要就讀福州女校。她自稱所知不多，希望許金訇和宣講聖經的婦女能蒞臨該村，傳布這新信仰。有個患白內障的老婦，由兒子用雙輪手推車推行幾百哩路來求診。手術後，恢復視力，就尊稱許金訇為「行神蹟的女士」。許金訇計劃在黑石山上建屋居住，許多人告知那地有不少

〔註52〕 *Ibid.*, pp. 154-156；不著撰人，〈坤範：康城女醫博士行述〉，頁 37。
〔註53〕 王治心，《中華基督教史綱》，頁 327。
〔註54〕 韓碧秀女士編纂，董碧雲女士譯述，《護士歷史略記》，頁 18、20。
〔註55〕 朱峰，《基督教與近代中國的女子高等教育》，頁 64。

僧侶，尤視黑石山寺為聖地，必強烈反對她蓋基督徒宿舍。但許金訇並不擔心，因在蓋房子的數月前，僧侶也到門診求醫。他們滿懷感激，帶禮物到醫院致謝。許多和尚的病也很快痊癒，來參加晨間聚會，專心聽道。還有一個 71 歲的老人，由出身城內望族的舊病患帶來求醫。許金訇礙於該醫院只接受婦孺住院，指示他到金尼爾醫生（Dr. Keaner）的醫院就診。老人的肢體很痛，哀求醫生一定要幫助他，不要把他看做男人，要看成小孩。許金訇拗不過他，破例予以診治。老人痊癒後，每天回醫院參加晨間聚會。數週後，他跟醫生表明真心想認識這個拜獨一神的好宗教。唯他的健康改善速度不如預期，許金訇聽說他的收入不足以購買補品，就私下贈些金錢。老人滿懷感激，忍不住道出此事。他的家人被許金訇的仁慈感動，從此讓小孩每天陪老人來參加晨間聚會。〔註56〕但從教案的不斷發生，可知中國人在減除病痛之餘，信仰的皈依並不容易。

許金訇經常出診發現病人已近膏肓的情形。某次出診，患者是霍亂重病婦人。家人尋醫問卜，她仍至奄奄一息。昏迷 2 天後，其他醫生建議來找她。她趕去，發現房間擠滿親友，卻不能轉述那婦人的病痛，只提到一些魔靈要她的命，無可取代。許金訇宣稱自己的醫藥恐不能救治病婦。他們齊聲回答若救不活，不會怪她。她帶領大家禱告，且開三劑藥讓婦人服用。同日下午，病婦的丈夫來報告病有起色。她去探視，也很意外。但親友又請來一知名的神明驅邪。許金訇聲明不跟偶像同工。他們抉擇要她開藥，說神像可以等候。事實上，從未有人敢讓神像等候，那神像卻真的等了 20 分鐘。她離開前，要他們保證不藉神像做任何舉動，靠近那婦人。10 天後，病婦痊癒。她丈夫和諸多親友，從而了解各方鬼神的虛假，肯定許金訇藉由基督教的神和醫藥救了她。〔註57〕

聖誕節在基督教醫院是件大事，吸引病人、職員與附近居民，來到禮拜堂。馬可愛醫院第一年邀請 120 個鄰近家庭參加聖誕夜，紅色的卡片寫明「限一人用」，也就是每家一人。大部分客人提前在 4 點就佇立門口等候。等 7 點半開門，客人逐一出示紅卡入內，竟發現有不少人想入內而自製卡片。許金訇脾氣好，不忍將他們拒於門外，告訴守門人，讓他們都進來。結果禮拜堂、地下室與庭院，都客滿。他們按規定靜聽 2 小時的禮拜，結束後感謝招待，才魚貫而出。由於來賓超過預訂人數的兩倍，只好省略以茶、蛋糕和柳橙的招待，改在次日派僕人給他們送去蛋糕和柳橙。下一個聖誕節將近，許多人又先來提醒許金訇，

〔註56〕 Burton, 1911:1, pp. 44-50.
〔註57〕 *Ibid.*, pp. 51-53.

要邀請他們分享過節的快樂。屆時也都多踴躍參加聖誕夜。〔註58〕在 1908 年聖誕節，石美玉在百忙當中，給難民準備一頓豐盛的飯菜，吃不完還可打包帶走。她們雖然很忙，未能同桌用餐，看到他們快樂而感到欣慰，趁機宣告救世主誕生是賜給人類最大的禮物，覺得這是一次最快樂的聖誕節。〔註59〕

　　康、石兩人所收診費，都轉入傳教項下。她們爲美以美會婦女傳教會義務工作 4 年，以回報在美國所受的 4 年訓練。起初康、石也從事一些巡迴傳教工作。她倆輪流陪史坦敦女士（Miss Stanton），到鄉下旅行訪問，由史坦敦女士傳講福音。康成第一次和史坦敦女士到江西省會南昌，就是給巡撫夫人看病。她們將她帶回九江家中療養期間，她每天讀聖經，感到很喜樂。後來她康復返家，把 2 個兒子送來美以美會所辦學校讀書。巡撫支付診費 100 元，致贈兩塊書寫頌詞的牌匾，又許諾幫忙募款建醫院。1896 年，她倆在九江每天早晨門診的同時，還有石美玉的母親充當「講聖經婦女」。她受過良好的教育和訓練，長年熱心教導婦女，希望能影響她們。人們逐漸湧向康、石和史坦敦女士，接受醫療及聽取教理。她們深入前所未至的遠地，受到誠懇請求，希望再度前往。1897 年，一群婦女晚上坐船到康成和史坦敦女士的住處，邀請她們親至沿海鄉下地區建立教會，理由是男人可以有空到城裡街上聽講佈道，女人則無機會。由此可見，大多數的外診病人康復後，會回院答謝，甚至願意一起上教堂，讓她們感到欣慰。〔註60〕

　　1901 年九江仁德醫院落成後，婦孺可以一小群地坐在候診室，高興的聆聽講聖經婦女的談話。以往，婦孺只能擠在一間灰暗的房間，或者一些人分散在前院，女傳教士很難把她們聚在一起聽講。〔註61〕石美玉認定科學研究和訓練，使醫療工作極有價值，而這源自造物者的偉大，她樂意與病人分享基督教的平安喜樂。每日早晨與週日下午，她在醫院的禮拜堂帶領能出席的病人與職員一起聚會。門診病人在診療室外候診時，幾個女傳教士向他們傳講基督教。石美玉獨撐醫院大局後，分身乏術，傳教工作改派護士與女傳教士同行。他們帶著簡便的藥物、繃帶、牛痘疫苗等，到鄉村診治病人。有一年寒冬，一個遙遠的村莊因天花肆虐，請求派人前往診治，並給尚未感染者接種疫苗。那村子一個婦人曾來醫院求診，由她帶路，一名自願的護士偕同

〔註58〕 *Ibid*., pp. 60-62.
〔註59〕 *Ibid*., pp. 161-168.
〔註60〕 *Ibid*., pp. 129, 135.
〔註61〕 *Ibid*., pp. 172-175.

女傳教士和可靠的男僕，一行三人坐一小舢板船沿河划行，到那疫情嚴重的村莊。他們日行 30 里路，去給村人治病。4 天共治療鄰近的百餘位病人。護士工作時，由女傳教士宣教。以此模式，讓成百的人首次聽聞基督教。至於住院的病人，護士也教導他們禱告。病房中可以看見有母親為患病的幼子或嬰兒跪禱，也有婦人下床，俯伏在地跪求；無法起床的病患，則虛弱地躺著禱告。石美玉藉著進出窮人與富人的家，撒下福音的種子，但她認為接受者的心田，需要一支受過訓練而有效率的人才做跟進工作。〔註 62〕

　　南昌的藉醫宣教，則較九江困難。1902 年以前，從未有外國傳教士到南昌工作。因此，康成到南昌，被認為是「開啓新教傳教士的門」。〔註 63〕她逐漸出名，城裡有些婦女請她來家裡看診時，與她建立友誼。其中不少是官紳的妻女，她們來自中國各省的上層社會，養尊處優，也切盼學習更美好的事物。她們對國家當時的情勢感到悲觀，有些人認同基督的愛能給人最好的品德特質，中國只有成為基督教國家，下一代才有希望。此所以美國美以美會傳教士，尾隨康成之後，能很快地在南昌建立一個傳教據點，而且工作成長很快。

　　其實，南昌民風閉塞，形同偏僻內地，並未對外國人開放「旅行路線」，而且不喜洋人洋務，宣教工作不易。最早進入當地的兩個外國傳教差會，為美國美以美會與普里茅斯弟兄會（Plymouth Brethren Mission）。康成和史坦敦女士首次以美以美會的醫療傳教搭檔，進到該地，即遭遇可怕的經歷。那是一個天氣暖和的下午，她倆去拜訪普里茅斯弟兄會的傳教士。當時順利啓程，普里茅斯弟兄會的教士護行在後，史坦敦的坐轎有一邊沒窗簾，前頂也沒遮簾，她又把雨蓋拿掉，幾乎無所遮蔽，以致她們抵達目的地，即有群眾來勢洶洶，衝進傳教站內。他們逐速避入內，欲等天黑再離開。不料，大批群眾圍住庭院和門口，一直沒有離去。史坦敦女士獲准先上轎起行，但康成的轎子隨後才走一兩步，就差一點被推倒，大聲喝止也無效。有人丟一顆石頭打破轎窗，群眾衝著她直喊：「洋鬼子！」康成被嚇得快哭喊出來。有一兩個旁觀者挺身幫她支開一兩個暴民，叫她不要怕。康成想避入附近較大的住家，但看門者當場給她閉門羹，還好有一個人把她帶到楊官員家中尋求庇護。那屋裡的大廳，坐著一對婦女。康成冒昧說明來意，帶領人也幫忙說情。她獲

〔註 62〕 *Ibid*., pp. 215-217.
〔註 63〕 石美玉，〈中國女子教育之態度〉，頁 91b-92；〈書拾陸：職員名錄〉，《中華基督教會年鑑》第二冊（1915），頁 400，以及同書第六冊，頁 340。

得接納，女主人下令關門後，康成忍不住放聲大哭。屋裡的人安慰她不要怕。她辯稱不是害怕，而是對自己的同胞如此卑鄙，深惡痛絕。那女主人自述曾單獨坐轎回家，遭到粗魯對待等類似經驗，感嘆各地暴行諸多。

史坦敦女士以爲康成一直尾隨在後。而教會的人正舉行禱告會，也無人注意康成尚未到達。稍後聽說康成出事，隨即趕來護送她回家。其實，他們若早一點察覺，衝到那裡，恐怕會與那些群眾惹起更大的麻煩。他們返家途中，陸續有人支援，形成一隊人馬，伴隨燈火照明。大家都很憤怒，有人要求逮捕暴民之首。康成安抵傳教站後，一個富家女病患的丈夫到醫院，再三爲暴民的惡行道歉。他是趕路回家赴宴時，看到許多寫著「美以美會」、「福音堂」兩排字的燈籠，好奇問起字意，才了解這件亂事。康成從未被同胞如此偏激的攻擊，她愈發覺得人們需要眞理的光照，才可能徹底改變。她做爲基督教女醫，在當時的情況下離開南昌，慶幸自己住九江，能與好友石美玉同在切盼已久的新醫院工作。

南昌是個古城，約有 30 萬居民，週遭環繞鄉村，從未有受過訓練的西醫來開業。南昌的人民切求有西醫看病，且允諾將鼎力支持。康成應當地人要求而來。當時教會甫在當地建立，有信徒免費提供一塊城中心的土地，可做醫院或學校用途。牧師允諾幫她募款 1,000 元。康成覺得機不可失，石美玉也認爲這如同《聖經》所說「馬其頓人的呼聲」，於是美以美會的婦女外國傳道會同意讓康成自 1903 年初至南昌工作。〔註64〕康成自知能力有限，懷著忐忑不安的心情，開始辛苦地在新工場任事，施展她的抱負。當工作量漸增時，她自認是因「信心之路」奇妙引導。

意外的是，1906 年南昌發生教案，使工作一度驟減。由於法國天主教神父與地方官員的辯駁紛爭，造成嚴重的流血衝突，連累到所有傳教士都需逃命。康成直到最後一刻才關閉門診，待 3 個月後情況好轉無安全顧慮，即回到南昌。9 月中旬，門診又人滿爲患，如同一年前的 12 月。她自己訓練 2 個護士做助手，維持門診每日全天開放，全年無休，還要力求醫療業務自立。她堅持用最精純的藥，在乾淨的條件下做診療，仔細在罐子上貼標籤，還額外供應必需的食物，讓病患增強體力。她不願因顧慮經濟，而使用國內藥品；也不用粗糙而不易洗淨的玻璃瓶。她在南昌的工作順利，以致在 1906 年能夠把一間門診建築，以及士紳捐贈的兩塊美好的建地（可分別做爲醫院和住家），交給婦女外國傳道會。

〔註64〕 Burton, 1911: 1, pp. 140-145.

做爲她住家的地面上已興建一間房子。1907 年她的年度報告，顯示醫務穩定增長，受中外人士肯定；宣教工作也有進步，有一些慕道者。她感覺自己渺小的生命是神所賜的恩典，樂於用來服事祂。〔註65〕醫治一個病人，有時影響整個家族，甚至全社區，都變成基督徒。〔註66〕

　　1911 年，辛亥革命爆發，留日女生蔡蕙在九江倡立「赤十字會」，石美玉與康成、金雅妹 3 人，曾分別由南昌、安慶等地，11 月趕來幫助擔任醫務，並訓練護士，助購藥品器械等，以利紅十字會的建立，濟世救人。〔註67〕此後，石美玉雖照常在醫院工作，卻給她帶來特殊的負擔。醫院成爲他們的避難所。當天夜間下令，要求學校與醫院中的所有婦孺進入租界。但直到凌晨 2 點，無一病人離開醫院。石美玉把醫院交給革命軍領袖，自己和護士每天照顧傷兵。革命軍的領袖要求她穿上白袍，做爲支持他們的標誌，她申明自己同情革命，但做爲紅十字會醫生，必須維持中立，對雙方的傷兵提供協助。她的解釋獲得同意，遂有一武裝衛兵，每天早晚專門護送她往返醫院。〔註68〕

　　在南昌的江西巡撫被僕役和侍衛離棄，無人敢收容，而被捕囚於九江監獄，以致懊惱而企圖自殺。幸虧有石美玉醫生及其兩個護士照顧他，直到過世。其實，她們做這件事情，並不容易。該巡撫在數月前，不承認石美玉是中國人，不讓她爲外國人購買九江的土地，做爲男子醫院。若非石美玉伸出援手，他將孤獨死去，且無人善後。革命黨人知道這囚犯自殺，深感困擾。他們不敢把噩耗告訴馬將軍，因爲古老的東方習俗，認爲死者會對報信者處罰。石美玉被要求幫忙，她由一個護士陪伴，到將軍的辦公廳報告。兩個小女子在無男伴陪同下，冒險進入士兵的營地，令人側目。因此官兵齊向醫生致敬歡迎。馬將軍問及石美玉許多有關她行醫的問題，結束時也對她的工作表示嘆服。〔註69〕

　　由於革命的干擾，九江許多學校讓學生返家。有位少女被家人堅持在這假期與訂婚已久的男子完婚。但她因信主，對男方不是基督徒而不滿。後來父母讓步，照她心願，在聖誕節舉行基督教婚禮，讓她哥哥到九江請來石美玉主婚，希望這位名醫有助於兩家聯婚圓滿。石美玉謙遜地答應，擱下聖誕節所有原定的工作，帶護士和中國傳道各一人，經歷大風雪，抵達她家。當

〔註65〕　*Ibid.*, pp. 145,149-151.
〔註66〕　*Ibid.*, pp. 50, 208.
〔註67〕　《順天時報》，宣統三年十一月三日。「赤十字會」即今稱「紅十字會」。
〔註68〕　Burton, 1911: 1, pp. 205-211, 213.
〔註69〕　*Ibid.*, pp. 213-215.

賓客雲集，石美玉徵得同意，進行婚禮以前，用一個半小時給在座者傳講基督教福音。婚禮結束時，新娘的父母決定成為基督徒，把家中的神像交出。新娘的父親希望其他人也能聽到石美玉傳講的福音，還要捐地給教會辦學校。新郎自願在新學校開學前，承攬所有的木工；新娘則教導入學的新生。這對夫妻每個早晨在新居，以禱告建立默契。他們因石美玉而獲得很大的祝福。石美玉以獨特且具魅力的特質，為醫療傳教目標努力，如此有果效，備受稱讚，成為中國新女性的模範。〔註70〕

此外，婦女聖經員在門診部門，也附帶倡導反纏足運動。最有效的教材，就是許金訇依靠強壯的天足而有所成就。因此，這工作頗有效用。每年的報告中，總記載有許多的放足者。石美玉醫治一個 8 歲小女孩的病，使醫院的影響力廣為傳播。她在醫院放足，回到所住的村子後，熱心的倡導天足，偕同父親說服 300 戶人家誓願讓女兒擁有天足。〔註71〕總之，這類醫療配合傳布基督教的「醫療傳教」模式，姑不論得到多少信徒，對西醫取代傳統中醫，以及教育民眾破除迷信與纏足等舊俗，必定能有相當的果效。

近代中國女性在宗教生活中，往往表現出較男性強烈的宗教熱情和虔誠精神。她們或許智識程度普遍較男子低，對聖經認識不多，而信仰較真，並非缺乏理性，所言傳也頭頭是道，為男子所不如。〔註72〕早期的留美女生──金韵梅、許金訇、石美玉、康成、李美珠等，都是基督新教信徒，且是集醫生、社會慈善家及宗教家為一身。她們智識較高，往往從更深層次，去感知和實踐基督精神，將其理解為「獻身」精神與「力行」精神的結合。這種自勉自律，身體力行的虔誠表現形式與內容，較一般的女教徒更有影響。

（二）追求醫療宣教的自立

康成與石美玉雖是美國美以美會醫療宣教士，但身為中國人，也都認定中國的傳教工作要盡可能自立。石美玉的理想，是使醫院大體上能自給自足。她曾寫一篇有關「醫院的經濟」報告，在九江的傳教士會議上陳述，被肯定為最能引人入勝。她把「經濟」定義為「避免所有的浪費與揮霍，把錢用在刀口上的藝術。諸如採購便宜家具卻不耐用，買低廉食物讓病人因營養不足而受苦；採用賤價藥

〔註70〕 *Ibid*., pp. 215-218.

〔註71〕 *Ibid*., pp. 50, 208.

〔註72〕 呂美頤，〈基督教在中國近代婦女的傳播及其影響〉，李小江、朱虹、董秀玉主編《性別與平等》（北京：讀書‧生活‧新知三聯書店，1994），頁 240。

物而使病人沒命；使用木製床與標準用油（Stand Oil）來維持病人的清潔；以床單和薄被取代中國人慣用的厚重寢具等物品，以節省繁重的清潔和消毒殺菌；僱用便宜而不會做事的僕人等等，都是粗劣的經濟效益。相對地，她發覺以受過訓練的工作人員取代僕人，來照管器具，器具更能經久耐用。〔註73〕事實上，多數經營良好的醫院，不會將檔案紀錄、有輪擔架與手動洗衣機等各項細節，作詳盡地說明，但總歸與現實的經濟擺脫不了關係。

仁德醫院開業初期，普通的膳食收費是日付 60 錢或月付 2 元。私人病房按等級收費 10-20 元不等。該醫院只有救治窮人的工作、醫生的薪水與設備，是由美國教會支付；其他如醫事的協助與病患的藥物，還有住院病人無法負擔伙食費等多項開銷，則需自行吸收。偶爾一些慷慨的中國人會多給，有男士為其住院治療的妻子預付 300 元，待治療完畢，願意給費更多。有些人能自付部分費用或全額費用，對無法付膳費的病人大有幫助。但是財務狀況仍然一度困窘，幸有匿名的中國人，從數百里外差人送來一筆禮金，才紓解困境。後來慢慢有更多富有的病人。有時一季收到 400 多元，而下一季超過 500 元。她曾送出一本捐款簿，就近向九江人士募款，很快從地方首長收到 50 元。這給她很大的鼓勵，顯示工作獲得官民的贊同。她經常在早上接到一大筆付費，晚上就轉用到窮苦病患身上。她宣稱這種藉由富人施捨，免費服事眾多窮人的模式，是「特殊恩典」。其實，無能付費的病患，也以縫紉等手工藝，對醫院開銷多少盡一點心力。在醫院受訓練的護士，也義務服務或私下幫忙付費。如此，醫院許多經營開銷，能由各界以多種方式支付。後來更多中國人捐地獻款，幫助她擴展醫院。〔註74〕

1920 年以前，石美玉因病在美國就醫。她掛心家國。病癒出院後，稍事休息就返國。1920 年春，她和胡遵理因與美國差會的神學立場發生衝突，聯袂脫離美以美會，在南偉烈博士夫婦陪同下，從九江遷居上海，參與創辦伯特利教會（Bethel Mission），並與設在加州巴沙德納的伯特利傳道總會建立廣泛聯繫，受命為其終身傳教士。〔註75〕她不圖在美國的優厚待遇、舒適生活，而堅持勤儉創業，扶危濟困，為家國、人民、教會，經常奔走於中美之間。〔註76〕伯特利教會沒有差會，沒有固定的經費來源，從未舉行賣

〔註73〕 Burton, 1911: 1, pp. 202-203.

〔註74〕 *Ibid.*, pp. 203-204.

〔註75〕 褚季能，〈甲午戰前四位女留學生〉，頁 14；Boorman, Vol. II, p. 129.

〔註76〕 聶子英，〈我回憶石美玉醫師〉，頁 96-97。

物會（拍賣會）、不捐款、不借債，完全憑著信心開展教會事工，宣講救世福音。〔註 77〕石美玉與胡遵理分工合作，實踐其胞妹石安利生前所立要配合其長姊醫療工作而傳道的遺志。〔註 78〕開展教會工作的同時，即在江南製造局路 565 號樓下開辦診所，展開醫療業務，同時還在八仙橋設立分診所。次年，石美玉擔任上海伯特利醫院院長。〔註 79〕她主持醫療事工，擘畫經營，煞費苦心。工作日益擴張，自建院舍，規模宏大，分設門診及住院留醫，並有護士學校、助產學校，造就不少人才，分布於國內外各地。1924年江浙齊魯軍閥混戰，石美玉本著愛主愛人、救死扶傷的精神，騰出教室，收容傷兵，親自治療，日夜關行。〔註 80〕但直到抗戰以前，她的主要工作是傳教，因此她在教會等組織中有較高的地位，擔任傳教士的名聲也大過於擔任醫生。〔註 81〕石美玉是伯特利和醫院、護、產校的創辦人暨負責人，她身材矮胖，一口九江話，慈祥而平易近人，直到 1930 年代中期，她年近七十時，仍不顧自己有心臟病，在八仙橋門診所和院部來回不停地給病人看病，有時還要出訪歐美為教會作工。〔註 82〕1946 年抗戰勝利，伯特利在上海復員，但一部份同工主張遷移香港，因而倖免於 1949 年被中共全部接收。1952 年時局緊張，石美玉也認為不宜再建房舍，免得又被沒收。但留在中國大陸的成員，憑信心增建房舍，繼續工作，而使該會存留至今。〔註 83〕

石美玉曾任中華醫學會（National Medical Association of China）副會長。〔註 84〕該會是黃瓊仙（女）與顏福慶、俞鳳賓、伍連德等 21 位醫師，於 1914年出席博醫會年會時所籌組，次年 2 月在上海集會，宣佈成立，選舉顏福慶為會長，伍連德為書記，會所暫設在俞鳳賓的診所。同年 7 月獲得教育部批准立案。此後會員人數不斷增加，從 1915 年的 232 人，至 1931 年有 775 人。

〔註77〕 〈代序言〉，戎玉琴等編，《伯特利·我們的家》，頁 9。

〔註78〕 〈伯特利教會創辦人——胡遵理教士〉，戎玉琴等編《伯特利·我們的家》，頁 60-61。

〔註79〕 〈書拾陸：職員名錄〉，中華續行委辦會編訂《中華基督教會年鑑》第六冊，頁 338。

〔註80〕 〈伯特利醫院史略〉，戎玉琴等編《伯特利·我們的家》，頁 14-16。

〔註81〕 〈石美玉（1872-1954）〉，《江西近代鄉賢錄》，頁 18-19。

〔註82〕 水信玉，〈我回憶伯特利護、產校〉，戎玉琴等編《伯特利·我們的家》，頁 127。

〔註83〕 〈代序言〉，戎玉琴等編，《伯特利·我們的家》，頁 9。

〔註84〕 〈伯特利教會創辦人——石美玉醫師〉，戎玉琴等編《伯特利·我們的家》，頁 58-59。

1932 年該會與博醫會合併。〔註 85〕1926 年，石美玉與酈富灼、李元信及刁信德等，在上海組織「中華痲瘋救濟會」，設立虹口皮膚病診所。據估計，當時全國有 100 萬痲瘋病人，光在上海就有 2,000 多名。該會在 1930 年在上海召開第一次中國痲瘋會議，由伍連德擔任主席，報告「中國痲瘋的現狀」，會議討論痲瘋法律的制定、痲瘋醫院的建立、擴大宣傳等事項。同年也促使中國痲瘋協會在上海成立。〔註 86〕

　　康成在南昌，差會除了支付薪水，並未給予醫療宣教的其他財務支援。既然南昌許多熱切的邀請是來自富裕人家，她也樂於在當地嘗試以自立的基礎，開始醫療工作。清末，她曾寫一篇自立醫療傳教的文章，發表在《中華醫療宣教雜誌》，提出贊成的理由與實踐的可行性。許多人以為當時中國需解決的問題太多，應該優先盡全力速將福音傳遍天下。他們以為要醫療宣教能自立，根本是奢求，即使大城市也不一定能成功。然而，各種情況都須權衡得失。她到南昌工作，差會並未對當地醫療工作設立基金。她相信有價值的事物，都有其估計方式。一般人尋求教會的幫助，對贊助者的動機不察而沒感覺自尊受損。但富人對所接受的服務，會想得更多，在行善助人時，還要面子增光。她認為一般醫生對窮人免費施醫給藥，供應一些膳食，算是行善。對於經濟稍好的人，要求自付部分藥費；經濟更好的，自付部分診治費；最上層的人要自付全額費用。這個美意，原是許多醫生和助手的想法，但變成例行工作後，會逐漸因付費少，相對只能要求較少的服務。康成認為追求自立的每個階段，都有壓力。醫藥收費既為救治窮人，若全數用來增加工作效率，就應包含宣教。部份收入雖屬非基督徒感恩的給付，但他們受到的幫助，都屬於基督教事工的價值。耶穌醫治病人不索費，也不求代價。她認為在當時的環境，方式或有不同，但原則並無不同。她勇敢踏出到南昌的第一步，但接下去的路走得並不容易。〔註 87〕

　　康成樂善好施，對貧苦病患不取醫藥費，並供給衣食，臨行又贈金以購滋養食品。門診外診應接不暇，必要時還親身到病家守夜，因此數十年來她所治愈的婦孺，不下十萬餘人。但醫院從原屬差會所得津貼，不及九江仁德醫院的

〔註 85〕鄧鐵濤、程之範主編，《中國醫學通史：近代篇》，頁 525。俞鳳賓為俞慶棠的長兄。

〔註 86〕同上書，頁 438。

〔註 87〕Burton, 1911:1, pp. 145-148.

半數。她自己的月薪不及百元，而聘請的醫員，月薪均在百元以上。醫院本著慈善性質，服務社會，如門診不取號金，不收脈禮，售藥也取價低廉，入不敷出，以致積年負債，難以清償。她不得不暫離南昌，於 1916 年 5 月應聘就任天津北洋女醫院院長。3 年間救人無數，醫名大噪，每月薪津及出診收入甚豐，有時月入千金。其間，剛巧黎元洪總統喪偶，久仰康成的名聲，請人示意。但她不慕榮華富貴而婉拒。當她積存的錢財，足夠將債務清釐，即毅然回南昌行醫。江西省政府尊重她的名望，贈以津貼，初由 500 元，漸增至 2,000 元。但後來醫院財務再度入不敷出，康成又不辭勞瘁，終致積勞成疾。〔註88〕

　　1926 年國民革命軍北伐事起，國共兩黨聯合推展反基督教運動，造成教會事業大受打擊。南昌戰役，死傷纍纍，居民烽火餘生，朝不保夕。南昌美以美會有紅十字會的組織，康成是其中一員，以南昌婦幼醫院收容傷兵，並收納不少避難婦孺，而當時所收舊幣江鈔隨即停用，等於廢紙，損失三千餘元，康成私自賠償，不遷累他人，也無怨言，可見她心懷慈善與公忠體國的精神。後來，江西省政府的津貼，以庫款支絀，有時可領少數，實則不足支付。從此數年間，康成背負責任甚艱，心力交瘁，雖暑假也不稍休；加上義母昊格矩的喪事，康成治喪盡禮，哭泣哀毀，身體遂虧。1931 年去世前的數月，由住宅至診室，須人扶掖而行，中間且坐地歇息，仍不休診，堅持治病救人的精神，盡心負責。直到病重，遂料理院事，結束一切，付託得人，始安心赴滬就醫。11 月 9 日病逝於上海的療養院，年 59 歲。〔註89〕總之，康成一生行醫濟世，被視爲「基督徒的優秀榜樣」。她做爲新女性，服務中國的人民爲救病濟貧，不惜負債，忍受所屬美國差會的冷漠以對，試圖尋求醫療自足，堪稱「愛國」的社會楷模。

第二節　民初留美返國的女醫倍增

一、婦產科女醫成群

　　民國建立，在中國各處行醫的留美女生，除了金韵梅在天津、許金訇在福州、康成在南昌、石美玉在九江，據石美玉在 1914 年提到還有曹麗雲在南

〔註88〕　不著撰人，〈坤範：康城女醫博士行述〉，頁 37-38。
〔註89〕　同上，頁 39-40。

京，以及黃瓊仙在上海、李美珠在柳城。只有黃瓊仙畢業於北美加拿大，其餘都由留學美國醫學校畢業。這 7 位女醫，每年診治病人，統計不下 9 萬人，住院者約 3 千名；加上出外診數百起，醫院內手術數百起。還有由國內廣東省及其他醫學院校畢業的女生，均從事醫業，以減輕世人疾病痛苦。〔註 90〕曹麗雲於 1912 年 8 月回國，擔任南京貴格醫院（Friends' Hospital）外科醫生，〔註 91〕後升任院長，兼公立看護學校校長。1915 年起，她在金陵女子大學兼職，任教生理學與衛生。〔註 92〕

　　王安福於 1913 年 5 月由美返國，歷任九江仁德醫院教員（1913-1914）、景德鎮美以美會日校教員（1915-1916）。1917 年起，她擔任九江貴喜醫院（Kuei-his Hospital）教員。但她仍以九江仁德醫院為通訊處。〔註 93〕這樣看來，她似乎是受九江仁德醫院栽培，先與石美玉一同工作，做為回報，後來在另覓工作，主要從事醫學教育，繼續延伸服務。

　　林惠貞於 1917 年返國，當時正逢中國大量需求外科醫師。她幫助哈特威爾小姐（Miss Hartwell）的孤兒院與救濟工作，並且成為福建工業學校與福州孤兒院醫學顧問。她的責任包括照顧基督教會所辦福建孤兒院（The Christian Herald Fookien Orphanage）的 200 個孤兒。同時，她在 1919 年由曾經是她的病患的友人與政府官員協助，創辦福建綜合醫院（Fookien General Hospital），收容各種病患。1923 年起，她也曾任福建助產學校校長一段時間。她也是《中國醫學雜誌》的編輯之一，而且是中國婦女參政協會成員，還曾在福州反壓片協會擔任內科醫師。然而中國內戰不斷，華南局勢持續緊張。林惠貞被迫結束福州的醫務，遷居上海。1930-1931 年，她在上海的中國紅十字會綜合醫院擔任婦幼部主任，以及東南醫學校婦產科教授。〔註 94〕

　　林惠貞在上海行醫十多年。最初住在法租界內。1931 年 3 月，母校伊利

〔註 90〕　石美玉，〈中國現今婦女事業之進步〉，頁 92-93。

〔註 91〕　"Returned Students", *The Chinese Students' Monthly,* Vol. 12, No. 8（June, 1917），p. 441.

〔註 92〕　北京清華學校編，《遊美同學錄》（1917），頁 147-148。

〔註 93〕　同上，頁 4-5。王安福生於 1908 年，故此處所記年份疑有誤植，待查。又據劉歡曾〈王正廷博士百齡冥誕誌感〉，頁 19，1945 年 1 月，王安福之母病逝於重慶。1947 年，王安福之父王正廷續娶香港爵士周壽臣的四女周淑英。1956 年冬王安福與夫婿劉歡曾及子女等全家移民美國；1981 年她仍健在。

〔註 94〕　Interviews of Lin from the Alumni News. The University archives: Alumni Morgue Files: H.D. Lin, cited from Carol Huang, pp. 117-118.

諾大學校長金理及其夫人（Mr. & Mrs.David Kinley）抵華訪問，考察中國教育。她數度設宴款待他們。但稍早日軍侵略上海，她的診所被迫關閉，她的家也成為難民收容所。〔註95〕時局的紛亂，使她興起離開的念頭。1933 年從香港倦遊歸滬，移居靜安寺路滄洲飯店。診所設在一間名叫「利濟藥房」的樓上。她做為附幼科醫師，以仁心配合醫術，診斷精細，加上經驗豐富，故求診者眾多。診費除了富裕階級是有定例之外，對貧苦病患不加計較。因此有報導稱她曾拯救 5,000 個難產的孕婦。她有時赴宴會、到碼頭接船，或在戲院看電影，都要留看護在家聽候求診電話，以便即時聯繫。即使當炎夏正午、初秋清晨，或是冬風冷冽的天候、雨雪深積道路，病人家中來電話，常驚醒她的睡夢。經過快速準備，她隨即以汽車奔馳趕去。有時東方破曉，才在病人家完成冗長的醫務工作，但上午 10 點左右的門診病患，又接踵而來候診，讓她應接不暇。此所以她的飲食起居難有規律的時間，且終身未婚。幸好她懂得調劑生活，例如在屋裡養金魚、小雀鳥、貓狗等寵物，每週日上午還可聽到她的居室裡，傳出鋼琴和著高昂的讚美詩歌聲。因此，精神愉快，身體尚佳。〔註96〕1933 年，她想回美國的母校進修的申請獲准；同年她再度赴美。〔註97〕

　　1937 年對日抗戰爆發，使林惠貞離華赴美定居。她自稱在中國行醫 22 年當中，接生的嬰兒超過 6,500 個。1939 年她再度回母校伊利諾大學深造研究，進修一般外科、婦科與產科，直到 1941 年。1941-1946 年間，她是該校醫學院的工作人員之一，擔任外科助手。1942 年，她成為該校國際外科醫學院的低位女性員工。1943 年參與橡樹林（Oak Frost）地區的療養院工作，也繼續在芝加哥北美卻爾登街開一家私人診所，從事關節炎與內分泌方面的疾病診治。從 1945 年直到退休，林惠貞在橡樹林醫院（Oak Frost Hospital）擔任醫師與夜間管理。1973 年 7 月去世。根據 1942-1949 年的伊利諾大學信託董事會資料，她在 1939-1944 年間是第一位不受薪的外科醫師助手。1944-1949 年間，她受僱為臨床助手。當 1943 年因法律修改，該校幫她保留受雇的職位，直到 1949 年美國政府允許具有專業學位的中國籍人士依照難民法申請綠卡，已獲得美國永久居留權。〔註98〕林惠貞終其一生在中美兩國行醫救人。因政

〔註95〕 David Kinley 自 1914 年為伊利諾大學副校長，1920-1930 年為校長。見 Carol Huang, pp. 121-154.

〔註96〕 *Ibid.*：素卿，〈時代裡的女子：林惠貞女醫生的生活〉，頁 12。

〔註97〕 Alumni News, June, 1940, cited from Carol Huang, p. 118.

〔註98〕 Carol Huang, p. 118.

局混亂，使她從中國移居美國，從上述的情形可見她在國外覓職不易，生活頗受煎熬，直到在異鄉離世。

1918年，石非比（腓比）從約翰霍浦金斯大學醫學院獲得醫學士，因其姊石美玉再度赴美進修，就讓她接任仁德醫院院長。1920年石美玉返國後，轉居上海，另外開創醫療傳教事業。〔註99〕同年9月中旬秋，石非比和伍哲英女士也帶領一批醫務人員（其中有藥劑師和一班護校學生）來到上海，協助石美玉成立伯特利醫院。1921年，伯特利醫院再購下製造局路639號大片房地產後，即以後的伯特利本院（或稱總院），將坐落在大院西北角的老式房舍、樓亭加以修葺，醫院遷入。同時還在荒地場上興建禮拜堂、校舍、住宅，同時擴建醫院（在大院西南角639號大門處）。1924年醫院新舍落成，舊舍劃給護校。它是由一棟三層和一棟二樓房舍組成。醫院除已設立的八仙橋分診所外，又設浦東分診所和總院門診室。醫院初辦以婦產科為主，兼開展內外科業務。石非比除了協助石美玉主持院務外，還負責八仙橋分診所工作。〔註100〕她醫術高超、學識淵博，虔誠愛人，該院教職員生都親切地尊稱她「三醫師」。〔註101〕

石非比把畢生精力都獻給醫學和醫學教育事業，因而積勞成疾，患肺結核病，〔註102〕不能奔走於總院授課時，就在她的住所西愛咸斯路65號（今永嘉路陝西路附近）設立伯特利新醫院，收治婦產科病人。當時的工作人員有葉家興老師、葉振華等5人，蔡寄雲也被派去工作。後來石非比病情漸深，葉家興做為她的好友兼助手、管家，不怕染上肺結核病，情願與她同睡一張大床，以便更好地照護她。這種精神是人間少有的，也可見石非比平時待人很好，才有這樣的知心朋友。當時幾位在那裡工作的學生，也都願意這樣做。但石非比說他們年紀太小，容易染病，堅決不讓他們走進她的床前。新醫院結束，大部分的工作人員回到總院。石非比病危，必須賴氧氣度日。當時中國沒有醫用氧氣，靠從美國運來。最後因輪船誤期，氧氣用盡而於1930年離世，年僅36歲。〔註103〕

石家另一名著名婦產科女醫石（梅）成志，在1920年代初期留美返國，即

〔註99〕《湖北省志人物志稿》第二卷，頁787-788。

〔註100〕〈伯特利醫院史略〉，戎玉琴等編《伯特利・我們的家》，頁14-16。

〔註101〕蔡寄雲，〈和石非比醫師在一起的日子裏〉，頁100。

〔註102〕〈伯特利護士產科學校略歷〉，戎玉琴等編《伯特利・我們的家》，頁17。

〔註103〕蔡寄雲，〈和石非比醫師在一起的日子裏〉，頁100-101。

在上海伯特利醫院擔任婦產科主任，並負責該醫院浦東分診所行醫工作。〔註104〕石成志醫術高超，信仰虔誠。接生前，總要跪禱，求神保佑母子平安。若遇難產，她常能不用開刀而轉危爲安；在婦產科中許多疑難雜症，只要經她治療，能化險爲夷，因而深受病患愛戴與社會稱頌，蜚聲國際。許多產婦得知是石成志接生或治療，就感到特別放心。她被譽爲「產婦的救星」，成爲中國有名的婦產科專家。〔註105〕其他醫師還有王裕美（北平協和大學醫學士）爲兒科及內科主任，石美玉的外甥梅國楨爲外科及男醫院主任，〔註106〕以及黃燕譽、黃孟如、熊德華、錢修梅等醫師。此外，門診室主任吳梅蘭，手術室主任馮月華、產科室主任李金蘭，化驗室主任程婉蘭等，都在1930年代爲伯特利醫院和中國醫療事業做出貢獻。據統計，至1937年爲止，伯特利醫院每年住診約1,200人，門診年約5萬號。〔註107〕

　　1937年8月，上海「八一三」抗日戰役以後，石美玉與胡遵理連袂將總部遷美國，一同居美，繼續爲伯特利各項事工籌劃經費。地處南市戰區的伯特利醫院，被迫遷入法租界八仙橋分診所，縮小範圍，繼續開業，由石成志代理院長，統籌院務。她遵循石美玉「非以役人，乃役於人」的辦院宗旨，組織部份醫師隨同英美駐滬使館醫師，每週三次至難民收容所義務施診，護士也輪流前往服務。另有部分醫師一日三班輪流到傷兵醫院執行救護工作。戰事西移，傷兵醫院撤退，難民收容所改組，石成志在八仙橋福音堂負責伯特利教會在上海的工作（包括孤兒院、中小學），同時又在八仙橋診所設立臨時病房，收治女病人。隨後，就在白賽仲路（復興西路前身）建立伯特利醫院分院，專收治婦產科及嬰兒。石成志熱心愛人，時常抱病工作。她不辭勞苦地巡迴於診所、分院、總院之間，不分貴賤貧富，日夜爲產婦接生。〔註108〕

　　1939年春，石美玉與胡遵理一同回到香港。不數月又回美國。1940年太

〔註104〕藍如溪，〈上帝所喜悅的一位〉，收在氏著《溪步集》（香港：伯特利教會天梯出版社，1975），頁142-149；〈伯特利教會創辦人——石美玉醫生〉，戎玉琴等編《伯特利‧我們的家》，頁58-59；查時傑，《中國基督教人物小傳》上卷，頁92-95。

〔註105〕程彼得，〈婦產科專家石志成醫師〉，頁64-65。

〔註106〕梅國楨，1906年生，湖北黃梅人，又名梅衛理。他在上海滬江中學畢業後，赴美入約翰霍普金斯大學醫學院學外科，獲得醫學博士，1929年返國。參見〈梅國楨醫師〉，戎玉琴等編《伯特利‧我們的家》，頁66-67。

〔註107〕〈伯特利醫院史略〉，戎玉琴等編《伯特利‧我們的家》，頁14-16。

〔註108〕程彼得，〈婦產科專家石成志醫師〉，頁65。

平洋戰爭爆發，日本佔領上海後，國外音訊與接濟中斷，伯特利總醫院移至香港。石成志以克勤克儉、自立更生的精神，與分院全體職工共同努力，堅持到抗戰結束。抗戰勝利後，石美玉在美國籌劃經費，石成志仍任醫院院長。她與醫務主任梅國楨則在上海共同主持，致力進行伯特利醫院的復員工作，如組織董事會，請領醫院執照。修繕舊有院舍，充實設備，增聘工作人員，使劫後的醫院等建築，在破瓦殘牆上逐漸復興。復興西路分院及八仙橋診所繼續開業。1946 年石美玉、胡遵理再回到上海，巡視伯特利復員工作。〔註 109〕1947 年，總院在江南製造局舊址恢復門診業務。〔註 110〕這一年石美玉以 74 歲的年齡退休，赴美治病休養。此後因時局動亂，與胡遵理卜居美國。雖重洋遠隔，對伯特利未嘗忘懷，經常代禱、指示。石美玉畢生從事醫療事業，又與胡教士撫育孤兒幼童，除創辦孤兒院外，又在家中親自撫養。她倆栽培成材的有 30 多人。胡遵理除短期到中國視察伯特利教會的工作外，再沒有參與中國事工，1951 年去世。石美玉與胡遵理同居共事達 45 年之久。〔註 111〕1954 年 12 月 29 日，石美玉以 82 歲病逝於加州巴沙德納。〔註 112〕

　　石成志在石美玉赴美後，擔任上海伯特利教會代理人、伯特利醫院院長，直到 1950 年。1948 年她與該醫院男醫生梅國楨一起籌建「美玉外科院」，用以紀念石美玉創始的功勞和事業的成績。1950 年 5 月，石成志主持該院落成奉獻典禮及伯特利三十周年紀念大會，承顏惠慶博士題詞：「服務人民，功在社會」。〔註 113〕1948 年，伯特利總醫院增設內科、外科、手術室、產科室、化驗室、X 光部、營養室也先後開辦。出設病床 40 張，1949 年病床增至 60 張，1950 年病床有 100 張，除內科、外科、婦科、產科外，又增設兒科和嬰兒病房，眼科、骨科，並請有兼職醫生若干人。院部原有工作人員，包括醫師徐以達，護士主任伍哲英，護士陳雲英、尹湘美、吳梅蘭、陳秀瑾、周多

〔註 109〕　不著撰人，〈伯特利教會創辦人──胡遵理教士〉，戎玉琴等編《伯特利‧我們的家》，頁 61。
〔註 110〕　藍如溪，〈上帝所喜悅的一位〉，頁 142-149；不著撰人，〈伯特利教會創辦人──石美玉醫生〉，戎玉琴等編《伯特利‧我們的家》，頁 58-59；查時傑，《中國基督教人物小傳》上卷，頁 92-95。
〔註 111〕　胡遵理原屬美以美會，在南昌工作，後任九江諾立書院院長。參見〈創辦人胡遵理教士傳略〉，《伯特利教會五十周年紀念特刊（1920-1970）》，頁 4。
〔註 112〕　《歷代名人教育志》，頁 487；Clara Wing-chung Ho, ed., pp. 192-195.
〔註 113〕　不著撰人，〈伯特利教會創辦人──石美玉醫師〉，戎玉琴等編《伯特利‧我們的家》，頁 58-59。

加、王淑貞，助產士張菊魁、石春榮，庶務主任李翠芳，秘書陶庸拂，化驗員兼 X 光技士方步雲，機械士劉光輝，事務員劉克忠、徐士芳、郭振德等；他們一直工作到 1950 年代。據統計，總院從 1948 年 1 月到 1950 年 5 月爲止，門診共有 13,997 號，住診 1314 人，住院日數 200,079 日，手術 166 次，助產 204 起，防疫注射 28,402 次。〔註114〕

1951 年，伯特利被上海中共政府接管，教會併入區三自愛國會，醫院改爲上海市第九人民醫院，石成志獲得續任院長。年邁退休後，續任名譽院長，直到 1965 年 3 月，以 84 歲去世。〔註115〕石成志工作勤懇，認眞負責，不論嚴冬酷暑，數十年如一日，總是看門診、日夜接生，往來於門診室、分院、總院之間。她珍惜時間，嚴於律己，工作安排緊湊且效率高，每當能使許多產婦脫離險境時，總是喜形於色。她以身作則，生活儉樸，又扶危濟貧，關懷孤兒寡母。她的兒媳特從美國回來，要接她到美國或香港安度晚年，共享天倫。但她爲了醫務事業與廣大的病人需要，毅然留在上海工作。一生博愛、奉獻、自我犧牲的精神，被視爲學習的楷模。〔註116〕

丁懋英於 1922 年返國後，由於她的恩師嚴修（範孫）是天津北洋女醫院（後改稱水閣醫院、天津公立女醫院）的董事長她進入該院，擔任住院主治醫師 7 年（1922-1928），首建手術室和單人床住院室。1928 年升任該院院長（Medical director），隨後的兩年間，曾代表中國赴檀香山，參加太平洋會議，又到母校密西根大學以及哈佛大學進修。1930 年以後，她成爲長盧嬰兒之家的醫學諮詢員（Medical Consultant to Changlu Home for Infants）。〔註117〕她主持北洋女醫院 20 多年，所得診費多數捐贈慈善機關。1935 年，天津女醫院遷至繁華的英租界倫敦道。這座中國宮殿式建築，在林立的小洋樓中，顯得別致。抗戰初期，她被日軍囚於監獄，在高壓下否認基督教信仰。〔註118〕1949 年京津陷共後赴美，繼續在醫院服務。1969 年夏，以八旬年紀旅居波士頓，

〔註114〕〈伯特利醫院史略〉，戎玉琴等編《伯特利・我們的家》，頁 14-16。
〔註115〕程彼得，〈婦產科專家石成志醫師〉，頁 64-65。
〔註116〕吳梅蘭，〈懷念我們的好老師、好院長石成志醫師〉，戎玉琴等編《伯特利・我們的家》，頁 98-99。
〔註117〕Cavanaugh, ed., 1931, p. 299.又者，貝德士輯，〈中國基督徒名錄〉，頁 467，說丁懋英嫁給東亞毛紡廠總經理宋則九，惟陳霆銳〈石如玉、丁懋英兩女士合傳〉，頁 25，謂她終身未嫁。此處從後者說法。
〔註118〕于學蘊、劉琳編著，《天津老教堂》，頁 106；貝德士輯，〈中國基督徒名錄〉，頁 455；北京清華學校編，《遊美同學錄》（1917），頁 166。

仍勤奮不懈，後赴紐約參加全國醫學會議，因中暑病亡。〔註119〕

　　1920年代，姜愛蘭學醫返國，也在北洋女醫院行醫服務，1927年10月天金女青年會召開家庭會，於辦公室陳列會攻讀女校成績與出品，還有諸多百貨公司所受兒童衣鞋帽襪及玩具書籍，以及煉乳公司食品，還特別邀請姜愛蘭演講有關健康與衛生的事宜。〔註120〕

　　1920-1930年代，伍智梅主持伍漢持烈士紀念醫院，擔任廣州市立育嬰院院長、圖強助產職校教師。〔註121〕她做為外科醫生，主持並建設圖強女醫院。這是一個大型的婦女和兒童醫院，頗具知名度。1924年美國謝登女士（Grace Thompson Seton）曾到中國旅行，後以英文寫成300多頁的《中國燈籠》（Chinese Lanterns）一書，在紐約出版。該書記載不少的知名中國婦女，有關醫學界的一章，提到第一代的中國女醫金韵梅、康愛德、石美玉等；第二代有伍智梅與福州的林女士（應即林惠貞）等，都是教會學校出身。她描述當時27歲的伍智梅，穿著洋駝色的長裙和外套，罩上外科醫師的工作裙，幾顆鑲金的牙齒引人注意，頭髮黑亮。書中附有伍智梅坐著的照片，寬額橢圓臉，頭髮平梳戴髮夾；胖瘦適宜，穿正式服裝，還戴項鍊和手鐲。〔註122〕她皮膚較黑，被稱「黑牡丹」。〔註123〕伍智梅以出身名門的少奶奶，在廣州伍漢持醫院服務之外，還交遊廣闊，忠實於革命運動，1925年冬已在社會上小有名氣。〔註124〕1935年2月，她留美的好友李紹昌，在其母校嶺南大學擔任交換教授期滿，即將離開。她曾與留美同學真光女中校長羅有節女士等友人，宴請歡送李氏夫婦。〔註125〕

　　鄒邦元於1921年秋冬間返國行醫，後轉任南京城內東南醫院院長。〔註126〕她支持女青年會的衛生事業，1920年代該會南京市會舉行的各項活動，如春季

〔註119〕 李紹昌，《半生雜憶》，頁219；陳霆銳，〈石如玉、丁懋英兩女士合傳〉，頁24。

〔註120〕 不著撰人，〈會務新聞〉，《女青年》卷6號8（1927年12月），頁62。

〔註121〕 〈伍智梅女士事略〉，見李曼瑰《盡瘁留芳》，頁1；《中國現代史辭典‧人物部分》，頁85。

〔註122〕 Grace Thompson Seton, Chinese Lanterns,（New York: Dodd, Mead & Co., 1924）轉引自李又寧〈伍智梅與國民黨〉，頁419。

〔註123〕 李又寧，〈伍智梅與國民黨〉，頁419。

〔註124〕 白瑜，〈序〉，見李曼瑰《盡瘁留芳》，頁5。

〔註125〕 李紹昌，《半生雜憶》，頁270。

〔註126〕 清華大學同學會編，《清華同學錄》，頁262。

最適宜種牛痘，凡是該會學生住宿舍與工人等，都聘請她接種牛痘以防天花。〔註127〕1933 年以後，鄒邦元轉任九江仁德婦幼醫院院長，和美國人陶馬利護士長，負責醫院領導工作。〔註128〕上海《婦女雜誌》在〈中國現代的女子〉一文中，還刊登她的玉照；〔註129〕至 1937 年仍在任。〔註130〕

倪徵琮於 1931 年 6 月回到上海。不久到預先受聘的北平協和醫科大學走馬上任，對醫學頗有貢獻；〔註131〕後來轉到南京大學附屬鼓樓醫院擔任醫生。〔註132〕

陶漱石留美返國，歷任蘇州博習醫院婦產科副主任、國立中央大學醫學院婦女醫院，以及杭州廣濟醫院女病院的醫師。〔註133〕

留美學醫的楊秀芳，1927 年已在鎮江婦幼醫院行醫。她與國民革命軍司令官衛立煌（1897 生；安徽合肥人）的妻子朱韻珩爲好友，1927 年 12 月 24 日聖誕節前夕，她擔任他們婚禮上的介紹人。〔註134〕

1930 年代抗戰前，酈翠娥與林惠貞、石美玉、石成志、王淑貞，都在上海行醫有年，是上海醫師公會會員。〔註135〕王淑貞在 1936 年，已爲該公會會員。〔註136〕她在 1926 年返國後，任上海西門婦孺醫院婦產科主任，兼上海女子醫學院教授。〔註137〕1937 年八一三事變後，西門婦孺醫院遭破壞，她積極投入戰時醫療救護，利用小學校舍辦難民醫院。抗戰勝利後，赴美募款，於 1947 年重建西門婦孺醫院。新醫院的屋頂爲紅色，民眾俗稱之「紅房子醫院」。1951 年該醫院改組爲上海第一醫學院附屬婦產科醫院，王淑貞長期擔任院長

〔註127〕〈會務新聞〉，《女青年》卷 7 號 3（1928 年 4 月），頁 59。

〔註128〕仁德醫院負責人，繼鄒邦元之後，還有陳玉貞、劉玉珍、殷碎和、柏筠等。柏筠醫生爲該院最後一位基督徒院長。見劉淑榮〈基督教在九江的傳播及其創辦的學校和醫院〉，頁 220-221。

〔註129〕高山，〈中國現代的女子〉，《婦女雜誌》卷 8 號 1（1922 年 1 月），頁 44。

〔註130〕 *Who's Who in China*（1937），p. 21.

〔註131〕〈通訊：醫藥博士倪徵琮女士返國〉，《女鐸報》期 20 冊 12（1931 年 6 月），頁 101。

〔註132〕國立清華大學校長辦公室編，《清華同學錄》，頁 137。

〔註133〕〈女青年會全國協會的幾位委員〉，《女青年》卷 13 期 8（1934 年 10 月），插圖。

〔註134〕范長琛，〈衛立煌朱韻珩結縭佳話〉，頁 13。

〔註135〕中國徵信所編，《上海工商名人錄》，附錄，頁 44、47、52、62。

〔註136〕同上，頁 44。

〔註137〕周棉主編，《中國留學生大辭典》，頁 37。

兼婦產科教研室主任。她直到 1991 年去世，從醫 60 多年，對子宮頸癌根治手術、子宮內膜癌和輸卵癌的治療，造詣精深。〔註 138〕她被譽爲現代中國傑出的婦科醫學先驅。

鄺翠娥返國後，在上海行醫，曾任上海西門婦孺醫院院長兼內科主任、上海女子醫學院教授。1949 年中共政權建立後，任上海第二醫學院教授、附屬瑞金醫院內科副主任。又與他人合著有《內科臨床診療手冊》；發表論文有〈人工氣胸治療肺結核〉、〈促腎上腺皮質激素治療 27 例頑固性支氣管哮喘〉等。〔註 139〕

王逸慧於 1928 年返國後，曾任協和醫學院婦產科副主任、副教授，1935年任上海醫學院、聖約翰大學醫學院婦產科主任、教授。1949 年以後，歷任中國大陸西北軍區第二醫院副院長，第四軍醫大學附屬醫院副院長兼婦產科主任、教授，中華醫學會理事。婦產科手術經驗豐富。〔註 140〕嚴惠卿在 1933年以前，曾在北平協和醫院服務。〔註 141〕桂質良 1929 年學成返國後，直到抗戰以前，也在北平協和醫院擔任醫生。〔註 142〕王志宜於 1931 年學成返國後，在南京中央醫院擔任醫師，1933 年仍在任。〔註 143〕後轉赴北平協和醫學院任職行醫，直到 1942 年該醫學院被日軍侵占而關閉，她與同事卞萬年、卞學鑒、金顯宅、方先之、關頌凱和林景奎同赴天津，合資開辦「恩光醫院」。她以天津東門外水閣女醫局爲永久通訊處，〔註 144〕很可能她的老家或親人在該醫院任職。另外，金顯宅、卞萬年與天津的關係也頗深，因此他們七人在天津一同行醫。〔註 145〕

〔註 138〕 1949 年以後，王淑貞還歷任名譽院長、一級教授；也是衛生部醫學科學委員會委員，中華醫學會理事，中華婦產科學會副主任委員及上海分會主任委員，首屆全國計劃生育協會理事及臨床小組負責人。1978、1982 年兩度被評爲上海市「三八紅旗手」。1984 年中華醫學會授予「表彰獎」，次年獲得首屆中國福利基金會婦幼兒童工作「樟樹獎」。參見《上海婦女志》編纂委員會編《上海婦女志》，頁 606。
〔註 139〕 吳成平主編，《上海名人辭典》，頁 78。
〔註 140〕 廖蓋隆主編，《中國人名大詞典──當代人物卷》，頁 182-183。
〔註 141〕 清華大學同學會編，《清華同學錄》，頁 332。
〔註 142〕 同上書，頁 153；國立清華大學校長辦公室編，《清華同學錄》，頁 136。
〔註 143〕 清華大學同學會編，《清華同學錄》，頁 7。
〔註 144〕 國立清華大學校長辦公室編，《清華同學錄》，頁 174。
〔註 145〕 卞萬年的父親卞壽孫爲天津銀行業鉅子。金顯宅，韓國人；1904 生於漢城，1930 年入中國籍，抗戰前赴美留學，先後到紐約曼哈頓區紀念醫院與芝加哥腫瘤研究所進修，主要研究腫瘤外科和放射治療，1939 年又訪問英、法、比、德、丹、瑞典、瑞士、義等 8 國的腫瘤醫院或癌症中心的診療工作，同年返國，

　　劉劍秋返國行醫，1935 年 11 月 2-4 日金女大廿週年校慶暨第一任校長德本康夫人 60 歲壽誕。她擔任畢業同學會代表，回到母校，於 2 日致詞，隨後致贈該校德本康夫人獎學基金 2000 元，作爲永久紀念，並贈送德本康夫人手表一之，以爲個人紀念。任倬在北平行醫，因身體欠安，而未回母校參加校慶。〔註 146〕1935 年 10 月，她甫喬遷新居。〔註 147〕當時她已臥病多年，至 1936 年漸有起色，1937 年春住在杭州調養，同年秋擬立診所，正式開始工作，並請江若昭女士到杭州協助。〔註 148〕

　　此外，留美女生攻讀醫科，也有轉攻或兼攻公共衛生。如葛成慧、楊崇瑞等。葛成慧於 1925 年獲耶魯大學公共衛生碩士返國，在上海尙賢堂婦孺醫院服務，直到 1935 年。她行醫十年間，曾碰在醫療糾紛的問題，被控告業務疏失。〔註 149〕1934 年 6 月 29 日上午 10 時餘，葛成慧在該醫院爲懷孕足月的李石林之妻王氏接生，順利獲得一名男嬰，產後無恙。迨至第三日（7 月 1 日）下午，王氏微有發燒，體溫至華氏 100 度，2-4 日逐漸增高。李石林認爲該醫院不能給他太太相當的治療，於 4 日下午接回家中，另請醫生陳景煦、刁信德醫治，延至 7 月 12 日上午 2 時病逝。李石林遂控訴婦孺醫院醫師葛成慧、看護長顧琴玉與院長張湘紋以醫療業務疏失，致人於死。經上海江蘇第二特區地方法院一再傳訊，於 1934 年 11 月 8 日判決被告及原告均無罪。原告不服，再向上海江蘇高等法院第三分院提出上訴。該分院於 1934 年 12 月 15 日函請中華醫學會解釋產褥熱發生原因及相關問題。12 月 19 日獲得該會秘書長朱恆璧回函，1. 關於產褥熱症發生原因：(1) 鏈球菌及葡萄球菌，由手術不潔而來，如消毒不周，施行陰道或子宮檢查，使用產鉗，縫合會陰。若無須施行手術，則此症發生另當別論。(2) 淋球菌，由於產婦患

任北平協和醫學院外科副教授和協和醫院腫瘤科主任。岳父爲天津津沽紡織業鉅子。見 http://www.jwb.com.cn/big5/content/2004-03/24/content-230063.htm. 2006 年 12 月 1 日擷取。

〔註 146〕《金陵女子文理學院校刊》期 35，廿週年紀念專號二（南京，1935 年 11 月 16 日），頁 9-10。

〔註 147〕同上註；據《金陵女子文理學院校刊》期 40（1936 年 2 月 16 日），頁 8 的〈通訊處改換之畢業同學〉，1935 年 10 月金女大修改畢業通訊錄，任倬改住處爲北平西單街 40 號。

〔註 148〕〈畢業同學消息一束〉，《金陵女子文理學院校刊》期 63（1937 年 5 月 1 日），頁 8。

〔註 149〕〈上海婦孺醫院張湘紋醫師等被控反訴案告一段落〉，《中華醫學雜誌》卷 20 期 12（1934），頁 1564-1566。

有淋病，白帶甚多，產後淋菌由子宮侵入血內，而致全身感染。（3）大腸桿菌，產婦於懷孕中期曾患有腎盂腎炎或闌尾炎，產後侵入血內而成此症。2. 此種病症若因病菌入血，而成血毒症，則臨床方面，產後三日發生戰慄，繼以高燒，服藥不退；血液方面，白血球增多，血液培養陽性。有此兩種現象之一，即達危險程度。3. 若反覆戰慄，高熱不退，惡露腥臭，腹痛異常，均應速施治療。4. 產褥熱症屬於產科範圍，但內科醫生也須具有此症的常識。至於診斷的確實與否，需視其曾否履行必要的檢查手續而定。據此，上海江蘇高等法院第三分院於 1935 年 2 月 14 日開庭審訊，由馬相伯出面調解，雙方和解。李石林無條件向法院申請撤銷上訴。此項醫療糾紛得以和平落幕，葛成慧等三人無罪。〔註 150〕

　　一般醫療糾紛的產生，大致可分為醫源性與非醫源性因素兩類。醫源性因素是指醫務人員在醫療工作中，由於技術過失，造成對患者的嚴重不良後果；包括醫務人員在診療、護理中因個人技術能力有限、醫療發展水平、醫療單位的技術設備條件受到限制，而造成醫療事故行為，以致發生糾紛；還有醫療過失、醫療保護措施不利、職業道德水平低下導致的糾紛。非醫源性因素，主要表現在患者缺乏醫學常識或對醫療制度不理解、病人或家屬有不良動機等。直到 1930 年代，民眾對西醫不甚了解，但這與醫生的態度、行為有很大的關係。因醫療處置未向家屬說明清楚，或溝通不良，造成不能預期的效果，難免不能被接受，而產生醫療糾紛。所幸雙方終於化解糾紛。〔註 151〕由此事例，可知醫師難為。當年的醫療糾紛雖不像今日那麼頻繁，但也不是沒有。一葉知秋，醫師受人尊重，卻不免有其侷限，一旦醫「死」不醫「生」，總不免受到質疑，留下遺憾。

二、其他醫科的發展

　　截至 1930 年代，留美女生行醫，除了以婦產科為主要領域，還有兒科、牙科以及疾病防治等領域，也不乏其人。茲略述如下。

　　陳翠貞除了從事兒科醫學的教學，也致力於兒科醫學的研究。1924 年返國後，即開創兒童保健事業，1937 以前曾任北平協和醫院小兒科醫師。1940

〔註 150〕〈法院與本會關於張湘紋醫師等被上訴案往來之函件二則〉，《中華醫學雜誌》卷 21 期 1（1935），頁 99-100。
〔註 151〕張大慶，《中國近代疾病社會史》，頁 207。

年創用氨苯磺胺治療兒童急性菌痢。1944 年，她在國內成功的應用氨苯磺胺治療兒童急性菌痢。〔註 152〕抗戰勝利後，任上海醫學院附屬中山醫院兒科主任。〔註 153〕中共掌權後，她在 1951 年建議開辦兒科醫院，獲得上級採納。次年春負責籌辦上海第一醫院附屬兒科醫院，被任命爲院長，這是當時最早的兒童醫院。〔註 154〕她還把自己的一具顯微鏡贈送給醫院。1954 年底，該醫院建立兒童保健科，開展地段和托機構的保健工作。她親自到里弄居委會了解情況，逐步制定各種兒保工作規範。1955 年以後，按衛生部決定，組織幹部，支援重慶市籌建醫學院附屬兒科醫院。她兼任院長，並去重慶指導工作。1956 年，陳翠貞被評爲上海市先進衛生工作者。曾當選爲全國和上海市政協委員、上海市婦聯執行委員。〔註 155〕此外，她歷任中華醫學會兒科學會副理事長等，是中國現代醫學兒科學的開拓者之一。〔註 156〕

在牙科方面，1937 年以前，有方連珍在上海婦孺醫院擔任牙醫師。〔註 157〕林同曜也以專長牙醫，於 1925 年學成返國後，任職北平協和醫科大學，1933 年仍在任。〔註 158〕此外，有些留美女生返國後行醫護病等情形，未見詳載，只能略知一二。如顏雅清大約在 1923 年左右返國後，任職長沙湘雅醫院，以該院顏福慶爲其對外聯絡人。〔註 159〕何守瓊於 1925 年學成返國後，在武昌同仁醫院行醫，家住漢口；丈夫姓謝。〔註 160〕方雪瓊獲得波士頓大學醫學博士，1931 年以前返國，曾任福清惠樂生醫院代理院長；夫婿姓宋。〔註 161〕截至 1936 年爲止，李清廉在上海行醫；〔註 162〕大約同時，章金寶在上海廣仁醫院服務。

〔註 152〕　《上海婦女志》編纂委員會編，《上海婦女志》，頁 602。
〔註 153〕　國立清華大學校長辦公室編，《清華同學錄》，頁 69；教育部編，《專科以上學校教員名冊》第一冊，頁 475；*Who's Who in China*,（1937），p. 20.
〔註 154〕　周棉主編，《中國留學生大辭典》，頁 251。
〔註 155〕　《上海婦女志》編纂委員會編，《上海婦女志》，頁 602。
〔註 156〕　《華夏婦女名人詞典》，頁 634-635。
〔註 157〕　*Who's Who in China: Biographies of Chinese Leaders*, p. 8；清華大學同學會編，《清華同學錄》，頁 240，未記載方連珍的職業狀況。
〔註 158〕　清華大學同學會編，《清華同學錄》，頁 98。
〔註 159〕　同上，頁 322。
〔註 160〕　何守瓊的丈夫很可能是留美同學謝和平（字鶴浦），大約 1896 年出生，留美期間獲得清華津貼，1914 年獲得波恩（Boone）大學科學士；1918 年獲得西保（Western Reserve）大學醫學博士，返國後任北京協和醫學院醫科副教授，1933 年仍在任。參見清華大學同學會編，《清華同學錄》，頁 316-317。
〔註 161〕　〈私立華南女子學院呈請立案用表之（一）〉，頁 255。
〔註 162〕　《清華同學錄》（1933），頁 166；國立清華大學校長辦公室編，《清華同學錄》，

〔註 163〕

陶善敏於 1928 年返國，先後任北平天壇的中央防疫處專員（1929-1931）、基督教上海女子醫學院教授，任教病毒學與寄生蟲學（1931-1933）；任教之餘，同時在教會所辦的上海婦孺醫院擔任臨床實驗室指導員。〔註 164〕1931 年她在人體寄生蟲學方面有研究成果，對溶組織內的阿米巴原蟲所引起阿米巴病，在華北展開深入調查，還報導有關阿米巴肝膿腫、肺膿腫以及皮膚、生殖器官與泌尿器官阿米巴病的許多病例，引起許多學者的注意。她也曾在國立北平大學醫學院的細菌學科，從事研究工作。主要研究梅毒的混濁反應研究、白磷與白磷熱傳播。〔註 165〕1933 年起防疫處疫苗科主任。〔註 166〕這是中國早期的國立傳染病預防機構，對公共衛生的改善很重要。1935 年夏天，她由衛生署特派至英國倫敦參加世界學會，她是中國女子出席該會的第一人，頗為歐美人士所注目和器重。據聞她不僅在學術上成功，且使國際間知道當時中國新女性也在努力於建設事業。會後，她還到丹麥、波蘭、匈牙利、義大利、德國、法國等國的衛生事業機關參觀，然而又在日內瓦國際聯名處工作 6 個月，研究傳染病的預防與醫治方法，考察歐陸完畢，又赴美國參觀各衛生機關，1937 年初由美國乘加拿大皇后號返國，日後對於醫學家將可有一番新貢獻。〔註 167〕

楊崇瑞於 1927 年學習期滿返國，當所乘坐郵輪到達上海時，上海《新聞報》特派記者採訪。她簡潔地宣稱以後要終生為祖國的婦幼衛生及助產教育事業奮鬥。〔註 168〕她由婦產科轉向公共衛生科，在北京協和醫學院公共衛生與保健系，擔任指導工作。1929-1948 年任國府衛生部兼中央衛生實驗院婦幼衛生系主任。1930 年為衛生部技正，次年 6 月升任內政部衛生署技正。至 1934 年 6 月轉任全國經濟委員會技正。1948 年行憲後，任立法委員。同年應聯合國聘請，代表中國出任世界衛生組織婦女衛生組副組長，致力於國際婦女衛生事業。〔註 169〕1949 年中共政權成立後，楊崇瑞放棄優厚待遇回國，繼續為

頁 69：*Who's Who in China: Biographies of Chinese Leaders*, p. 22.
〔註 163〕國立清華大學校長辦公室編，《清華同學錄》，頁 137。
〔註 164〕*Who's Who in China: Biographies of Chinese Leaders*, pp. 225-226.
〔註 165〕鄧鐵濤、程之範主編，《中國醫學通史：近代篇》，頁 348、377-378。
〔註 166〕貝德士輯，〈中國基督徒名錄〉，頁 482。
〔註 167〕〈陶善敏女士出席世界學會〉，《金陵女子文理學院校刊》期 60（1937 年 3 月 16 日），頁 3。
〔註 168〕傅惠，〈國立第一助產學校與楊崇瑞校長〉，頁 205。
〔註 169〕*Who's Who in China:Biographies of Chinese Leaders*, p. 269；徐友春主編，《民

中國的婦幼衛生醫療服務。〔註170〕

三、節制生育諮詢門診

近代美國公開倡導節育，始於山額夫人（Mrs. Margaret Sanger; 1883-1966，又譯桑格夫人）。她做為長期生活在紐約市貧民區的護士，親眼看到許多婦女因生育過多，企圖自行流產而導致死亡，深感傳統的生育觀念對婦女的危害，造成貧困，率先提出當時多數美國人未曾聽聞的「節育」新概念。她不顧法律的禁令，1916年在紐約開設全家第一家節育門診診所，成千上百的婦女排隊候診，卻被視為「大逆不道」，甚至被攻擊是「誨淫」行為，因而成為社會譴責的對象。她的診所遭到政府取締，自己也被逮捕，入獄13天。但是，她在法庭上從容不迫地闡述節育與避孕是婦女擁有的權利觀點，獲得一部份人士的理解、支持與同情，法庭不得不對某些法律從寬解釋，允許採取某些避孕措施。山額夫人一躍成為全美名人，是抗議反避孕法的全國代表性人物。〔註171〕

1922年，她赴倫敦開會途中，在北京上海短暫停留，發表有關生育計畫的長篇演說。在北京大學的講題〈生育節制底什麼與怎樣〉，探討節育的意涵與實行的問題。山額夫人提倡的節育，在五四運動以後的知識份子當中，激起很大的迴響。反對者與擁護者各自在報刊上展開激烈的筆戰。一時間，天理人欲、種族存亡、道德風化等理論，都被提出助勢，儼然是社會上一場倫理思想道德的大論戰。〔註172〕在素來崇尚「多子多孫多福氣」的中國社會，提倡節制生育遇到的阻力可想而知。

楊崇瑞做為中國女醫，除了致力解除孕產婦的痛苦，也深切關注人口的增長。她在第一助產學校附設的產院診察，發現許多婦女因多產引起骨盆底肌肉、筋膜及子宮旁的主韌帶過度伸展或斷裂，患有陰道前、後壁脫垂或子宮脫垂，

國人物大辭典》，頁1234。

〔註170〕 楊崇瑞歷任中共衛生部婦幼衛生局第一任局長、顧問，為中華醫學總會編審、理事，中國人民保衛兒童全國委員會委員，繼續從事婦幼保健工作。1983年7月20日病逝於北京，終年93歲。參見中國婦女管理幹部學院編《古今中外女名人辭典》，頁507；馬尚瑞，《北京古今女名人辭典》，頁306。

〔註171〕 莊錫昌，《二十世紀的美國文化》（台北：淑馨出版社，1996），頁18-19。

〔註172〕 梁景和，〈五四時期「生育節制」思潮述略〉，見《史學月刊》（1996年第三期），頁49-53。

以致痛苦不堪。又據該產院統計，婦女生育胎次最高達 15 次，生育年齡最小者僅 15 歲。﹝註 173﹞婦女生育過早、過密、過多，不但身心不堪負荷，子女也不得很好的照養與教育。但她們多不知如何避免。她對這些情況深感不安，認爲宣導節制生育有其必要性。於是，她利用自己一手創辦的第一助產學校普及婦幼衛生的經驗，幾經籌措，1930 年 2 月成立「婦幼衛生委員會」，推行計劃生育，邀請各方專家探討如何促使民眾了解現代醫藥衛生知識，克服傳統習慣，而推廣「節育」，以改善婦女的身心健康。﹝註 174﹞同年，她與一些從事醫護衛生、社會工作的學者，如第一助產學校教師晏陽初、協和醫院社會服務部的浦愛德與周勵秋，燕京大學 Maxwell Stewart、許仕廉、張鴻鈞等，共同發起建立「北平婦嬰保健會」，目標之一是控制生育次數，以減少產期的疾病和死亡，提高母子的健康水準。後來又有教授如清大陳達、燕大雷潔瓊，以及協和醫學院蘭安生、李廷安、方頤積、袁貽瑾、于汝麒、沈驥英等人加入。

大約同時，楊崇瑞在東城區錢糧胡同的保嬰事務所開設「節育門診」，進行每週 1 次（後增爲 2 次）的義診，向就診者講授婦女衛生知識及節育法。這個門診是中國節育思潮由理論化爲實際的轉折點。1930 年 3 月-1933 年 2 月間，共有 99 名婦女接受節育措施的指導，大多來自社會中上人家。據報告，100 名丈夫中，有 3 人是文盲，55 人具有大專程度；收入大多高於勞工階層，但談不上富裕。當時的避孕措施，主要爲女用安全期、子宮帽和陰道塞，而男用陰莖套或體外洩精的方式則不易推行。子宮帽以橡膠製成，含有 1%乳酸膠凍，價格較貴且易損壞；陰道塞用醋酸或乳酸浸泡，效果較不可靠。歸納避孕失敗的原因，難以按約定時間就診、對診所無信心、就診匆忙、執行醫囑有困難、子宮帽破裂、害怕子宮帽內陷、丈夫不喜歡所使用的避孕方式、迷信等。從就診人數看，社會一般反應不算熱烈，門診部沒有永久性的地點，三年間遷移四次。這諸多困難，並未使楊崇瑞的主張動搖，她回顧中國人口的高死亡率，特別是嬰兒的高死亡率時，主因是人口過多，阻礙教育和現代衛生和醫療知識的傳播所致。她說：

> 哪裡有貧窮、飢饉、戰爭、溺嬰、流產和疾病，其後面都存在著生
> 活資料不足的高度壓力……公共衛生和現代醫學正在使中國取得進

﹝註 173﹞ 雷芝芳，〈我國計畫生育的拓荒者〉，見《楊崇瑞博士誕辰百年紀念》（北京：北京醫科大學／中國協和醫科大學聯合出版社，1990），頁 15-19。
﹝註 174﹞ 鄧鐵濤、程之範主編，《中國醫學通史：近代篇》，頁 477-478。

步，而且凡是這樣做的地方將減少因疾病引起的死亡人數和嬰兒的大量死亡……同時我們能懂得在一個人口已經稠密的國家裡控制住出生率的必要性。〔註175〕

也就是說，中國必須學會自願限制人口的方法，才能使大眾有合理的幸福良機，創造出所期望的生活標準。

楊崇瑞任職北平第一衛生事務所，1933年起與燕大女教授雷潔瓊、清大教授陳達等人，展開節制生育的宣傳活動。她與陶知行等人提出「限制人口數量，提高人口素質」的主張，創辦並領導「節育研究所」，發動有志於節制生育的學者和社會人士，在每週一期的北平《晨報・人口副刊》發表文章，抨擊「多生主義」，宣傳節育的重要性，提倡少生、優生，還有優生的專門知識及其與社會進步的關係，並提出具體的諮詢和技術指導。〔註176〕當時頗遭社會保守勢力的攻訐。〔註177〕

1936年秋，楊崇瑞以第一助產學校校長的名義，邀請提倡節育的美國山額夫人來中國講學。當時社會保守的輿論譁然。《世界日報》記者拍照報導她去車站迎接的情形，提到有所謂的外國反動醫學人士來華，擬宣傳所謂的節制生育，而中國則有一奇裝異服的中年婦女（當時楊崇瑞長年穿布旗袍，而髮辮盤繞於頭上）前往迎接，認爲她居心叵測，值得注意。但楊崇瑞仍和林巧稚等女醫生，不爲所動。她們請山額夫人以「節制生育的各種措施及今後的展望」爲題，在協和醫院禮堂講演2次。聽眾竟有1,600多人，且多爲醫界工作者。第一助產學校的學生也全體參加聽講。可以說，這是中國早期舉行的一次關於節育的國際技術交流。〔註178〕這個節育觀念，延續至1960年代初，上海女子醫學院的王淑貞，更從國外引進節育器，並在國內推行。〔註179〕

四、推動公共醫療政策

1932年，鄺翠娥應上海工部局的衛生委員會聘請，擔任委員。次年，工

〔註175〕 楊崇瑞，〈北平的節育情況——北平母親保健委員會第一次報告〉（葉敏譯、黃孝楷審校），見《楊崇瑞博士誕辰百年紀念》，頁125-135。
〔註176〕 雷潔瓊，〈懷念楊崇瑞醫師〉，見《楊崇瑞博士誕辰百年紀念》，頁1-3。
〔註177〕 歷代名人教育志編委會編，《歷代名人教育志》，頁616。
〔註178〕 傅惠，〈國立第一助產學校與楊崇瑞校長〉，頁209。
〔註179〕 上海婦女志編纂委員會，《上海婦女志》，頁606。

部局改聘石美玉擔任。〔註 180〕

　　伍智梅追求中國醫學的現代化，以維護西醫爲生平奮鬥的目標之一，鞠躬盡瘁將近 20 年。她參加國民參政會，希望透過政策，促進醫學的科學化，建立培植醫事衛生人才。1938 年 3 月 31 日，國民黨臨時全國代表大會在武漢大學舉行第三次會議，決定國民參政會組織法。出席代表 269 人，伍智梅是主席團 17 人當中的唯一女性，其餘還有蔣中正、汪兆銘、居正、于右任等。〔註 181〕7 月選出第一屆國民參政員 200 位，女性只佔 10 位，伍智梅名列其中。同月 6-15 日在漢口舉行第一屆第一次大會。伍智梅提出三案，其中與醫學有關的「促進公共衛生建設加強救護工作增進抗戰效能案」，獲得大會通過。〔註 182〕第三屆第一次大會（1942 年 10 月 22-31 日於重慶），她再提出「請政府積極推行公醫制度以樹立民族康健之基礎案」，大會決議照審查意見通過。〔註 183〕次年第二次大會（1943 年 9 月 18-27 日於重慶），她質詢訓練人才通盤計劃案，提議（1）請政府從速加強培植醫事衛生人才積極推行公共衛生設施案。〔註 184〕第四屆第一次大會（1945 年 6 月 7-20 日於重慶）中，伍智梅與其他 36 位參政員共同提議「請政府從速加強衛生建設實施案」。當時國民健康水準低，傳染病多，平均人壽僅 30 歲，有必要再次倡議採用公醫制度，使全國人民均能享有同等保障健康及醫療機會，並加強防疫設施。〔註 185〕

　　伍智梅在四屆參政會中，認眞盡職，幾乎每次會議都在場，這種表現並不多見。她重視醫學衛生的議題，希望藉由醫科衛生的科學化、現代化，讓國人身心更健康，生活更美滿。她以爲當時多數國人對醫學缺乏正確的認知，

〔註 180〕〈工部局延請石美玉博士任衛生委員〉，《女鐸》期 22 冊 3、4 合刊（上海，1933 年 8-9 月），女界消息，頁 98。

〔註 181〕《中華民國重要史料初編・對日抗戰時期》第四編《戰時建設（一）》（台北：中國國民黨中央黨史委員會編印，1988），頁 165-177。

〔註 182〕其餘 9 位女性參政員是吳貽芳、史良、羅衡、張肖梅、劉衡靜、陶玄、鄧穎超、王立明、喻維華。見《國民參政會（第一屆）第一次大會記錄》（國民參政會秘書處編印，1938），頁 209-213。

〔註 183〕《國民參政會第三屆第一次大會議事記錄・第六次會議》，頁 33；提案原文，頁 165-166。

〔註 184〕《國民參政會第三屆第二次大會議事記錄》，頁 33、72；提案原文，頁 151-152。

〔註 185〕國民參政會秘書處編，《國民參政會第四屆第一次大會議事記錄》，編者印行，1946 年。

有的對科學醫半信半疑，甚至不相信；有的對科學醫要求苛刻，認定「西醫」
可以起死回生，否則是過失殺人，成為輿論攻擊的對象。其實「醫無中西，
只有舊和新、科學與不科學之別。」〔註186〕「中醫」在古代確為文明生色，
有些經驗值得今人研究，但其診病方法不夠精細可靠，應當科學化；古醫籍
也亟待整理。她也認為：

> 科學醫雖然進步，但當時還不能如「中醫」的宣傳，能治「一切疑
> 難雜症」，能「包醫癌症」，因為科學醫既是「科學的」，就不會有盡
> 善盡美的一天，「科學」兩字就有「不盡」的意思……我們要求科學
> 在進步，我們毋須埋怨科學，更不應阻饒科學，我們應當加緊努力，
> 不斷求進步。〔註187〕

廿世紀前半葉，醫學事業是一個現代國家的龐大企業，需要社會各階層
的重視與支持以及大量的投資，並非單靠政府的力量可以成功的。當時中國
中西醫都需要不斷的研究發展。而她贊成設立中醫藥研究機構，堅決反對立
法院通過設立中醫學校。

伍智梅來台後，患甲狀腺亢進，身體消瘦，影響心臟，幾瀕於生死邊緣。
許多醫界友人予以熱心醫治，勸她靜養，不宜興奮，但她在床上躺不住。立
法院討論「籌設中醫學校」議案時，她總是據理力爭，表示反對。1955年冬，
該議案已在內政委員會審查，爭辯數月。在院會做最後討論時，伍智梅仍不
放棄做最後的奮鬥，李曼瑰形容「她緊張的如臨大敵。我陪著她坐在前排，
摸她的手，冰凍如水，聽見她的心房，蹦蹦在跳。」〔註188〕她登台論述醫學
應有現代化、科學化的精神，懇求同仁衛護科學，追求進步。但立法院仍然
通過設立中醫學校。此舉在今日看來，似乎利大於弊。雖然中國傳統醫學在
廿世紀下半葉，仍與現代化的趨勢抗衡，但也逐漸進步，轉型為「科學中醫」。
只能說她當時盡其在我的精神，勇氣可嘉。次年11月12日醫師節，也是國父
孫文91歲誕辰，她應邀赴台灣醫界在台北台大醫學院舉行的慶祝大會，演講
孫文的生平。在慷慨激昂地致詞完畢，猝然昏倒，心臟麻痺腦溢血離世，終
年58歲。她一生尊崇孫文，又堅持維護西醫的科學精神，在獲得醫界人士的

〔註186〕潘樹人，〈伍智梅女士與科學醫〉，收在李曼瑰《盡瘁留芳》，頁10。潘樹人
　　　　也是西醫。
〔註187〕同上文，頁10-12。
〔註188〕李曼瑰，《盡瘁留芳》，頁23-24。

敬重聆聽後，告別人間，可算是哀榮備至。〔註189〕後來李曼瑰以總統蔣中正所頒誄詞「盡瘁留芳」為題，寫成以伍智梅為主角的四幕白話劇本，1960 年在台北演出。她的好友也籌募伍智梅女士獎學金，獎助大專院校西醫及護理各科系的優秀清寒學生，同年 11 月 12 日開始頒發。〔註190〕

綜上所述，良醫如良相，對人影響重大。清末留美學醫女生人數稀少，只有金韵梅、許金訇、石美玉、康成、李美珠及曹麗雲等六、七位，但前四位做為中國最早女西醫的行事，形成一種風範，影響醫業的進化及女子習醫的趨向很大。民初的十餘年間（1912-1927），留美學醫女生返國，從事行醫濟世的人數稍見增加，至少有 16 人，超過清末的兩倍。前文所述，至 1932 年中國女子畢業於國外醫學校的人數，共有 96 位。加上畢業於國內醫學校的女子 463 人，總數有 559 人。可以說女子習醫的總數，大約 600 人。又據總計，在中華醫學會的醫生，男女人數為 10 比 1，可見中國女醫屬佼佼者。〔註191〕醫院及公共衛生機關，甚需要女醫生，而醫生又是女子職業中酬報最豐，醫學遂在女子職業教育中首屈一指。

對整個中國而言，這些女西醫發揮的功用，仍屬有限。她們多半在城市行醫，尤其是大醫院，鄉村則鞭長莫及。其實，當時城市地區連男醫生的數量都很少，更遑論女醫。以北京為例，據 1917 年統計，北京人到西醫院看病的，有 81,604 人次，只佔北京人口總數的 10%。主要原因包括經濟問題，醫院費用高，一般人負擔不起，生病頂多到藥舖抓藥，然後聽天由命；醫院多設在市區，距離民宅區遙遠；還有觀念問題，迷信鬼神或相信遊醫藥販等。據統計，1919 年北京公私立醫院共 46 所，醫生共 1,098 名，其中 989 人是中醫，109 人是西醫。1928 年起嚴格要求開業需有證照。結果醫院增多，醫師減少。1935 年北京公私立醫院診所共 65 個，醫務人員 2,415 名（西醫 425 名、中醫 1,202 名、藥劑師 16 名、助產士 168 名、護士 604 名）；病床共 1,635 張，分別佔北京人口總數的 1.04‰ 張與醫師 1.03‰。〔註192〕顯然醫療資源相當不足。直到 1950 年代，中

〔註189〕同上書，頁 18-19。
〔註190〕李又寧，〈伍智梅與中國國民黨〉，頁 421。
〔註191〕陶善敏，〈中國女子醫學教育〉，頁 850。
〔註192〕D. Gamble, *Peking A Survey: Conducted Under the Auspices of the Princeton University Center in China and the Peking Young Christian Men's Association*（New York: George H. Doran., 1921）（中譯名為《北京社會調查》）, pp. 118, 119, 417, 418, 引自袁熹〈近代北京醫療衛生事業與市民健康〉，頁 169。

國人的就醫觀念仍差強人意。但上述的留美女醫，憑著精湛的醫術和西藥的療效，很快贏得聲譽，求醫者驟增。總之，這幾位早期留美女生，她們又將其所學服務於祖國和家鄉，爲祖國的醫療衛生事業作出貢獻。

第三節　培養女性醫護衛生人才

　　民國建立以前，中國政府對醫生、護士與助產士的定義並未制度化。以北平市政府爲例，直到 1913 年 9 月京師警廳頒布〈暫行取締產婆規則〉，對產婆的職責範圍進行規範管理，規定所有產婆一律登記註冊，考核批准後發給執照才准開業。1928 年才要求在北京開業醫生，必須要根據條文，出示畢業文憑，填寫履歷，經過驗證合格，或經考試及格，才准予登記註冊；由警察廳發給開業執照，方可開業。〔註 193〕北京作爲中國首善都市，1928 年才有醫護制度的現代化，更遑言其他廣大城鄉地區的落後情況。因此培養新式醫護人才是迫不及待的要務。

一、清末民初女護士的培育

　　醫生培養護理人才做爲助手，可能較爲容易。此所以石美玉與康成一面行醫，一面訓練護士。此前已有外國傳教士在中國創辦護士學校。惟中國人一向看不起護理職業，遑論興學培養人才。

　　康成、石美玉返國後，先在九江創辦婦幼醫院，後開設護醫學堂。這是她們另一項重要工作。1896 年年底，有 3 個選擇護士爲終生職業的女孩，跟著康成與石美玉學護理，她們曾在教會學校就讀 5-6 年，到門診處幫忙，協助處理藥物，照顧醫院病患，且要每天背誦 2 課，再詳述給石美玉與康成聽，以備將來可協助手術，必要時隨同外診。再者，她們也有女傳教士陪伴，在有形無形中接受基督教的薰陶。此外，許金訇也訓練醫護人才。1899 年有 2 名學生做醫務助理，其中一位是她的妹妹許淑訇，她們都用功好學，且樂於助人。許氏姐妹日後在醫院共事多年。當許金訇一度病重，醫院由許淑訇接手，因而被稱爲小許醫生。人們起初對她沒信心，如同往昔對許金訇一樣，但終能獨擔當一面。〔註 194〕

〔註 193〕袁熹，〈近代北京醫療衛生事業與市民健康〉，頁 168。
〔註 194〕Burton, 1911:1, pp. 37-44.

石美玉從 1902 年起獨自掌理仁德醫院,將近 100 張病床,加上門診病人有時一天超過 102 人,因此自行陪訓護士,及時增加訓練工作人員,是勢在必行。1904 年起,她在該醫院附設護士班,自編教材,親臨講壇。〔註195〕她的一份工作綱領顯示,每天在 7 點半用早餐,接著到醫院的禮拜堂,帶領工作人員與能出席的病患禱告;然後巡查整個醫院,再給護士班學生上課,然後到門診部門看病數小時。下午她外出應診,給不便前來醫院的婦女治病。每天要把事情做完才回家。〔註196〕她透過各教會學校推薦,找到當地一些符合資格的年輕女孩。當時若要學習在中國剛起步的看護學,至少須能識字書寫,還要會算術和英文。她挑選具有教師資格或經驗的女子,加以訓練。所教授的護士課程,與美國正規的訓練學校或醫院所開課程大致相同。她必須事先將數本英文教科書譯成中文,給學生使用;有時還幫她們把中文譯成英文。結業的護士,就成爲可信賴而有效率的助手。〔註197〕

1907 年石美玉個人在九江持續行醫 5 年,有自己養成的醫護助理。她在上述關於「醫院的經濟」一文中,也提到這些護士的服務效率。她的護士班共 14 人,其中 5 個已畢業而得蒙其益。這第一班護士畢業時,她寫信給但福德醫生,談到她們不會爲了賺更多錢而離開,都留在醫院幫忙。她讓每個護士各有所司,領導各部門。有一位任護士長,要照管所有內務清潔與帳目。另一位護士照管門診部,抓取藥方上的物量與合成,以及監督門診的藥品販售。第三個管理樓上所有的住院病人;第四個管理樓下的住院病人,還有輔導低年級護士生負責特殊飲食,照管各區域的秩序,還需以英文做好紀錄的圖表統計。第五個護士管理手術房,連同所有大小手術所需要的消毒、水的蒸餾,還要負責醫生出外應診的病例。如此一來,手術房中所有的手術,醫生都安排有她的助手,就不致干擾醫院的規律運作。

美以美會在華差會貝許福德主教夫人(Mrs. Bashford)總結說:「石美玉因在九江自行訓練護士的輝煌工作,倍增負擔。」她察覺石美玉歷經數週異於平常的緊張壓力以後,說服石去九江的廬山,做短期休假。前述 5 個畢業的醫護助手,每天輪值在門診大約給 80 人看病。石美玉兩度打電報關心後,

---

〔註195〕不著撰人,〈石美玉(1872-1954)〉,《江西近代鄉賢錄》,頁 18。
〔註196〕Burton, 1911:1, pp. 140, 145, 178;不著撰人,〈坤範:康城女醫博士行述〉,頁 37。
〔註197〕Burton, 1911:1, pp. 197-198.

回到九江發現每件事都做得讓她滿意。石美玉訓練的護士，都按部就班，維持清潔。有個窮病婦住院，護士攙扶她，給她沐浴，換上醫院的白衣，即刻把她安置在一牀白色病床，但不許她留著骯髒的裹腳布。惟護士人手仍然不夠。她所創辦護士學校，在鄂贛皖教區內實行巡迴診所。〔註198〕有一位看護美以美會在南昌的傳教士 B 夫人，等她回仁德醫院，另一位張小姐將被派去蕪湖，看護另一女傳教士。石美玉隨後又訓練 3 班護士。她們被分配到不同部門，負責相關工作及屬下；又依次被派出去，擔任私人看護。她們所收費用拿回醫院，用來照顧窮人。連牯嶺的柏利醫生（Dr. Barrie）也寫信要求她為牯嶺新醫院安排幾位護士，看護幾位外籍人士。

所有護士都是基督徒，服事病患，兼顧身心靈的需要。她們傳福音，盡力讓人了解基督教的詞彙。其中多位在傍晚下班後，去病患家裡宣教。基督徒的和諧氣氛，有助於紓解常見的問題。某晚，一個奄奄一息老婦人，由於害怕次日要接受大手術，而在病房裡嚎啕大哭，護士告訴她，只要向神禱告，必得幫助。隨後跪在旁邊，教她禱告。使她稍後能面帶喜樂地，準備接受開刀。老婦人在手術後康復，出院回家以前，請求石美玉盡快來告訴她村裡的人，從未聽到的耶穌。這些訓練良好的護士，對醫生管理整個醫院的行政能力，是最具說服力的證明。〔註199〕石美玉成功培養能幹的護理人員，歸因於她有信心與同情心。她總是適時對她們的專業予以同情，鼓勵她們追求成功，相信自己的工作有價值，把工作做好。梅雲英在〈九江婦幼醫院的近狀〉一文，提及 1918 年該醫院附設護醫學堂護醫畢業者，已屆 8 次，前後共計 32人。「或經理家政，或任事國家，或調送出洋，或學醫於北京及廣東省者，或留用本院，均能循分供職，無一隕越。所以院中醫病，經醫生之指示，得護醫之服事，全活人群，不在少數。」〔註200〕總之，1902-1920 年為止的 18 年間，石美玉培育出 500 多名護士。〔註201〕

康成隻身到南昌，也繼續從前在九江的做法，一面從事醫療宣教，救治病人的身心；一面還訓練女性醫護人才。1905 年春，上海舉開三年一次的第五次中華教育協會會議，康成以「醫學教育」（Medical Education）為題作演

〔註198〕不著撰人，〈伯特利教會創辦人——石美玉醫師〉，頁 58-59。
〔註199〕Burton, 1911:1, pp. 198-201.
〔註200〕梅雲英，〈九江婦幼醫院之近狀〉，頁 145-147。
〔註201〕不著撰人，〈石美玉（1872-1954）〉，《江西近代鄉賢錄》，頁 18。

講。她提到中國四千年的傳統醫學，延續迄今，實際只有 200 位醫生。這個比例顯示一個醫生約需照顧兩百萬人；美國則一個醫生只需爲紐約市區和布魯克林區服務。當然他們擁有較富足的條件。做爲宣教醫生，康成自認能力不足，也知道中國迫切需要醫學校。她認爲在致力救治病人的身體以外，還應給予精神糧食。但若加上自己必須持續做一些專業的相關研究，實已無時間與體力把學生教好，也不可能讓每個傳教士都轉爲熟練的醫生。因此，不是只以自己的有限，選取幾個學生做助手，或訓練數年成爲醫生，就能有助於中國醫學教育的發展。應該以最好的方法，盡可能給學生畢生行醫的裝備。她主張挑選有希望的學生——具備基督徒良好的才能與品德，再送到大城市如北京、廣州、上海與杭州等，接受完整的醫學與手術課程。那裡的醫生和醫院較多，以團隊的努力，能做的更多，使病例獲得改善。她很高興當時有一、兩間程度較高的醫學校，已在中國開辦。但應該盡快安排高難度而上好的課程；入學考試全用英文，加上一些拉丁文，或是現代中國語文；在數學、物理、化學等科目做必要的訓練。她提醒醫界人士：給女子建立醫學院，如同給男子一樣重要。惟男女合校的教育不切實際，若中國婦女仍持續尋求女醫生的診療指導，則必須成立男女分開的醫學院，或者附設專收男子的醫學院。當醫學校增多，就需考慮國家考試，以便考用合一。她寄望大家一起努力，使中國躋身世界強國的地位，可迎接美好的未來。〔註202〕

康成提出上述理念，可以說與她留美學西醫的經驗有關，但對她當時行醫的幫助卻緩不濟急。她必須先自行培養護士做爲助手。到 1907 年，康成總算培育 7 個女子做看護見習生。〔註203〕總而言之，直到 1931 年以前，康成在醫務以外，留意培植醫務人才。高足子弟有南昌婦幼醫院的錢醫生、遲護士長爲最著。〔註204〕

許金訇則是中國人在福建地區培養女性醫護人才的先行者。此前以郁約翰（John Watson）最早在閩南培養一些華籍醫務助手，如陳天恩、黃大辟等人。1881 又有英國長老會傳教醫生顏大辟在泉州創辦「惠世醫院」，後開辦醫學班，招收一些信奉基督教且具有中學文化水平的青年爲學徒。許金訇在治療病患之外，自 1899 年起，訓練 2 個學生做助手，其中一個是她的妹妹許淑

〔註202〕Burton, 1911:1, pp. 152-154.
〔註203〕不著撰人，〈石美玉（1872-1954）〉，《江西近代鄉賢錄》，頁 18。
〔註204〕同上文，頁 39。

訇。許淑訇是馬可愛醫院附屬醫護班獲得學位的第一人。1902 年 4 月在沈氏祠堂舉行畢業典禮，這是基督教首次在寺廟舉行聚會。沈葆楨的家族樂意出借，做爲典禮會場，城裡多人好奇地擠來觀看這幾個中國新女性。當典禮結束，許淑訇意外地被轎子抬回醫院，路上伴隨一連串鞭炮的聲光慶賀。醫院也以中國式筵席招待來賓。在中國習尙的煙火與熱鬧聲中，結束第一屆畢業典禮。

事後，很多人讚嘆女孩竟能比男孩爲世界做更多好事。許金訇計劃要收養一個七、八歲的女童，給她請家教，再送到福州女校上學，然後讓她跟著學醫，還要成爲基督徒，將來到沈氏祖廟接受畢業證書。〔註 205〕1904 年，醫護學堂的學生筆試，最高分 98，最低 85。可見她們都是可造之材。許金訇頗感欣慰，歸功於良師及學生好學又樂於助人。〔註 206〕次年，她受邀參加不少男子官立學校的畢業典禮。他們有些人提到既驚訝又樂見中國女子能如此勇敢且致用，希望他們的學生能親見此事。還有士紳決定讓女兒來學醫護。原本所有入學的女子，都需教會學校畢業。到 1906 年，更多年輕女子渴望接受醫藥訓練，許金訇允諾給修畢她認定的醫學先修課程，且通過考試的人開課。結果 7 人報名，4 人通過考試，其中有基督徒與士紳的女兒各 1 位，官家的媳婦 2 位。

從許金訇命題的一份考卷，可管窺應考者參與醫護工作的熱望。第一個問題「請說明你想來學醫的理由？」回答是「唉！中國的婦女被智識的世界所遺忘。她們怎麼會想到醫學教育的重要。許多婦孺生命的喪失，只因缺乏女醫生。雖然教會所辦婦孺醫院在福建省建立數年，但遠不能滿足需求。我很希望能接受醫學教育，以救治婦女同胞免於病痛。因此，我勇敢申請這個指導。」醫學課程的畢業生人數雖不多，但她們工作熱切而有效。有些獲得留在醫院做助手或護士長。後來的畢業班學生，一位去 Ngu-cheng 美以美會所辦醫院，給主持的醫生李碧珠做助手；〔註 207〕另一位去一鄉鎮，成爲唯一的西醫；第三位去天津，成爲北洋女醫學堂的助手。〔註 208〕她一生爲中國訓練出不少有用的醫事人才。由上述也可知早年西式醫務人員缺乏，醫護之間並不嚴格區分，鄉村地區若有人願意前往救人濟世，即使起初多少受到質疑，只要醫術獲得肯定，就會受到接納與尊敬。

〔註 205〕Burton, 1911:1, pp. 53-54.
〔註 206〕*Ibid.*, p. 44.
〔註 207〕*Ibid.*, p. 57；石美玉，〈中國現今婦女事業之進步〉，頁 92-93。
〔註 208〕Burton, 1911:1, pp. 55-57.

　　1907 年，金韵梅接掌北洋女醫局不久，再獲袁以經費支持，在天津創建一所女醫學堂，女醫局也歸併爲所屬機構。〔註 209〕它類如現今的護士學校，是中國開辦最早的一所女子護士職校，也是天津護士學校的前身。〔註 210〕此前一年，也就是 1906 年北京協和醫學院開辦護士學校。〔註 211〕北洋女醫學堂做爲中國官方所辦最早的女醫學堂，在中國女子教育與醫學教育史上具有重大意義。顯示中國護士教育的建立，亦步亦趨，不讓專美於前。從此，重症病患始能送女學堂附屬的養病院調治，並由該堂學生看護，以節省經費。當時這所女醫學堂，初定招募學生 40 名，分產科、看護兩科，修業年限 2 年。〔註 212〕她以第一任校長，擔任總教習，且親自任教，培育一批新式初級女醫護人才。〔註 213〕按當時條件，這並非易事。

　　金韵梅於 1907 年簽訂的工作內容議單，今不得見；只知月薪 300 銀兩，係由北洋女醫學堂支銀 200 兩，加上女醫局與廣仁堂各支銀 50 兩。1909 年秋她與張鎮芳續約 2 年，內容則爲薪水照舊，需常住女醫學堂，督率各教習教授學生通用藥理、衛生、種牛痘等科學，不得兼任他處，也不得有牽涉宗教的舉動及語言。〔註 214〕1908 年女醫學堂修建完成，她曾上呈張鎮芳以該學堂在草創時期，百廢待舉，經營不易，學生只有前一年秋錄取的 17 名。〔註 215〕其中僅 1 名來自廣東香山縣，其餘均來自河北京津地區；年齡除了 1 名不詳

〔註 209〕　〈北洋女醫局女醫士戴文潤爲劃分權限吉免收掛號金事致長蘆鹽運使張鎮芳稟文〉（光緒卅四年七月廿八日），見哈恩忠編選〈清末金韻梅任教北洋女醫學堂史料〉，頁 65。

〔註 210〕　傅華，〈天津護士學校創辦概況〉，頁 60。

〔註 211〕　韓碧秀女士編纂，董碧雲女士譯述，《護士歷史略記》，頁 20。

〔註 212〕　〈女醫學堂總教習金韻梅爲女醫學堂招考開學日期等事致長蘆鹽運使張鎮芳稟文〉（光緒卅四年六月廿二日）、〈女醫學堂總教習金韻梅爲請頒諭單避免醫症事端事致長蘆鹽運使張鎮芳稟文〉（宣統二年九月廿八日），見哈恩忠編選〈清末金韻梅任教北洋女醫學堂史料〉，頁 64、71。

〔註 213〕　褚季能，〈甲午戰前四位女留學生〉，頁 11；陳勝崑，《近代醫學在中國》，頁 29-30。

〔註 214〕　〈長蘆鹽運使張鎮芳爲北洋女醫學堂總教習執任事與金韻梅訂立議單〉（宣統元年八月廿一日），見哈恩忠編選〈清末金韻梅任教北洋女醫學堂史料〉，頁 66。

〔註 215〕　〈女醫學堂總教習金韻梅爲女醫學堂招考開學日期等事致長蘆鹽運使張鎮芳稟文〉（光緒卅四年六月廿二日），見哈恩忠編選〈清末金韻梅任教北洋女醫學堂史料〉，頁 64。

外，其餘在 21-29 歲間，平均約為 25 歲。〔註216〕1909 年 11 月，女醫學堂第一屆簡易科 11 名學生修完課業，金韵梅呈准官方發給文憑的格式。〔註217〕畢業考後，9 名及格畢業。第二屆簡易科又有 5 名畢業，有 2 名分別來自江蘇揚州與浙江寧波，其餘均屬河北天津、保定與河間縣；年齡在 21-31 歲的間，平均為 23.4 歲。〔註218〕這是中國自己培育的早期女性看護人員。

女醫學堂開辦後，戴、許女醫官未能勝任教學事宜，又不願協助學生實習，經戴女醫於 1908 年向上級呈報後，她們三人酌劃權限，戴、許專責醫治每日外來病症；金專責住院病人與教授女醫學堂學生的各事物；遇有疑難雜症，三人會診。此外，還獲批准免收掛號費 1 角，以嘉惠貧戶病人，如同 1907 年以前的情況。〔註219〕但是，她一人要兼管女醫局與女醫學堂，難免分身乏術，且有時奉命出差，影響教學與醫療工作，因此她籌思再三，1909 年初透過直隸總督楊士驤呈報張鎮芳，薦請增聘一位英籍女醫衛淑貞前來任教。衛氏精通醫學，品行端正，曾在北京英國醫院服務，兼司教習醫學，又通曉中國語文。〔註220〕1911 年改造修理女醫局病房，而原有學生宿舍已住滿 30 多人，故一併增加 4 間宿舍，以容納新生。〔註221〕

〔註216〕〈女醫學堂總教習金韻梅為請將畢業憑照蓋印過珠等事致長蘆鹽運使張鎮芳稟文〉（宣統二年十一月十三日），見哈恩忠編選〈清末金韻梅任教北洋女醫學堂史料〉，頁 72。

〔註217〕〈女醫學堂總教習金韻梅為擬定畢業憑照格式事致長蘆鹽運使張鎮芳稟文〉（宣統二年十月廿一日），見哈恩忠編選〈清末金韻梅任教北洋女醫學堂史料〉，頁 71。

〔註218〕〈女醫學堂總教習金韻梅為赴美探親請假事致長蘆鹽運使洪恩廣稟文〉（宣統二年九月十八日），見哈恩忠編選〈清末金韻梅任教北洋女醫學堂史料〉，頁 71。

〔註219〕〈北洋女醫局女醫士戴文潤為劃分權限及免收掛號金事致長蘆鹽運使張鎮芳稟文〉（光緒卅四年七月廿八日），見哈恩忠編選〈清末金韻梅任教北洋女醫學堂史料〉，頁 65。

〔註220〕衛淑貞因病返英，痊癒後再度抵津；1909 年起工作 2 年半，月薪 250 元，多過戴、許二女醫所領的 220 銀兩，1911 年秋病逝，還獲給 3 個月薪水為撫恤款。〈直隸總督楊士驤為北洋女醫學堂延聘英國醫士衛淑貞事致長蘆鹽運使張鎮芳札〉（光緒卅四年十二月二日）、〈直隸財政總匯處總辦凌福鵬等為海防糧餉股有關女醫局經費事致長蘆鹽運使司張鎮芳咨文〉（宣統二年七月廿八日）、〈女醫學堂總教習金韻梅為醫士衛淑貞病逝請恤等事致長蘆鹽運使張鎮芳稟文〉（宣統三年七月七日），見哈恩忠編選〈清末金韻梅任教北洋女醫學堂史料〉，頁 65-65、69、73。

〔註221〕〈女醫學堂總教習金韻梅為改造修理病房等事致長蘆鹽運使張鎮芳稟文〉

如此，在金韵梅主持下，女醫局與女醫學堂日漸擴充，慕名前來求診的病人也日漸增多。1911 年農曆新年開業以來，僅 10 個月間，求診數已達 16,000 多人，住院病人共計 180 多名。當時正醫士衛淑貞已逝，遺缺數月未補，每日診病均由學堂教習率同學生代爲辦理，辛苦備至。武昌革命事發以後，又由學堂教席與學生負責組織「赤十字會」，救治傷兵，晝夜無懈。一人身兼數職，並未另外請領薪水。〔註 222〕紅十字會事業因而在中國發展起來。但清廷經費日絀，女醫學堂受到影響，1911 年底已不敷應用，學生有 10 位告退回籍，她一再具文呈請，還要爭取聘一正醫士，維持學堂的正常運作。〔註 223〕終因國內政局不穩，到 1912 年初所有經費停支，候撥軍用。〔註 224〕民國建立以後，金韵梅繼續主持北洋女醫局與女醫學堂，至 1916 年 5 月由康成接任。〔註 225〕1930 年代初期，第一助產學校在北京西北郊清河鎮建立農村實習基地，經費頗有困難。該校校長楊崇瑞向金韵梅勸募，得大洋 3,000 元而能建立。〔註 226〕由上述可知她不畏困難，關懷社會的勇氣，盡心栽培女子醫護人才，爲清末中國引進西醫與教授，奠定初步的基礎。

石美玉在九江仁德醫院持續培訓女子醫護人才。1918 年護醫學生畢業後，又添一班新生，資格需有中學以上證書，但額滿後，仍有許多人想入學，惟因宿舍不夠而向隅。同年又精心籌畫，希望有慈善家捐地獻款，再添學生寢室，以造就護醫書人才，將來醫生爲體，護醫爲用，體用兼備，救人生命更多。〔註 227〕石成志除了在伯特利醫院及其浦東分診所行醫，還兼醫護教職，

（宣統二年四月廿六日），見哈恩忠編選〈清末金韻梅任教北洋女醫學堂史料〉，頁 68。

〔註 222〕〈女醫學堂總教習金韻梅爲經費日絀請速撥款事致長蘆鹽運使洪恩廣稟文〉（宣統三年十一月一日），見哈恩忠編選〈清末金韻梅任教北洋女醫學堂史料〉，頁 75。中國紅十字會於 1894 年因中日戰爭而發起，至 1907 年由清政府成立，見韓碧秀女士編纂，董碧雲女士譯述，《護士歷史略記》，頁 19、20。

〔註 223〕同前註；〈女醫學堂總教習金韻梅爲學堂經費不敷應用等事致長蘆鹽運使汪士元稟文〉（宣統三年十月十四日）、〈女醫學堂總教習金韻梅爲延聘正醫士等事致長蘆鹽運使言敦源稟文〉（宣統三年十二月九日），見哈恩忠編選〈清末金韻梅任教北洋女醫學堂史料〉，頁 74-75。

〔註 224〕〈女醫學堂總教習金韻梅爲請籌發十二月經費事致長蘆鹽運使言敦源稟文〉（宣統三年十二月廿八日），見哈恩忠編選〈清末金韻梅任教北洋女醫學堂史料〉，頁 76-77。

〔註 225〕Shemo, pp. 378, 386.

〔註 226〕傅惠，〈國立第一助產學校與楊崇瑞校長〉，頁 206-207。

〔註 227〕梅雲英，〈九江婦幼醫院之近狀〉，頁 145-147。

擔任伯特利護產校校監及婦產科教師。〔註228〕石家三位女醫師都以此模式服務人群，行醫於杏林，並教授於杏壇。

石美玉的妹妹石非比，協助創辦伯特利醫院和護產校之後，也在伯特利任教多年。她在護校任教解剖學、生理學、藥物學和醫療學等，還在伯特利中學教化學。石非比有驚人的記憶力，護校的新生有 60 多人，她只點 3 次名，就記住學生的名字。1927 年有個蔡寄雲進入伯特利護校沒幾天，因舅母去世而請假數天，但一進教室，她一下就叫出該生的名字，全班同學都很驚訝。石非比講課深入淺出，通俗易懂，語氣抑揚頓挫，極富感情。她在講台上的音容笑貌慈愛又嚴肅，從不訓斥人，對學生總是循循善誘、認真負責，充滿愛心。學生喜歡聽她的課，而且考試成績優秀。當她患病不能奔走於總院授課時，蔡寄雲被派去她的住處所設立的伯特利新醫院工作。工作期間，石非比為了不耽誤蔡寄雲的學業，親自輔導她的各門功課。後來，她精力日衰，病情漸深，就每天派汽車送蔡寄雲去總院上課。除了一日三餐，還特別關照廚房每天下午給蔡準備點心，早晨見面時總要噓寒問暖。石非比做為恩師，關愛學生如親人，以致過世後，在總院大禮拜堂舉行追思禮拜，看到石非比躺臥在水晶靈柩內，蔡寄雲等學生都悲痛地大哭。〔註229〕

1920 年代初，上海婦孺醫院就創辦協和護士學校。〔註230〕想必 1925 年學成返國的王淑貞，在任教、行醫，甚至長期出掌該院院長職務後，也致力於護士的培養。伍智梅也曾赴美為護士學校募捐。1935 年 1 月末，她由美國到檀香山，為廣州漢持醫院護士學校募捐，數日捐得大洋六千餘元。〔註231〕由此可見她也積極培養護士人才，以供漢持等醫院所需。

至於留美主修護理學的女生，人數雖少，如蔡珍治、伍哲英、潘景之等，返國後多在醫院任職，是中國早期留學美國的「南丁格爾」，兼在護校任教等，培育護士，可說是學以致用。蔡珍治於 1917 年返國後，擔任北京協和醫院護士長（Matron），直到抗戰前。她是該醫院所晉用少數的優異華籍人才。夫姓

〔註228〕藍如溪，〈上帝所喜悅的一位〉，頁 142-149；〈伯特利教會創辦人——石美玉醫生〉，戎玉琴等編《伯特利‧我們的家》，頁 58-59；查時傑，《中國基督教人物小傳》上卷，頁 92-95。

〔註229〕蔡寄雲，〈和石非比醫師在一起的日子裏〉，頁 100-101。

〔註230〕http://www.shmu.edu.cn/fckyy/default.htm.〈府產科醫院〉，2002 年 8 月 3 日擷取。

〔註231〕李紹昌，《半生雜憶》，頁 270。

黃。〔註232〕

伍哲英於 1919 年回國後，擔任北京協和醫學院護士長。1920 年秋，隨同石腓比到上海協助石美玉創辦伯特利醫院、伯特利護士產科學校。〔註233〕1921年伍哲英創辦第一所中國人自辦的上海紅十字會高級護士學校。〔註234〕從此至 1930 年間，擔任上海中國紅十字會第一醫院高級護士學校校長兼該院總護士長。〔註235〕1920，石美玉主持制定並實施伯特利護士訓練計劃，從全國各地招收學生，至 1937 年卓有成效的訓練了幾百名護士；還為高級護士舉辦主日讀經班，為新生舉辦木曜日讀經班等。〔註236〕它是當時中國規模最大的護士培訓學校。課程設置有內科學、外科學、兒科學、婦產科學、解剖生理學、藥物學、護理學、急救學和飲食學，還有國文、英文及聖經課程。教師有伍哲英、石成志、石非比、梅國楨等，都是基督徒，且具有大學教授的資歷。為了悉心培養來自各個普通學校、程度又參差不齊，還帶有幾分稚氣的初中畢業生，不顧自己繁忙的醫務工作，而不辭辛苦地抽冗進行教學。他們深入淺出，循循善誘，為培養品學兼優的醫護人才，做了傑出貢獻。〔註237〕

伯特利護產校學生來自全國各地，多數是基督徒，除上海人外，同鄉人較多的有福州、汕頭、江西等地，其他如廣州、雲南、貴州、湖北等地。儘管彼此方言不同，卻能和睦相處。新生都要經過半年的試讀階段。試讀期間，穿粉紅色袖子、白背心，不戴帽子，也不能進病房。學生除了少數中途退學，大多數用功，以求通過半年的期終考。否則，主科不及格要補考，補考後仍有兩科不及格者留級，多於兩科不及格者退學。考試及格的學生，學校為她們舉行隆重的戴帽儀式。當天，她們穿上藍背心，手拿點燃的燭盞，列隊進入禮拜堂，挨次站在台前，伍哲英校長逐一給她們戴上護士帽子，然後向護理先驅南丁格爾宣誓。從此成為正式的護士生。護士生可進病房，並輪流在門診室、手術室、產房、嬰兒室、化驗室、藥房等部門實習。初進病房，諸

〔註232〕蔡珍治的丈夫姓言。見《清華同學錄》（1933），頁 168。
〔註233〕吳梅蘭，〈護理教育家伍哲英校長〉，頁 68。
〔註234〕廖蓋隆主編，《中國人名大詞典——當代人物卷》，頁 397。
〔註235〕李元信編纂，《環球中國名人傳略·上海工商各界之部》，（上海：環球出版社，1944）頁 229。本書為中英對照，英文書名 *World Chinese Biographies.*
〔註236〕藍如溪，〈上帝所喜悅的一位〉，頁 142-149；〈伯特利教會創辦人——石美玉醫生〉，戎玉琴等編，《伯特利·我們的家》，頁 58-59；查時傑，《中國基督教人物小傳》上卷，頁 92-95。
〔註237〕〈伯特利護士產科學校略歷〉，戎玉琴等編《伯特利·我們的家》，頁 17-18。

多事感到陌生，困難也不少，如怕髒、怕做夜班等。經由護士長和高班同學的和氣帶領，很快能克服和適應，成為合格的護士。〔註238〕

伍哲英終身未嫁，為優秀的護理教育專家。她身材修長，鵝蛋臉，高鼻，雙目炯炯，經常面露微笑，慈祥又嚴肅的神態，令人印象深刻。1930-1937年間曾任柏特利醫院高級護士學校校長兼該院總護士長。〔註239〕她在伯特利護校校長任內，對學校行政工作，事必躬親，且直接參與教課，甚至還親自帶領學生下病房指導實習。工作態度認真負責、一絲不苟，受到醫護界的稱譽。在教學業務上，一貫要求學生要具備一般的醫學知識和護理專業的基本理論，還必須具有熟練的操作技能和果敢的護理本領；在思想上，要求學生熱愛護理專業，尊重自己的工作，盡心力為病人服務，做個名符其實的「白衣天使」。她經常對學生講述護士工作是高尚的職業，通過護士的儀態、表情、語言、行動將溫暖送給病人，造就出人與人之間相互關心、愛護、尊重的崇高風尚。做為護士，應該經常面帶笑容。〔註240〕

入學護校要滿18歲。1933年春，有16歲的龔珪芳報考伯特利護校，虛報多加2歲。面試時，伍哲英校長看她稚氣未脫，恐怕吃不消學護理的辛苦，建議她長大些再來。她低頭懇切地說自己能吃苦。最後伍校長讓她試讀半年。她在護校3年半，對伍哲英的尊敬，超過其他老師。伍哲英總是跨著矯健穩重的腳步，面帶微笑又嚴肅地往來於校園通道。學生看到她大多有些拘謹，但她經常把她們拉住，從頭端詳到腳，問長問短，看衣著是否整潔，從生活到功課上，甚至問及家庭。當學生有困難憂慮，她傳喚到辦公或宿舍談心，幫忙排憂解困。學生也願意向她傾訴。她像慈母般的關心愛護學生，帶來溫馨。〔註241〕她給學生講世界上第一個護士南丁格爾的事迹：第一次世界大戰期間，戰場上無人去搶救傷病員，南丁格爾手拿著燭臺，藉著燭光去尋找活著的傷員，給予救治護理。這情景感人，使她們逐漸體會到學這門專業的重大意義。

學生學習理論告一段落，要到病房實習，伍哲英對她們要求嚴格。從服裝的整潔到鞋襪的顏色，一直到言談舉止，都提出要求。她親自教授在病房

〔註238〕水信玉，〈我回憶伯特利護、產校〉，頁129-131。
〔註239〕李元信編纂，《環球中國名人傳略·上海工商各界之部》，頁229。
〔註240〕吳梅蘭，〈護理教育家伍哲英校長〉，頁69。
〔註241〕龔珪芳，〈懷念敬愛的伍哲英校長〉，戎玉琴等編《伯特利·我們的家》，頁102-103。

中鋪床、抹床、餵藥、打針等，認眞關切，一絲不苟。〔註242〕護理學的第一課是鋪床，要讓病人睡得舒服，鋪床方法是關鍵。由於她的言傳身教，學生用功去練，使醫護事業在中國得以進展。〔註243〕她要求學生做到三輕（走路輕、講話輕、動作輕）、三快（動作快、走路快、幫助別人快）、三核對（發藥打針時要藥物和病卡核對、到藥時要和杯子上的名字病號核對、服藥時要和病床號核對）；還要她們管理好病房的整潔，要愛護病人，做到同學間相互關心配合。做得好，予以表揚鼓勵；做錯了，給予處罰，摘掉護士帽，讓病人知道你犯了錯誤，便於大家監督。學生即將離校的日子裡，她總是適時地對她們循循教導、叮嚀，要愛國家、愛護病人、愛自己的工作，要把基督的愛帶給病人，要設法減輕病人的痛苦，做病人的貼心人，使他們早日康復。學生在崗位上，牢記伍哲英的教誨，不少人獲得先進工作者的稱號，分別擔任小兒科、婦產科、X光和保健科等部門的醫療工作。這些都歸因於她苦口婆心的教誨與嚴格要求。〔註244〕

1937年，上海八一三戰役爆發後，地處南市戰區的伯特利護產校被迫停辦。伍哲英校長將尚未畢業的護校學生，分別安插到各有關醫院護校繼續學業。如有位學生水信玉回寧波家鄉過暑假，因而失學在家。至1938年夏，伍哲英特來信囑她來滬轉學，續完學業。〔註245〕隨後，伍哲英自己帶領部分護校師生，到紅十字會傷兵救急醫院上海第八分院擔任護理部主任（護士長），〔註246〕並直接參與護理、救護工作，為抗日將士服務。她以愛心安慰傷兵，親自為他們清洗傷口、換藥、包紮，一方面還協助醫師進行手術。伍哲英還是優秀的麻醉師，在美國曾獲得手術醫師的好評。有傷兵受到她的護理治療，感激之餘，宣稱即使失去一隻手，還要用另一隻手去打日本鬼子。〔註247〕次年，傷兵醫院從上海難童醫院撤走後，伍哲英眼見50多位孤兒無人照顧，便決定留在難童醫院工作，擔任護士長。她為了提高民族健康水平，虔心推進護理教育，提倡社會公益，鼓勵青年參與服務，1942年以後，擔任

〔註242〕 吳梅蘭，〈護理教育家伍哲英校長〉，頁69。
〔註243〕 水信玉，〈我回憶伯特利護、產校〉，頁128-129。
〔註244〕 鄧榮齡，〈懷念上海伯特利中學〉，戎玉琴等編《伯特利‧我們的家》，頁137-138。
〔註245〕 水信玉，〈我回憶伯特利護、產校〉，頁128-129。
〔註246〕 李元信編纂，《環球中國名人傳略‧上海工商各界之部》頁229。
〔註247〕 廖鏡洲，〈回首話上海伯院〉，戎玉琴等編《伯特利‧我們的家》，頁131-129。

上海難民醫院（北西藏路）高級護士學校校長兼該院總護士長，〔註 248〕上
海市衛生局顧問。後來又創辦上海南洋醫院和高級護士職業學校、濟民醫院
和濟民護士學校，親任醫院護理部主任和各護校校長。業餘以音樂爲消遣。
畢生致力於護理教育事業，是中國的護理先驅之一。〔註 249〕她一生培養大
批護理人才，遍佈各地。她熱忱、博愛、奉獻精神，深受廣大病患尊敬、眾
多學生愛戴。

　　再者，伍哲英於 1919 年參加中華護士學會，是該會創始人之一。次年該
會開始發行中華護士季報，以中英文出版。唯民初風氣保守，到 1922 年該會
有 132 名會員，還加入國際護士會，但中國籍僅 8 名，其餘都是外籍女傳教
護士。1924 年伍哲英出任中華護士學會副會長。她還是該會上海分會的首屆
理事長，曾多次代表中國出席國際護士學會會議。如 1925 年她和潘景之、信
寶珠、蓋儀貞等女士，參加在芬蘭舉開的國際護士會。這是中國首次派代表
參加。大會推選蓋儀貞（Nina D. Gage）爲會長，且預定 1929 年將在中國開
會，後因戰爭未果。1926 年伍哲英代表中國出席在日本東京舉開的國際紅十
字會會議；〔註250〕1927 年再度出任中華護士會副會長。次年又繼蓋儀貞出任
該會理事長（任期 2 年），在漢口舉開年會，她成爲中華護士會第一任華籍會
長。〔註251〕

　　1929 年，國際護士會改在加拿大開會，伍哲英和信寶珠等女士，代表中
國參加會員國大會。以後的歷屆大會，除了第二次大戰期間，中國均派員參
加。抗戰勝利後，1947 年伍哲英曾代表中國出席在華盛頓召開的國際護士學
會。回國後，全力協助石成志恢復伯特利醫院。伯特利護校也在 1948 年復校，

〔註248〕李元信編纂，《環球中國名人傳略‧上海工商各界之部》，頁 229。
〔註249〕高魁祥、申建國編，《中華古今女杰譜》，頁 255。
〔註250〕李元信編纂，《環球中國名人傳略‧上海工商各界之部》，頁 230。
〔註251〕中國護士會由外籍護士的幫助而建立。早期來華護士爲彼此聯絡而組織團
　　　　體。1908 年夏，來華 9 位外籍護士在江西牯嶺聚會。不久，《中華醫學雜誌》
　　　　編輯高似蘭在該雜誌特闢「護士欄」，同年 11 月因信寶珠女士（Cora E.
　　　　Simpson）寫信，特發傳單，請這些護士組織公會。於是在 1909 年成立「護
　　　　士會」。這幾位發起人，對發展中國護理事業的最大貢獻，在於指引重視實
　　　　習與會考制度。護士會在最初三年無所進步，民國以後逐漸發展。見韓碧秀
　　　　女士編纂，董碧雲女士譯述，《護士歷史略記》，頁 24-25；惟吳梅蘭，〈護理
　　　　教育家伍哲英校長〉，頁 68，謂伍哲英爲中華護士學會首任會長；李元信編
　　　　纂的《環球中國名人傳略‧上海工商各界之部》，頁 229，謂 1926-1930 年伍
　　　　哲英出任中華護士會會長。此處從韓碧秀説法。

改稱伯特利高級護士職業學校，伍哲英繼任校長。1951 年該校由中共接辦爲上海市第二護士學校，伍哲英擔任校長，直到退休。

潘景之於 1925 年自美國赴英國，入倫敦大學教育系學習，同年返國。曾任職上海紅十字會醫院。育 2 兒女；後居汕頭。〔註252〕1933 年又到英、法、意、瑞士、挪威等十五國，考察並學習護理教育 1 年，曾任日內瓦國際護士學會理事。返國後，歷任天津婦嬰醫院副院長、安徽蕪湖醫院護理部主任、南京中央醫院護理部主任兼護校校長。1949 年中共建立政權後，歷任上海市第一人民醫院護理部主任、副院長，中華護理學會上海分會副理事長。在護理教育、醫院管理上有很深造詣，是中國護理界前輩。〔註253〕

1930 年，潘景之接續伍哲英，擔任中華護士會的理事長，是爲第二任華籍會長。伍哲英則於 1930 年以後出任該會監察委員數年。〔註254〕潘景之也是該會第一任華籍編輯。〔註255〕1934 年以前，該會先後在上海、北平、漢口舉開第十至十二次年會。〔註256〕從此直到 1936 年爲止，每年固定舉行大會；後改由教育部接辦。〔註257〕1930 年會員將近 2000 人，其中西籍會員由 1927 年的 700 人減至 200 人。1932 年，中國共有 150 所護校向中華護士會註冊，發出護士文憑 3109 張；次年增爲 3598 張；1934 年達 4158 張，註冊護校共計 160 所。〔註258〕

留美學護理的女生尉遲瑞蘭，於 1928 年返國，先後在江西南昌婦孺醫院、蕪湖戈磯醫院護校山、雲南勝光醫院，擔任教員、護理主任、校長。1946 年出任南京鼓樓醫院護士主任兼護校校長。1949 年以後，續任南京護士學校校長。〔註259〕許淑文於 1920 年返國後，也曾在北京協和醫院擔任護士。〔註260〕

〔註252〕留英同學會編纂，《留英同學錄》，頁 118。

〔註253〕華夏婦女名人詞典編委會編，《華夏婦女名人詞典》，頁 1102；廖蓋隆主編，《中國人名大詞典——當代人物卷》，頁 2165-2166。

〔註254〕李元信編纂，《環球中國名人傳略·上海工商各界之部》，頁 229-230。

〔註255〕韓碧秀女士編纂，董碧雲女士譯述，《護士歷史略記》，照片頁。

〔註256〕鄧鐵濤、程之範主編，《中國醫學通史：近代篇》，頁 446、478、524；貝德士輯，〈中國基督徒名錄〉，頁 428。

〔註257〕同上書，頁 22、24；張朋園訪問，羅久蓉紀錄，《周美玉女士訪問紀錄》，頁 20-21、24-25、29-30。

〔註258〕韓碧秀女士編纂，董碧雲女士譯述，《護士歷史略記》，頁 24-25。

〔註259〕1949 年以後，尉遲瑞蘭歷任中華護理學會理事、江蘇省護理學會理事長。她從事護理教育工作四十餘年，爲促進醫學護理事業的發展做出貢獻。華夏婦女名人詞典編委會編，《華夏婦女名人詞典》，頁 990。

總之，受過護理專業教育，掌握護理、病房管理的知識和技術，在醫院、門診部和其他醫療預防機構內，擔任一般醫療處理和衛生防疫等工作的女子。

二、新式助產士的培訓管理

楊崇瑞以婦產科專家，在北平市衛生局保嬰事務所，創辦第一個接生婆講習所，自任所長；又兼任北京市第一衛生事務所保健科主任，繼續公共衛生與婦嬰保健工作。1928 年，她以北平協和醫學院講師身分，在中華醫學會第七次年會宣讀論文〈產科教育計劃〉，闡述助產學為醫學的一門，對當時中國的必要性：

> 我國死亡率之多，其故維何，不外乎助產者缺乏產科知識耳。一不明產科生理與病理之別。無術辨別於前，自不能救急於後，似此情形，果有難產，欲求產婦之不死何可得哉。二不知消毒滅菌之法，致產婦發生產褥熱，或嬰兒發生破傷風而死者不鮮。三不明飲食衛生之法，致產母在孕期產期產後期調養失宜，而起自家中毒，或骨質軟化諸症，在嬰兒則乳養失宜，致腸胃及呼吸器發生疾病。因而喪命者不知凡幾。〔註 261〕

儘管當時中國婦嬰的死亡率極高，亟需醫護人才投入救治工作，卻有協和護校的校長盈路德（Ruth Ingram），認為只有護士出身的人方能擔任助產士，不同意設立「公共衛生護士」的職務，認為這會降低護士行業的水準。因此，中華護士協會曾通過一份決議，針對北平第一衛生事務所的業務，聲明：「護協不能夠參與任何旨在訓練非護士從事助產科學的計畫。」〔註 262〕但這些反對意見，更堅定楊崇瑞創辦專門助產教育的決心。她認為中國一般教育不普及且程度低，女子受教育的更少；其次，婦嬰保健是專門事業，應有嫻熟這方面技巧的專才負責。所以在護士以外，訓練專門人才是必要的。當時中國的經濟條件和醫師數量，至少 80％的分娩事宜仍需交由助產士處

〔註260〕〈周學章〉、〈周許淑文〉，燕京大學研究院編《燕京大學人物志》第一輯，頁 193。

〔註261〕楊崇瑞，〈產科教育計劃〉，《中華醫學雜誌》卷 14 期 5（1928），轉引自張大慶《中國近代疾病社會史》，頁 166。

〔註262〕M. B. Bullock, *An American Transplant*, p. 173，轉引自張大慶《中國近代疾病社會史》，頁 167。

理，還必須訓練 64,000 名助產士。要達此目標，不可能也不宜在一開始就訂出其他國家也未曾達到的標準。〔註 263〕因此，助產學校的本科學生不應從護士中錄取，但爲長久計，應招收至少具備中學畢業程度者，給予充分訓練，將來能夠充當各地新成立的助產學校師資和婦幼衛生機構的領導者，將助產教育逐步推廣到全國。楊崇瑞在產科教育計劃書還說：

> 北平爲人才薈萃之區，所有產科醫士及助產力接生數目，與舊式產婆接生數目相比較，爲一與三之比例。由此推知，鄉鎮更不足道矣。舊式產婆在北平開業者約有千人。推之全國計當有四萬人。以其人數之多，人民習慣之深，一時萬難消滅。〔註 264〕

她決定面對現實，因勢利導，對有關助產士學校教育的設施、課程及實習等，列有周密規劃，建議先進行三項工作：1.專爲舊式產婆設 2 個月的講習班，教以無菌原理、正常引產方法和辨識難產，設法改造她們，以納入新式助產的正軌；2.成立 2 年的本科班，訓練正規助產士；3.另在助產學校舉辦一種爲期半年的速成班，大量招收高小畢業的女子，授以淺近知識，畢業後可取代舊式產婆。她還特別強調助產學校應設產院，提供學生充分的實習機會。這篇論文旋由《中華醫學雜誌》刊載，獲得不少人贊助。北伐成功，政府始設衛生部，特別市設衛生局，省設衛生處。同年 8 月北平衛生局接受楊崇瑞的建議，9 月聘任她與李德全、鄭河先、宋友竹、曾憲章等五位，籌組成立「北平市產科教育委員會」，主要負責訓練舊式產婆的工作。同時籌設北平市衛生局接生婆講習所及助產士訓練班，並草擬〈中國助產教育意見書〉，提出產科教育計劃上報衛生署，呈送衛生部。在教育部長蔣夢麟的合作下，於 1929 年 1 月成立「中央助產委員會」。主要任務有設計一個示範性的助產士學校；管理和保管助產士訓練的基金；決定助產教育標準和視察公私助產學校。而楊崇瑞都參與計劃，博採眾議，以迄於成。〔註 265〕這五位醫學專家及社會名士的意見書，成爲助產教育的催生劑。

1929 年北平國立第一助產學校開辦，附設產院。〔註 266〕同年 11 月 6 日正式開課。楊崇瑞由教育部、衛生部聯合聘爲校長，主持校務。該校初定學

〔註 263〕同上，頁 168。
〔註 264〕楊崇瑞，〈產科教育計劃〉，頁 169。
〔註 265〕楊崇瑞，〈我的自傳〉，頁 143-153。
〔註 266〕貝德士輯，〈中國基督徒名錄〉，頁 428。

制 2 年，本科生相當於高中畢業。1935 年改爲三年制，實際上接近大專程度。學校還設有助產士研究班和訓練班、護士助產訓練班等，作爲學校的特科。爲培訓助產學校的師資，另設助產士師資訓練班。〔註 267〕教育部每年撥款 3 萬元，產院擁有 12 張病床。〔註 268〕後來洛克斐勒基金會、美國醫藥援華會也給予資助。〔註 269〕

　　第一助產學校籌建的同時，按初期制定的五年計劃，希望有容納本科生 90 人和附設專業班學生 30 人的宿舍，以及單身職工宿舍。因此先後建立南院、北院，且經過 6 次修繕擴建，一院的學生宿舍與圖書館，改爲病室；產床由原有的 50 張增加到 75 張。學生逐年加多，住院就診的孕婦、產婦日增。以當時的社會條件，堪稱較爲完善。該校及產院的環境，清幽安靜，提供學生及住院產婦良好的學習與住院條件。該校初立，就得到協和醫院的幫助，有多年教學和臨床經驗的學者專家，如林巧稚、朱章賡、諸福棠、嚴鏡清等人，擔任或兼任該校講師。由於中國新式助產教育尚在起步，缺乏相關教材可資參考。該校徵求他們的同意，將上課的講義匯集，由教務會議修補審定，編印成冊，提供給各省市的助產學校作教材藍本。該校注意培養學生多方面的才能。在專業課程外，還增設社會學、心理學和醫院管理學等；組織他們參觀其他醫院、文教單位、育嬰堂與監獄等，以了解社會。〔註 270〕本科生畢業前，必須在節制生育門診實習 4 次。每屆畢業生及各項訓練班學員，必到協和醫院有關各科實習 1-3 個月。楊崇瑞還透過該院的美國羅氏基金會代表蘭安生博士協助，使該校的教務與醫務人員有 8 人獲得獎學金，分赴美、英和丹麥進修 1 年。〔註 271〕

　　第一助產學校實行校長負責制，楊崇瑞做爲校長，特別注意人事，寧缺勿濫。底下有教務、醫務、事務三股，各設主任一人，都具有豐富經驗與領導能力。招收的學生質量也高，校務發展蓬勃，成爲北平的名校之一。楊崇瑞擬定「犧牲精神，造福人群」八字爲校訓。爲了讓學生取得不同的經驗，

〔註 267〕傅惠，〈國立第一助產學校與楊崇瑞校長〉，頁 198-199。
〔註 268〕鄧鐵濤、程之範主編，《中國醫學通史：近代篇》，頁 477-478。
〔註 269〕聞蓮清，〈楊崇瑞與東寺產院的今昔〉，見嚴仁英主編《楊崇瑞博士誕辰百年紀念》，頁 89-92。
〔註 270〕傅惠，〈國立第一助產學校與楊崇瑞校長〉，頁 199。
〔註 271〕同上文，頁 202；雷芝芳，〈我國計畫生育的拓荒者〉，嚴仁英主編《楊崇瑞博士誕辰百年紀念》，頁 15-19。

實習場所除了在該校產院，還按時輪流去其他醫療機構。如該校周圍十幾條胡同，由在地段工作的助產士，直接負責或間接指導其中的孕婦保健檢查，以及產婦生產、產後護理和新生兒的護理。該校也與一些女工多的工廠合作，對女工的孕期、臨產期進行保健檢查。在農村也設立實習基地。楊崇瑞以燕京大學校董事會董事的身份地位，促成第一助產學校與燕大合辦清河鎮衛生實驗區，並開辦助產士訓練班，舉辦宣傳婦幼衛生的圖片展覽，分期訓練農村舊接生婆，教她們科學消毒接生的知識和手術。遇到產家來請接生，該校派人不分晝夜，隨傳隨到。那時的農村，交通不便利，許多鄉村小道崎嶇不平，需以驢馬為交通工具，所以該校派往清河鎮的實習指導員崔潤生，要求下鄉實習的女生首先練習騎驢子。〔註272〕

第一助產學校成立後，楊崇瑞與師生一樣，在學校地段服務區輪值服務。她接受地段助產士的分配，偕同負責地段的助產士到孕產婦家中訪視，進行健康指導或親自接生。一些產婦家指定要她親自去接生，她從未拒絕或指派其他醫師代替，總是與值勤的地段助產士同去。一次，該校派往北京西北郊清河鎮農村實習基地的實習指導員崔潤生，為一位橫位產的產婦接生，因產程過長，崔不能處理，打長途電話向楊崇瑞求救。楊崇瑞隨即搭學校的救護車出發。當時公路是碎石路面，行車顛簸，不足 20 公里的路程，耗費 40 多分鐘。到達後，已是胎死腹中。楊崇瑞取出死胎，保住產婦。從此，楊崇瑞的名聲傳遍附近幾個縣的村莊。有一次，附設產院接受一位來不及辦理住院手續的臨產孕婦，立即送入產房，順利生下一女嬰。但她不肯報姓名，身邊也無人陪伴，只說沒錢交費，也不要孩子，請求放她走。後來楊崇瑞代付各種費用，並送她幾十元錢，把女嬰收為義女，取名楊廣仁，並委託同事照顧，把她栽培到大學畢業。〔註273〕據楊崇瑞的學生馮新貞回憶說：

> 當年，我們許多剛剛畢業的年輕學生都希望在醫院內而不願外出到地段去接生。一是認為外面條件比醫院相差得多，容易出事故，擔負風險，責任大；二是在產婦家裡，還得作家屬的工作，情況複雜，工作難做。楊校長了解到我們這種心理，以身作則，規定她自己也

〔註272〕傅惠，〈國立第一助產學校與楊崇瑞校長〉，頁 200-202，楊崇瑞的薪津由衛生署批定每月 560 元；鄧鐵濤、程之範主編，《中國醫學通史：近代篇》，頁 500。

〔註273〕同上文，頁 206-207。

擔任院外接生工作。她的這一做法，增強學生對地段接生的必要性
的認識。〔註274〕

　　還有一位助產士憶述，當年的她害怕跟楊校長出去接生。有一次充當楊
的助手，出外診給產婦接生。那產婦的皮膚使用紅藥水消毒會過敏，家屬也
比較挑剔。但是楊崇瑞想辦法克服困難，順利地給產婦接生。在回院途中，
楊勉勵她，出外接生麻煩事多，要多動腦筋，知識就增長得快。有所爲，方
能有所得。此後，她樂意隨楊一起工作，不但在醫療技術上受益，還提高在
特殊情況下的應變能力。〔註275〕楊崇瑞一絲不苟的負責作風，嚴己嚴人的工
作態度，令學生敬佩，也馳名遐邇。

　　第一助產學校附設產院，開辦以後的第一個 10 年接生達 33,000 人次，
到產婦家接生爲 13,448 次。後 10 年（1939-1949）因政局動亂，該校負責人
及教職員屢有變動，工作統計多有散失，無法統計接生人次。該校的歷屆畢
業生，分布在全國各地，後來大多擔任醫院院長、護校校長、科主任等領導
工作。她們是中國婦幼衛生事業的生力軍。〔註276〕以 1936 年爲例，該校畢
業的 189 名學員，87.3％在中國 16 省 44 個地區擔任公共衛生或助產學校的
教育或教務長。〔註277〕該校設立的 23 年間（1929-1952），培養助產人才成
績斐然。本科畢業生共 450 多人；辦理助產訓練班 4 次，畢業生 22 人；護
士助產特科 8 班，畢業生 50 人；助產士研究班 5 個，畢業生 48 人。助產士
師資訓練班畢業 16 人，第二期因七七事變而停辦。〔註278〕可以說第一助產
學校實際擔任「高級助產師範學校」的角色。

　　從當年的社會現狀看來，婦女分娩事宜多數委諸目不識丁的舊式產婆之
手。這些人多半不知清潔消毒爲何物，接生用具齷齪不堪。以北平第一衛生
示範區爲例，1926-1935 年各類產科醫療服務的百分比，可表列如下。〔註279〕

〔註274〕傅惠，〈國立第一助產學校與楊崇瑞校長〉，頁 206，馮新貞爲第一助產學校
　　　　本科第七班畢業生、曾任協和醫院處長。

〔註275〕同上文。

〔註276〕同上文，頁 202-203。

〔註277〕嚴仁英，〈學習楊崇瑞的獻身精神〉，頁 27-28。

〔註278〕1949 年以後，該校曾對中共衛生部選送的一批從早期解放區來的婦女幹部，
　　　　進行助產士的專業訓練。傅惠，〈國立第一助產學校與楊崇瑞校長〉，頁 202、
　　　　209；華夏婦女名人詞典編委會編，《華夏婦女名人詞典》，頁 440。

〔註279〕本表資料來源：W. W. Yung, "Child Health in Peiping First Area", *Medical
　　　　Journal*, No. 50（1936），pp. 562-572.

表 4-1：1926-1935 年北平第一位生示範區各類產科醫療服務的百分比

職別 年份	總出生數	總人口數	西醫及新式助產士接生的百分比	舊式產婆接生的百分比	其他人員接生的百分比	不明
1926-1927	1,277	51,189	17.1%	54.3%	25.8%	2.8%
1930-1931	1,842	106,547	30.0%	40.9%	29.1%	0
1934-1935	2,836	120,680	43.3%	38.5%	18.2%	0

　　從上述統計數字，可見北平第一衛生實驗區初建時，由西醫或新式助產士接生所佔的比例，不到五分之一，而舊式產婆接生的比例是這個數字的 3 倍。經過 10 年辛苦經營，新法接生的比例才上升到接近 50%。一所為當時各方著力建設的衛生模範區，舊法接生的比例尚且這麼高，遑論其他地區的情況。

　　此外，北平市衛生局接生婆講習班自 1928 年開始招收學生，第一次招收 30 名，全是女性、文盲，平均年齡 54 歲。教學內容重點有三：正常產的消毒、臍帶的正確處理、如何識別分娩過程中的危險現象。學習結束後，學生需要通過一次考試。考試時，學員須當場演式接生前如何清洗雙手、正確結紮臍帶、為新生兒洗浴並清潔其雙眼，還要口頭描述正常產和難產的區別。第一班有 19 人畢業。畢業的產婆由講習班出資發給一個接生籃，內有圍裙、套袖、消毒紗布繃帶、手巾、剪刀（剪臍帶用）、滴管、肥皂、刷子和一些必備藥品，如來蘇爾、硼酸溶液、酒精、硝酸銀溶液等，以備她們接生時使用。在北京 5 年，共培訓產婆 268 人。〔註280〕衛生局在接生婆受訓前，先詳細調查並實行登記；受訓後不能通過考試及補考者，予以取締；通過考試者，依 1928 年公佈的接生婆管理規則隨時監督。〔註281〕1930 年楊崇瑞擬定〈助產士管理法〉，新舊式接生人員一律登記註冊，培訓、管理。北平設講習會培訓舊接生員，加強管理私人開業的舊接生員。這一年已有顯著的成績：所有登記的 163 名舊式產婆都已受訓，112 人通過考試。在 220 名執業助產士中，有 193 人登記，可滿足北平市 87% 的需要。此外，1930 年該校還與北平市衛生局合辦保嬰事務所，進行婦幼衛生工作的改善。〔註282〕

　　楊崇瑞從當時求學不踴躍，國家經濟不發達的情況，推測在 50 年內不可能培訓足夠的助產士，分布全國農村。1933 年 9 月南京中央助產學校創立，

〔註280〕嚴仁英，〈學習楊崇瑞的獻身精神〉，頁 27-28。
〔註281〕楊崇瑞，〈婦嬰衛生之過去與現在〉，頁 170-171。
〔註282〕鄧鐵濤、程之範主編，《中國醫學通史：近代篇》，頁 477-478、500。

她自任校長，嚴選師資，規範教學和實習，培養大批合格的助產士。〔註283〕這是第二所國立助產學校。當時中國舊式接生婆約共有20萬人，而具醫學知識的新式助產士不過500人。在她的示範與影響下，1934年上海閘北設立一個婦幼衛生站；座落在鎮江的江蘇省立助產學校，也開展全省的婦幼衛生工作。從北平與南京助產學校的成立，使新式接生法逐漸推廣，數千年來由知識淺陋的接生婆掌握母嬰兩條生命的習俗漸被淘汰。這是中國婦嬰保健史上一項劃時代的重大改革與進展。此後，皖、浙、贛、陝、甘、魯、冀、湘、閩及滇等省，也建立助產學校，開展婦幼工作。〔註284〕至1937年為止，中國已有立案的助產學校54所，10餘所校附設產院；第三所國立助產學校，設在武漢；省市立助產學校16所；縣立、私立的助產學校35所。〔註285〕由此可見楊崇瑞不愧是中國近代婦幼衛生事業創始人。

1937年，楊崇瑞被調往南京衛生署，主持計劃與指導全國婦嬰衛生及助產教育工作，並兼任中央助產學校校長。第一助產學校校長由副校長周萼芬代理。同年7月初，日侵北平，當時楊崇瑞正代表中國參加在日內瓦國際聯盟衛生部門召開的會議。她先已指示：繼續招生，堅持辦校，經費由附設產院各項收入維持。如果發生特殊情況，被日偽接收，業務停頓，所有教職員工薪津即在東交民巷匯豐銀行「助產學校的特別存款」內提取。這是她為該校募捐的款項，存入國外銀行，按照外幣幣值計數，使不受國內物價波動影響而貶值。後來，教育部停發學校的經費。她接到學校的電報，立即覆電：可從原來存在國外銀行的「特款」內提取支付。由此也可知她對經營學校財務，頗具靈活眼光與前瞻性智慧。〔註286〕

直到1943年7月日軍佔領該校，許多教職員工和學生紛紛離校，幾經周折，奔向大後方成都。楊崇瑞聞訊，由重慶趕到成都，和四川省衛生處處長陳志潛商議，組成四川成都婦幼保健所，所有來川的教職員和學生都獲得安排工作。〔註287〕

〔註283〕華夏婦女名人詞典編委會編《華夏婦女名人詞典》，頁440。
〔註284〕鄧鐵濤、程之範主編，《中國醫學通史：近代篇》，頁417、418。
〔註285〕于詠秋，〈桃李滿天下〉，見嚴仁英主編《楊崇瑞博士誕辰百年紀念》，頁119-124。
〔註286〕于詠秋，〈國立第一助產學校十週年紀念冊〉，見嚴仁英主編《楊崇瑞博士誕辰百年紀念》，頁154-159。
〔註287〕傅惠，〈國立第一助產學校與楊崇瑞校長〉，頁209。

1947 年楊崇瑞回到北平，仍任第一助產學校校長。在她的努力下，學校很快恢復正常秩序。1948 年受衛生署推薦，以婦幼衛生專家身分，應聘出任聯合國世界衛生組織婦幼衛生組副組長。她做為中國代表，致力於國際婦女衛生事業。〔註 288〕此期間，她到歐洲許多國家，考察婦女幼兒衛生工作，並進行研究指導。楊崇瑞一生 7 次出國，到訪美、英、德、法、瑞士、丹麥和菲律賓等 18 個國家。她在中國境內，則除東北外，其他各省市地所到之處，都和省市衛生部門的負責人商洽發展助產學校及發展婦幼保建機構等問題。〔註 289〕1949 年中共佔北平後，她拋棄高級職位和優厚待遇，應邀回國參加婦幼衛生事業的領導和建設工作，〔註 290〕為中國的婦幼衛生事業做出重要貢獻。

總之，廿世紀初，中國的女子醫學院、產科學校、護士學校開始設立。畢業於其間的女子，除少數行醫外，一些人則擔任醫生的助理和從事病人的護理工作，這便是中國早期的護士，也稱為女看護。後從事護理職業教育的女子日漸增多，護士成為許多女子種普通職業。〔註 291〕隨著經濟的發展，社會整體的生活水準提高，人們對醫療衛生條件的要求越趨迫切，社會需要促使女子醫護教育開展。以上海而言，在總數 56 所的女子中等學校中，僅助產職校和護士職校就佔 20 所，是全部女中的 30%。可見女子醫護教育在上海女子教育中異軍突起。〔註 292〕

三、培育中國女醫生

長久以來，由於醫生人手不足，又多屬男子，難與婦女接近，不敷應付，於是教會遂有訓練女醫生治療女病人的舉措。惟以當時中國的條件，要培養專業女醫，實際上有困難，包括學生的程度、師資與設備等條件。如 1903 年，廣州夏葛女子醫學院才有張竹君等第一批畢業生。這可算是中國培養自己的

〔註 288〕 Cavanaugh, ed., 1936, p. 269; 1937, pp. 135-136；徐友春主編，《民國人物大辭典》，頁 1234。

〔註 289〕 傅惠，〈國立第一助產學校與楊崇瑞校長〉，頁 209。

〔註 290〕 楊崇瑞途經香港時，受到國民黨特務嚴密監視，經中共地下組織設法，脫險到達北京。隨後，她出任中共政權第一任衛生部婦幼衛生司司長，歷任該局顧問，以及中華醫學總會編審、理事，中國人民保衛兒童全國委員會委員，繼續從事婦幼保健工作。參見高魁祥、申建國編《中華女傑譜》，頁 256。

〔註 291〕 劉寧元主編，《中國女性史類編》，頁 205。

〔註 292〕 楊潔，〈民國時期上海女子教育研究（1912-1949）〉，頁 118。

女醫的高等教育機構。〔註293〕1908年成立的北京女子協和醫學校，爲三個美教會所合辦，初僅每二年招取新生一次；開辦時只有學生2人。〔註294〕清末由教會培養留美學醫的女生返國後，除了行醫，幫忙男醫生治療女病人的困難，以女性醫護人員太少，加上工作上的需要，還培養不少學有專長的醫護人才。她們培育的人才，介於醫護之間。石美玉、康成與許金訇的學生，除了協助門診與外診，必要時多曾給病患診療，執行簡易醫務。

民元以後，男女受同等教育漸獲實現。如1913年教育部規定：不分男女，受同等教育。新中國的建設，男女責任相等，女子教育也應不後於男子。惟因無力設立女子醫學校，則已設立的男子醫校，自應兼收女生。1914年，羅氏基金會（Rockefeller Foundation）全國醫學委員的報告，有一節記女子醫學教育，重點說到：

> 女子對於新醫學在中國之發展，爲力甚大。中國本爲守舊之國，女子有疾者，鮮肯就醫於男子。即今日現存之多數婦孺醫院必聘用女醫生。雖近數年來男子辦理的醫院，漸多女病人；然必有一外籍或中國女護士任看護及傳遞問答之責。各地教會工作報告，無不言醫院工作之需要女醫生。此等情形，尤以英教會較美教會爲甚。幸邇來中國人對於男女授受不親之觀念漸漸改變，而教會醫院女醫生之缺額，漸爲少數中國女子之曾習醫於海外者補充。此等留學醫生，皆能表現其作事能力，其中且有一二傑出者。〔註295〕

據此可知女醫生供求率懸殊，較他種職業尤高，故女子醫學教育尤爲需要。中國女子醫學校的歷史，與教會以治病傳教有密切的關係。後來，畢業於女子醫學院的日漸增多。她們在社會上既有相當成績，一般人逐漸體認訓練女醫生的重要。〔註296〕再者，社會向來對婦女無須獨立擔任職業的成見，也逐漸消除。據《婦女雜誌》統計，1919年中國已有170名女醫學博士。〔註297〕

〔註293〕劉寧元主編，《中國女性史類編》，頁204。
〔註294〕陶善敏，〈中國女子醫學教育〉，頁851。
〔註295〕近代醫學史的著述，有1921年出版的包爾明（Balme）《中國與新醫學》，1922年出版的王吉民及伍連德《中國醫學史》，以及1931年國聯正式調查中國醫學狀況的代表法勃氏（Faber）的報告。惟法勃氏的報告，並未言及女子醫學教育。見陶善敏〈中國女子醫學教育〉，頁849-850。
〔註296〕陶善敏，〈中國女子醫學教育〉，頁851。
〔註297〕劉寧元主編，《中國女性史類編》，頁204。

　　1921-1922 年中國教育委員會的報告，改稱沒有急於籌設女醫學校的必要，理由是男女同學在中國已漸發展，北京、濟南及上海的醫學校，已兼收女生。以往反對男女一同肄業於職業學校，即將消失。外國女子教育發達，而女子醫學院只在美、英兩國各有一所，因此委員會議決：

> 促進女子醫學教育，不在保持固有之女子醫學院，而在使女子在男女同學之醫學校有同等之機會。不僅女子現時應比從前男女分校時受較好之教育，即已籌得者及可籌得之女子教育費，常用於增加女教授講座，置於男女同學各校中。或增添女住院醫生於醫院內，尤以婦女醫院爲要。並宜設立診所，爲女學生實習之用。〔註298〕

　　上段文字顯示 1920 年代以來的新潮流趨勢，如北京女子協和醫學校於 1923 年移至濟南，併入齊魯大學。風氣所至，醫學院遂不能閉關自守。1924 年成立的上海女子醫學院，是美國美以美會在蘇州開辦的女子醫學校（1891-1919）併入上海西門婦孺醫院，俾以較充足的師資，辦一規模較大的醫學校。上海女子醫學院與聖約翰大學醫學院，爲課程上合作，如交換教員等；且有數種科目，男女學生同一教室上課及同一試驗室作試驗。兩校預定合併爲一高等男女同學的醫學院。依此模式，教育部更在 1924-1925 年間明令國立各大學兼收女子。1933 年 5 月還有人建議將夏葛女子醫學院併入嶺南大學，以造成一最高男女同學府。〔註299〕

　　陳翠貞於 1924 年返國後，曾任北京協和醫院小兒科醫師任教，兼北京協和醫學院兒科講師；後轉任南京中央大學醫學院兒科學副教授。抗戰期間，先後任成都華西醫科大學醫學院及國立上海醫學院兒科學教授等。〔註300〕抗戰勝利後，她隨上海醫學院從重慶遷回上海，任兒科教授兼附屬中山醫學院兒科主任。〔註301〕1949 年中共掌權後，陳翠貞任上海第一醫院教授。〔註302〕

〔註298〕陶善敏，〈中國女子醫學教育〉，頁 849-850。

〔註299〕同上文，頁 851。

〔註300〕清華大學校長辦公室編，《清華同學錄》（1937），頁 69；教育部編，《教育部專科以上學校教員名冊》第一冊，頁 475；華夏婦女名人詞典編委會編，《華夏婦女名人詞典》，頁 634；*Who's Who in China*（1937），p. 20.

〔註301〕上海婦女志編纂委員會，《上海婦女志》，頁 602。

〔註302〕1955 年，中共中央衛生部決定在上海第一醫學院首建兒科系，任命陳翠貞爲主任。她帶領中青年教師學習蘇聯的兒科學經驗，向全國兒科專家請教，使兒科系很快開展教學活動，培養學生輸送全國各地。參見上海婦女志編纂委員會《上海婦女志》，頁 602；華夏婦女名人詞典編委會編，《華夏婦女名人

她對我國兒科醫學的教學、研究等，特別是小兒急性傳染病，有卓越貢獻。此外，嚴惠卿也曾任北平協和醫學院講師、福州協和大學教授（1942 前後）；專長生理衛生。〔註 303〕

　　留美女生盛組新於 1920 年代中期以後，爲上海基督教女子醫學院董事長。〔註 304〕王淑貞於 1926 年返國後，擔任上海女子醫學院教授，1932 年升任該院院長，爲該校第一位中國籍院長。她長期擔任上海西門婦孺醫院婦科主任、院長。直到 1942 年日軍強令上海各大學向日僞政權註冊登記，爲了維護民族尊嚴，她毅然解散上海女子醫學院。〔註 305〕上海西門婦孺醫院於 1951 年併入第一醫學院，更名爲上海第一醫學院附屬婦產科醫院（後改名上海醫科大學）。她續任教授、附屬婦產科醫院院長兼教研組主任，婦產科研究所所長。文革十年，曾受迫害。「四人幫」垮台後，才恢復原職。〔註 306〕

　　范承傑大約在 1930 年左右返國，曾任聖約翰大學醫學院組織胚胎學教授。1949 年以後，她擔任上海第二醫學院組織胚胎學教研室主任、教授。〔註 307〕

　　1930 年代，「女醫」成爲掌握中醫或西醫的醫藥衛生知識，進行疾病防治專業工作女子的統稱。1932-1933 年女子醫學教育情形，可從陶善敏調查中國各醫校的地點、入學資格，預科及修業年限、畢業人數等情形得知。茲表列如下。〔註 308〕

表 4-2：1932-1933 年中國各醫校的教育情形

省份	地點	學校名稱(修業年限)	成立年份	隸屬	入學資格	授課語文	學生總數/女生(%百分比)	教師專/兼任數	床位	學費
山西	太原	山西川至醫專科學校(5)	1882	私立	高級中學	中	216/37 (17.2)	20/10	30	50
山東	濟南	山東醫學專科學校(5)	1932	省立	高級中學	中德	48/2 (4.1)	9/3	60	免費
	濟南	齊魯大學醫學院(5)	1909	教會	大學二年	中英	99/16 (16.1)	29/—	110	80

　　　　　詞典》，頁 634-635。
〔註 303〕《清華同學錄》（1937），頁 70；教育部編，《教育部專科以上學校教員名冊》第一冊，頁 396。
〔註 304〕盛組新留美，獲得文學士，見記者〈鄭章成夫人之事業〉，頁 1；貝德士輯，〈中國基督徒名錄〉，頁 374。
〔註 305〕上海婦女志編纂委員會，《上海婦女志》，頁 606。
〔註 306〕楊若枬，〈記振華女子中學〉，頁 48-51。
〔註 307〕《上海高等教育系統教授錄》編委會編，《上海高等教育系統教授錄》，頁 430-431。
〔註 308〕陶善敏，〈中國女子醫學教育〉，頁 852-856，河北醫學院於 1915 年建立，1931 年改爲省立。

省份	地點	學校名稱(修業年限)	成立年份	隸屬	入學資格	授課語文	學生總數/女生(%百分比)	教師專/兼任數	床位	學費
四川	成都	華西協和大學(7)	1914	教會	高級中學	中	157/33 (21.0)	37/3	330	60
江西	南昌	江西醫藥專科學校(5)	1884	省立	高級中學	中德	97/6 (29.1)	8/8	30	免費
江蘇	上海	國立上海醫學院(6)	1927	國立	高級中學	中英	92/16 (17.3)	12/33	310	20
	上海	上海女子醫學院(6)	1914	教會	大學二年	英	100/100 (100)	9/19	200	60
	上海	同德醫學院(5)	1928	私立	高級中學	中	173/52 (3.0)	4/17	54	140
	上海	同濟大學醫學院(5)	1908	國立	高級中學	德	195/17 (8.7)	7/7	280	50
	上海	東南醫學院(6)	1926	私立	高級中學	中德	437/61 (13.9)	2/18	50	36
	上海	聖約翰大學醫學院(6)	1906	教會	大學二年	英	68/0 (0)	7/23	156	150
	上海	震旦大學醫學院(5)	1903	教會	高級中學	法	100/0 (0)	5/20	360	100
	南京	陸軍軍醫學校(6)	1901	國立	高級中學	中德	204/0 (0)	26/—	300	免費
	南通	南通大學醫學院(5)	1911	私立	高級中學	中德	178/20 (11.2)	8/6	40	70
河北	北平	北平大學醫學院(6)	1912	國立	高級中學	中	185/55 (29.1)	18/16	150	20
	北平	協和醫學院(5)	1906	美國	大學三年	英	103/26 (25.2)	116/5	346	100
	保定	河北醫學院(6)	1915	省立	高級中學	中德	133/35 (28.3)	2/18	50	36
河南	開封	河南大學醫學院(6)	1928	省立	高級中學	中德	56/7 (12.5)	9/6	85	10
浙江	杭州	浙江醫藥專科學校(6)	1912	省立	高級中學	中	130/24 (18.4)	11/16	104	24
湖南	長沙	湘雅醫學院(6)	1931	私立	高級中學	英	61/9 (14.7)	14/6	200	127
雲南	昆明	雲南軍醫學校(5)	1926	省立	高級中學	中德	101/8 (7.9)	9/9	300	免費
廣東	廣州	中山大學醫學院(6)	1909	國立	高級中學	德	147/12 (8.1)	17/—	220	20
	廣州	光華醫學院(6)	1899	私立	高級中學	中	155/35 (22.5)	7/11	95	160
	廣州	夏葛醫學院(6)	1887	教會	高級中學	中英	46/46 (100)	18/16	100	125
滿洲	哈濱	哈爾濱醫學校(4)	1925	私立	高級中學	中	81/25 (3.0)	2/12	50	40
	瀋陽	滿洲醫科大學(4)	1921	日本	大學二年	日	30/3 (10.0) 92/15 (16.3)	123/—	580	80
	瀋陽	遼寧醫科專門醫學校(7)	1910	教會	高級中學	中英	98/24 (24.4)	3/25	301	40
總計							3655/619 (16.9)	654/220	5101	

　　由上表所述，可知中國的醫學教育和醫療服務，受到日德、英美兩個系統的深刻影響，後者的影響更大。1930 年代初期，中國共有醫學校 28 所，分布在 10 個省區。上海地區就有 7 校，廣州有 3 校；其中各有 1 所女校。其餘如安徽、福建、湖北、甘肅、廣西、貴州等省，則付之闕如。以主辦的性質來分，則國立與省立各有 5 所，教會所立有 7 所，其餘 11 所皆爲私立。其中 2 所專收女生，即夏葛醫學院與上海女子醫學院；2 校專收男生，即陸軍軍醫校與震旦大學醫學院。其餘 24 校男女兼收；聖約翰大學雖無女生，卻與上海女子醫學院合作。再者，中國醫學院校的學生總數爲 3,655 人，而專任教授共有 654 人，兼任共 220 人，因此師生比爲 5：1。專任教授中，又以香港大學

的 220 人爲最多，其次是滿洲醫科大學 123 人及北平協和醫學院 116 人，合計 459 人。惟上海女子醫學院的師生比爲 4：1；夏葛女子醫學院師生比，甚至 爲 1：1。兩女子醫校的師生比，平均約爲 2：1。

當時在國內醫科畢業的女生，共有 463 人，其中夏葛醫學院 214 人、協 和女子醫學院 57 人、同德醫學院 55 人、東南醫學院 46 人、北平大學醫學院 27 人、上海女子醫學院 23 人、協和醫學院 21 人、中山大學醫學院 7 人與浙 江醫藥專校各 7 人，以及同濟大學醫學院、香港大學、山西川至醫專各 2 人。 〔註309〕協和女子醫學院，1920 年代已停辦。上海女子醫學院課程以 4 年爲度， 畢業生欲得醫學博士學位，需在被承認的醫院實習 1 年。至 1932 年共有畢業 生 23 人。以女子教育不發達的中國，而能於醫學校內，除二校專收男生外， 女子皆有入學的機會。且有二校專爲女子設立者。由男女同校學生的成績觀 察，女子的學力不遜於男子，且略勝一籌。全國 3,655 個醫學生中，至於女生 居 619 個，佔 17%。已由國內外醫校畢業者，在 560 人以上。男女醫生的比 例，約爲 10 比 1。即與有數十年女子醫學教育歷史的英美相比，也無愧色。 綜上所述，1930 年代初期，國內時遭災亂，強鄰逞毒，而女子習醫人數年有 增加。惜需要甚大，供求比率，相去仍遠。

1951 年，上海婦孺醫院成爲上海醫科大學附屬醫院，每年完成 300 多名 本科生產科學講課、是較實習，還接受來自全國各地 60 餘名進修醫生的培養 提高任務。每年還要舉辦多期全國性短期學術進修般，普及推廣婦產科學新 知識新技術。自 1978 年恢復研究生制度以來，承擔培養研究生的任務。至 1991 年王淑貞去世爲止，該醫院在她培養下，人才輩出，成爲鼎足婦產界的著名 專家。至 2001 年以畢業碩士 69 人，博士 26 人。每年平均就讀的博士、碩士 生 40 餘人。〔註310〕

在所有職業教育課程中，醫學較爲繁難。加上醫生應具有溫和、謙恭、急 公好義、精明、勤奮諸美德，非有長期的訓練不可。中國創辦醫學校之初，係 由先進各國人士及留學返國的中國人擔負重任。他們對中國社會教育舊制，缺 乏深刻的觀念，又少有研究的功夫，爲圖便利，遂因襲原留學國的醫學校制度，

〔註309〕陶善敏，〈中國女子醫學教育〉，頁 861。香港大學醫學院前身爲香港醫科 大學，1887 年成立；孫文即畢業於該校。見韓碧秀女士編纂，董碧雲女士譯 述《護士歷史略記》，頁 18-19。

〔註310〕http://www.shmu.edu.cn/fckyy/default.htm〈府產科醫院〉，2002 年 8 月 3 日擷 取。

舉凡英、美、德、日各國的制度，雜見一時。教授時所用語文，也因校而異。私立滿洲醫科大學聘用日文教授。日本採用德制，但因高中生少有修習德文，學生不能直接聽講，常需另僱譯員。不僅荒廢光陰，且輾轉周折，失去本意。僅上海同濟醫學院的學生能直接聽講德文。教會醫校，則多數用英文。

　　其次，中國醫學教育，原本規定入學資格為高中畢業。但在過渡時期，各校入學程度，並不一致。有一些醫校規定需具備二年大學程度。此所以有些大學如聖約翰、滬江，南開，北大、清華、輔仁、燕京，中央、金陵、金女大，廈大、華南女大，嶺南，齊魯，東吳等，特設醫學預科，給高中畢業生相當的訓練，再直升醫學院校。但學生程度的優劣，又基於大學的物理、化學、生物等基本科學的實習成績。因各地教育的實質，如課程與教授方法不盡相同，多數高中的科學設備簡陋，化學、物理、生物等科，都無實習鐘點，導致畢業生學識程度不一。各醫學校以入學考試篩選學生，使學醫的人數愈形減少。若要增加醫學生人數，需使以高中文憑為入學資格的醫學校，在醫科一、二年級時補授預備科目，再延長學程至6、7年方可。1926年，教育部改定新制，以求統一全國醫校課程，廢除大學二年的預科，再將原定 5 年的醫學課程，改為 6 年。醫科一年級兼授各種預備科目，使高中畢業生可直入醫學正科。從此，設備不全、經費拮据的公私立醫學校，羣起採用，以便增加學生人數。只有少數醫學院，堅守其造就少數程度高深醫師的主張，沿用先習大學預科的制度。〔註311〕

　　醫生行醫，必須學識與經驗並重。醫學課程，如同其他技術教育，常受國內社會經濟生產制度的衝動而改變，但大體上以訓練醫學生的基本醫學科學及其運用於健康問題為主。1930 年代初期，歐美各國醫科大學教授，經常檢討醫學課程。政府及民間委請專家研究國內外醫學課程，希望制定一套適合社會經濟狀況，且側重實用的課程。中國少數優秀的醫學校，也深感有必要增高學校程度，謀求醫學的進步。惟政府頒布的新制，降低入學資格，若想保持固有的程度，只有寄託少數襲用英美制的學校。值得注意的是，學校程度的高下，不一定與修業年限長短有關：有修業年限為6、7年，而其學校程度比4、5年的更低。〔註312〕

　　因此，醫學校課程，除了課堂學習有系統的表明、講演、試驗手續或臨

〔註311〕陶善敏，〈中國女子醫學教育〉，頁 854-855。
〔註312〕同上，頁 857。

證檢查等，醫院實習更重要。這使受相當訓練的學生進入實驗期的初步，為將來出社會，獨立負起對病人診療責任。惟由上表所列各學校醫院床位數，少有超過 300 張的事實，可知中國多數醫學校，以經費缺乏，少有醫院實習。若不規定醫院實習年度，則當列臨證記錄於必修課中，責成學生自習臨證病理學、解剖結果、體格檢查、病史紀錄等，為診斷及治療的幫助。美國制度將臨證記錄列入第四年級，內外科各實習 3 個月、助產 12 次，還要在門診處當臨診記錄員。如此，一面試作負責的診斷治療，一面仍受師長的指導匡助；且因研究病症及病人的社會經濟狀況，而得知社會上的醫學需要，一旦獨立行醫，才不致兒戲生命。〔註313〕上海女子醫學院課程以 4 年為度，但畢業生欲得醫學博士學位，必在被承認的醫院實習 1 年。該校培養的傑出女醫人才不少，如 1930 年獲得醫學博士的鄧裕蘭。〔註314〕1932 年赴美國加州大學醫學院，專修病理學；次年擔任費城女醫學院助教，不久後返國。〔註315〕

抗戰期間，楊崇瑞轉任貴陽醫學院婦產科教授兼主任。〔註316〕1937 年 7 月抗戰爆發後，楊崇瑞與李宗恩、朱章賡等教授經過半年奔走，次年 1 月在武漢成立該醫院籌備組，招收淪陷區各醫學院校和公私立護士、助產士學校的三、四百名流亡學生，5 月開學。該校初立，租賃兩廣會館舊址與三聖宮破廟，因陋就簡的逐步開設各科實驗室。首任院長李宗恩，聘請一些國內知名學者專家任教，隨後商借貴陽醫院為教學醫院。在戰亂的年代，該校輾轉遷徙，始終堅持辦學。楊崇瑞為收容傷病患，還去河南雞公山，為籌設 2000 張病床的醫院而四處奔波。〔註317〕1939 年，貴陽遭日本飛機連續轟炸，學校被迫疏散至郊區上課，但仍然對學生嚴格訓練，落實校訓「誠於己，忠於群，敬往思來」的精神。1940 年將醫士職業科改為護士科和助產科，1942 年改為

〔註313〕同上，頁 857-859。
〔註314〕鄧裕蘭，1902 年生，1925 年金女院畢業，考入上海女子醫學院。她曾任聖約翰大學醫學院教授，兼任上海仁濟、同仁、宏仁、西門婦孺醫院病理學主任。發表《原發性心肌鈣化》等論文 20 餘篇。其中《中藥活血化淤治療實驗性血吸蟲性肝硬化的研究》被評為上海事科技論文一等獎；《萎縮性胃炎纖維胃鏡活檢組織學觀察》，獲上海市病理學會論文一等獎。又與人合著《兒科病理學》。見《上海高等教育系統教授錄》編委會編《上海高等教育系統教授錄》，頁 415。
〔註315〕郭壽延、嚴忠馥，〈我國老一輩女病理學家〉，《中國病理學雜誌》卷 23 期 4（1994 年 8 月）。
〔註316〕華夏婦女名人詞典編委會編，《華夏婦女名人詞典》，頁 440。
〔註317〕傅惠，〈國立第一助產學校與楊崇瑞校長〉，頁 209。

附設高級護士助產學校。1944年該校遷至重慶歌樂山，正式立案，設有生物、解剖、病理、藥理等科；學生附讀於當時遷重慶的上海醫學院。教育部等撥配部分研究設備，教學、研究與醫療互相配合，漸入佳境。1945年9月該校復員貴陽，次年已有顯微鏡50餘台、天平22架、X光機2套、細菌培養器與離心器及電器孵化箱各1套、圖書3,312冊。直到1949年，培養一批頗具水準的醫護人才，畢業生多在雲南、貴州、四川等地行醫濟世。〔註318〕

醫學院造就優秀人材，不在美麗輝煌的建築，豐富精良的設備，而在教授的品學德望。教師的工作，不限於課室講演及實驗室指導。學生雖能藉課本而知各科的意義及其運用方法，仍須與經驗豐富且致力研究的名師接觸討論，才得洞悉科學的精神與醫藥問題的內涵。陶善敏認為以1932年醫學校5：1的師生比，教員應可訓練更多數的學生。但多數私立學校的教授，學識經驗多不可考。加上專家不易聘請，只得勉強別系教授或當地開業名醫兼任。惟兼任教員各有其本身事業，或者身兼數校，精力有所未逮，不能使學生獲得充分指導與感化鼓勵。教育當局對這些現象，應盡速統一醫學教育制度，訂定各系至少須有一位專任教授，以改變辦學者以教育為營業或慈善事業的觀念，提升醫學校程度。〔註319〕

中國除了三、四所外人設立的醫學校，其他多數醫校的常年費，經費，依靠學費、捐助費、中央或省府補助費，實不足以做到設備完善。教員薪俸及維持費則為大宗開支。世界經濟不景氣，外人所辦的教會學校尚嘆無款可捐，恐將破產，何況當時國內局勢，政府更難對醫學教育做財政補助。公立各校學生免繳或繳少許學費。私校繳費則頗重，總括學費、試驗費、書籍費，膳宿盤費及各種雜費等，平均每生每年需費200-600元。香港大學每生平均年費須1500元。因此有的學校要設立津貼，補助窮苦學生。但當時中國農村經濟衰微，中等人家欲供給子女就讀中小學已不容易，再入醫科更加困難，遑言素不受重視的女子教育。醫學教育關係民眾的健康。中國不乏擁有萬貫家財者，但大多對公益一毛不拔。若負責教育人士，能曉以利弊得失，使節省無謂的浪費，改作義舉，則婦女每年消費於迷信僧道者，已足辦三、四所完美的醫學校。陶善敏總結在中國解放女子的說法，已倡言卅餘年，而能在文化及經濟生活中有所表現的女子，寥若晨星。女子職業以行醫最有成績。女

〔註318〕鄧鐵濤、程之範主編，《中國醫學通史：近代篇》，頁349、496-497。
〔註319〕陶善敏，〈中國女子醫學教育〉，頁857-859。

子醫學教育從過去的經營與當時的狀況，前途足可樂觀。但反觀先進國女子對各種事業的表現，中國人仍待加強。〔註320〕

第四節　醫護衛生科學的研究與撰述

一、研究與進修

　　醫學院校教師與開業醫士，應從事研究與進修，常充實醫學新知，以求醫學理論的進步，以及診療實務及預防疾病的新法。留美學醫女生返國，一段時間後，自覺有工作需要，又有機會時，也再度出國進修。如石美玉重視自修，即使在生活最忙碌的時候，從未停止學習，以維持專業。她在早期工作時，寫信給美國一個醫生朋友，提到醫學是所有科學中最進步的，必須抽空學習。隨後的一些信件，常有委託代辦的事，像是「我在工作中，亟需一本英文和拉丁文的字典，你可以幫我買一本好的字典嗎？」「你可以好心地幫我買海德（Hyde）關於性病（Venereal Disease）的書……」或是「我很想要有一本關於衛生學的書。你知道中國在這方面只有很原始的觀念，如果我能得到一本朗好的標準本，我能夠選擇部分，配合人們的需要，把它們翻譯成中文。然後還想要一本關於包紮與按摩的書，因爲我想要訓練新的護士們。如果你偶然看到試用良好的新藥品，特別是關於肺癆、霍亂、狂犬病等，就要記得我這個在中國的老古董，可以嗎？」〔註321〕由此可見石美玉行醫，勤於自修。此外，她也設法把英文醫學書籍，譯成中文，以益後進。

　　1907年2月9日，石美玉因病赴美療養期間，兼作進修。4月初，她恢復健康，以一個月在紐約各處演講，並在醫院實習。當5月於芝加哥結束時，她寫信給但福德，請求延長兩週，因爲在紐約那一個月，雖盡可能實習，但走動困難。她希望到威斯理醫院作更多的實習，特別是皮膚學方面，並由J醫生帶領參觀醫院的內部營運方式。於是她善用但福德爲她安排的兩週，把握機會訪問許多醫院。她仔細觀察每件事，即使是洗衣房；敏銳地了解每一個觀念，俾以改善她的醫院。即使在美養病期間，她也不忘把握機會，先後在紐約、芝加

〔註320〕同上，頁860、862-863，香港大學醫學院於1912年成立，招收高中畢業生，修業5年，以英語授課。該醫學院學生總數與女生的百分比爲154／14（9.0），教師的專兼任比數爲220比10，床位有140張，學費爲400元。
〔註321〕Burton, 1911:1, pp. 161-165.

哥的醫院進修實習。那幾個月爲了到處演說，她爲了講英語更動聽，又在家學習現代俚語，偶爾巧妙地放在演說中。9 月初啓程，滿載歸國。〔註322〕

石美玉爲了自我提升醫療能力，決定抽出時間從事研究。1915 年她第三度赴美，入約翰霍布金斯大學醫科研究一年，次年返國。〔註323〕1918 年她獲得洛克菲勒基金會資助，四度赴美進修，在約翰霍普金斯大學醫學院進修研究醫學。1920 年 5 月 12 日石美玉在德慕亞婦女外國傳道分會發表演說，以一個醫生的職業敏感和責任感，抨擊了美國某些酒商把大劑量的酒精飲料輸入到中國的行爲，認爲這是在「危害中國」。同年石美玉從美回國，她結束了與美國衛理公會及其所屬婦女外國傳道會的關係，定居上海。

康成在中國行醫 12 年，獲傳教差會准予休假。對她而言，「休息」是明顯意味工作的改變。她爲了對祖國同胞更有幫助，抵美後隨即進入西北大學，修習文學課程。爲了儘速返國，將 3 年課程以 2 年修完（1908-1910）；還擔任助教。當西北大學放假期間，她到芝加哥大學唸夏季課程。西北大學的克拉克教授（Prof. J. Scott Clark），提到康成研讀著名散文作家的語法與文體，是在一個84 人的班上，大部分是大二的學生，少部分是大三。該科目有一些寫作的功課。她是最標準而有效率的學生。1907 年第一學期，康成研讀英文佳作文體的原則，獲得最高分。第二學期研讀英文佳範的同義字，即使這困難的科目，她在全班超過 300 個學生中，也獲得最高分。她準確又熱誠，能很快掌握一個觀點。事實上她是那一班不可或缺的一個展示。愛國的她，在大學進修期間，還從事一項很困難的工作，幾乎每周日在某個教會，訴說中國的時勢與機會。

1910 年，康成做爲中國代表，赴柏林參加柏林世界女青年會（Y.M.C.A.），然後前往倫敦，在熱帶疾病學校（The School of Tropical Diseases）進修半年，以很高的榮譽完成課程。同時，她不因歐洲之行而中斷西北大學的學業，由於學業成績優異不凡，獲准以通訊方式修完課程，並在 1911 年 1 月回到西北大學領取學位。同年 2 月回南昌，繼續主持醫院傳教工作。1912 年婦女兒童醫院落成，〔註324〕行醫表現更加卓越。

如同前述，丁懋英於 1929 年得到 Fellowship 獎學金，再度赴美國密西根大學，深造 2 年。1929 年還有高君珊、葛成慧，都得到該項獎學金，入同校

〔註322〕 *Ibid.*, pp. 161-168.
〔註323〕 北京清華學校編，《遊美同學錄》（1917），頁 14。
〔註324〕 貝德士輯，〈中國基督徒名錄〉，頁 381。

爲同學。丁懋英與同時在密大的毛彥文，成爲好友。

王淑貞在抗戰勝利後，也曾去美國考察。返國後，繼續在上海女子醫學院暨醫院院長兼婦產科教研室主任。1949 年左右，她在醫院建立婦科內分泌實驗室，開設內分泌門診，使這一學科在國內保持領先地位。1950 年代，研究實施婦科惡性腫瘤根治，取得較好療效；同時展開產後流血防治、腹膜外剖腹產和產道異常的研究。〔註 325〕她還歷任中華醫學會理事暨婦產科學會副主任委員及上海分會主任委員。〔註 326〕王淑貞活到 1980 年代，〔註 327〕仍不斷從事婦產科學研究，奠定上海女子醫院的精深醫療技術。她也成爲中國婦產科學的重要貢獻人之一。

1930 年王逸慧在引產講座中，闡明引產定義、方法及藥物用量。談到懷孕 28 週以後的嬰兒有存活能力，由於孕婦情況需娩出嬰兒，或因妊娠過期需娩出時，可用藥物口服蓖麻油、奎寧或肌肉注射垂體後葉素，促使孕婦臨產；或用手術引產，包括刺破胎膜、宮頸口放入探條等方法。1932 年她報告「婦女不孕症」數例，用碘酒 X 光檢查子宮輸卵管。同年她又提出橫位生產與子宮破裂的研究，報告北京協和醫院 1921-1930 年共有 40 個橫產病例；闡述橫位定義、發生原因、診斷急救診已晚的治療辦法；介紹斷頭術、碎胎術、倒轉手數的適應情況及操作方法；分析 40 例橫位結局，重點在於預防發生橫位，主要是產前保健檢查。1933 年王逸慧對產後出血這一常見的產科急症，做全面講座，對定義、病因、症狀、預防及治療都有詳細說明。同年她刊出〈胎

〔註 325〕 上海西門婦孺醫院於 1951 年併入第一醫學院，更名爲上海第一醫學院附屬婦產科醫院（後改名上海醫科大學）。王淑貞續任教授、附屬婦產科醫院院長兼教研組主任，婦產科研究所所長。文革十年，曾受迫害。「四人幫」垮台後，已恢復原職。參見楊若柵〈記振華女子中學〉，頁 48-51。

〔註 326〕 王淑貞於 1953 年在國內提出預防產後流血的有效措施。1956 在國內成功地展開腹膜外部剖產。至於產道研究，則於 1958 年取得中國婦女骨盆外測量的正常數據，填補中國的空白。她還主編《婦產科學》雜誌，獲得 1978 年全國科技大會獎。1988 年任婦產科醫院名譽院長，衛生部學部委員。參見上海婦女志編纂委員會《上海婦女志》，頁 606；《上海高等教育系統教授錄》編委會編《上海高等教育系統教授錄》，頁 449-450。

〔註 327〕 中國大陸改革開放以後，1978 年該醫院婦產科研究所成立，王淑貞兼任所長。次年又成立以婦女生殖調節爲主的研究所，1986 年改爲婦女生殖調節研究中心。1994 年成立上海市中西醫結合月經病診療中心，次年還成功誕生華東地區第一例試管嬰兒，獲得當年上海市臨床醫學二等獎。1998 年成立上海市女性生殖內分泌病診療中心。見 http://www.shmu.edu.cn/fckyy/default.htm〈府產科醫院〉，2002 年 8 月 3 日擷取。

盤早剝〉講座紀錄，對發病原因、病理、診斷、治療及預後措施，作全面講述。〔註328〕

　　子宮外孕講座中，有1934年王逸慧在北平重點講述發病率、病因、診斷與治療。子宮外孕佔婦科手術 1.5%，98%是輸卵管妊娠。腹腔妊娠有內出血即時手術，否則胎死腹中 4 週後，胎盤血管有血栓形成，須執行開腹術。同年她在北平諧和醫院報告「過期流產」，闡明過期流產的定義及治療方法，並附 5 個病例報告。1935 年，王逸慧任職上海醫學院婦產科，對子宮破裂做了全面介紹。北平協和醫院 3000 次分娩中有 8 例，相較於國外統計 3000-5000 次分娩中有 1 例，稍有偏高。她講述病因、症狀、診斷、處理辦法，需即刻進行開腹手術。〔註329〕同年，她還曾報導 224 例的子宮頸癌，並對發收癌症的因素、診斷、臨床分歧、Weitheim 氏手術步驟及放射治療做了詳細的闡述。224 例子宮頸癌中，經產婦子宮頸有產傷者，子宮頸癌發生率高。並認識到「放射療法鐳錠毀滅宮頸局部癌組織，X 光毀滅子宮周圍癌細胞。224 例中 183 例為III-IV期，早期診斷極為重要。」此外，1937 年，她還在上海醫學院與北平協和醫院麥克斯維爾均有報告「月經紊亂之內分泌治療法」，希望國內婦產科注意此項療法。這是中國在臨床用內分泌治療月經紊亂的開端。1942 年上海婦產科講座上，王淑貞代表上海西門婦孺醫院，全部講述子宮癌：「子宮癌分宮頸癌及宮體癌。子宮癌 8／10 為宮頸癌，來自宮頸陰道段上皮為鱗癌，來自頸管上皮為腺上皮癌。治療宮頸癌用手術，鐳加 X 光。宮體癌用手術或用鐳加手術治療。子宮癌的預後，賴於早期治療。」〔註330〕

　　綜上所述，可知 1920、1930 年代醫學院從事研究工作，只有三、四所，其餘均默默無聞。探究主因，除了經費拮据，還有教授對研究工作的熱誠不足。1930 年代初期，中華醫學會在上海及北平設備較佳的醫院內籌辦進修班，使開業醫士得與各科專家討論研究，但不發給修業證書。1932 年，醫學會又要求有研究設備的醫院及醫學院，兼收別校畢業生，使接受專門訓練。有研究課程的醫學校，以北平協和醫學院最為完備。該校每年針對眼科、婦科、小兒科及其他基礎科、臨證科，或公共衛生科，開設研究課程，以備各地醫生增進學識的需要。有志人士欲求更高深的訓練，或欲成一科的專家，或預

〔註328〕鄧鐵濤、程之範主編，《中國醫學通史：近代篇》，頁 416-421。
〔註329〕同上，頁 421。
〔註330〕同上，頁 415、416。

備在政府公共衛生機關服務，則上海、北平及南京各有相當的機關，足資學習。如衛生署也籌設研究課程。此外，中央醫院、中央衛生試驗所、產科醫院、陸軍軍醫學校的教職員醫生等，都負有教授國內醫士各種重要的實驗、臨證及公共衛生科目的責任。〔註331〕

二、著書立說

　　醫學知識是幫助人認識生命的工具。從事醫療工作者，都應撥出時間做研究，以利人利己。一方面可將治療及診查疾病時所發生的種種疑問，做爲研究資料，提昇解決問題的能力；再方面以各科專家萃集一堂，切磋琢磨，配合有關的設備，俾有所貢獻。惟留美女醫的撰著可考的不多，僅以現有資料，分成專業與通俗，略述如下。

　　在專業研究論著方面，以婦產科爲例，楊崇瑞做爲中國近代婦幼衛生事業的創始人，1928年她報告〈我國助產教育〉寫出〈產科教育計劃〉，並於1930年擬定〈助產士管理法〉以外，她認爲中國每日孕產婦死亡不少於500人，其中400人非無法挽救，救治方法爲產前保健。1929年國立第一助產學校成立前後，撰成《婦產科學》、《婦幼衛生學》、《婦幼衛生工作綱要》等著作，均由國家出版社出版。〔註332〕還著有《家庭衛生和家政概要》。〔註333〕她長期關注並致力於計劃生育工作，在課程上編有《節制生育與技術措施》。〔註334〕她在1949年10月撰成她的自傳，憶述她學婦產醫學，再從事婦嬰保健與公共衛生的經歷。〔註335〕

　　1946年楊崇瑞發表〈婦嬰衛生之過去與現在〉一文，指出學齡前兒童的高死亡率，相對於當時的婦幼衛生問題，只是冰山的一角。近代中國因社會經濟發展遲緩，人民生活貧困，衛生條件差，大部分地區採用舊式接生法，多求穩婆，致使嬰兒死亡率和產婦死亡率高得驚人。每年孕產婦死亡率高達15‰，比起歐美，約高出四、五倍。再者，胎兒與嬰兒的先天衛生保健，如孕婦營養和胎兒護理談不上；產下的嬰兒也缺乏後天照拂，如合理的營養和

〔註331〕陶善敏，〈中國女子醫學教育〉，頁857-859。
〔註332〕傅惠，〈國立第一助產學校與楊崇瑞校長〉，頁206。
〔註333〕中國婦女管理幹部學院編，《古今中外女名人辭典》，頁507；馬尚瑞，《北京古今女名人辭典》，頁306。
〔註334〕傅惠，〈國立第一助產學校與楊崇瑞校長〉，頁209。
〔註335〕楊崇瑞，〈我的自傳〉，頁143-153。

維護。因此，不但死產甚多，存活者也多在一歲以內夭折，以致每年嬰兒死亡率高達 $200^0/_{00}$，也比歐美高出三、四倍。還有不計其數因生產而遺留各種殘疾的婦嬰。〔註336〕若中國的嬰兒出生率為 $35^0/_{00}$，人口總數為 4.5 億，則每年不幸夭折的嬰兒可達 320 萬人，產婦死亡人數達 24 萬。這個比率與死亡率最低的國家比較，中國每年有 200 多萬名嬰兒和近 20 萬名產婦，是不應死而死的。嬰兒的死亡率，成為衡量國家衛生情況的標準，民族健康狀況的表徵。因此，1946 年楊崇瑞在中央實驗院發表〈近 20 年來中國婦嬰衛生工作〉一文，總結各省市衛生局雖設立保嬰事務所，但在抗戰期間，婦嬰工作未能按照原定計劃推動。抗戰勝利後，將擬定一系列民族保育政策及實施辦法，工作內容包括婚前衛生、孕期、產時與產後衛生、兒童衛生、孕婦、嬰兒的營養改進；組織上由中央到省市縣鄉鎮設立各及婦嬰保健所。〔註337〕

　　1929 年，丁懋英獲得巴勃獎學金，再度赴美進修 1 年，先後入密西根大學及哈佛醫學院。她撰著英文的"Care of Infants and Children"（嬰幼兒的照護），1931 年由新華出版社（Sin Hua Press）刊印。還設計嬰兒紀錄簿，1935 年由當馬斯藝術公司出版。〔註338〕1934 年，她還撰寫〈消滅家庭的大敵〉一文，說明蒼蠅、各類蚊子虱蚤、老鼠、臭蟲及蟑螂等病媒，所傳染的疾病，對人類及家庭的危害，介紹消滅它們的方法。例如門戶用紗簾，防止蒼蠅飛入，沾染食物；用煤油倒於水面，以斷絕空氣，使瘧蚊窒息；夜間用蚊帳，以免被瘧蚊叮咬。一旦感染瘧疾，除了服用金雞納霜，更要延醫診治，防止續發之患。總意在提醒民眾，要重視清潔、勤於打掃，講求衛生科學。〔註339〕這是她以學醫的科學知識，提供一般人通俗的醫學保健常識，自然較具威信。

　　陶善敏著有數篇關於細菌學、寄生蟲學與公共衛生的研究論文。〔註340〕前述她所撰〈中國女子醫學教育〉一文，探討中國自 1910-1930 年代之間的女子醫學發展概況，希望藉以促進教育事業。她認為自辛亥革命以來，女子教育雖有相當的進步，在高等學校，男女受同等的待遇。但接下來的二十年間，女子職業教育不受社會重視，女子在經濟生活上，有能力表現的，實為鳳毛

〔註336〕 楊崇瑞，〈婦嬰衛生之過去與現在〉，《中華醫學雜誌》卷 32 期 1（1946），頁 11-17。
〔註337〕 鄧鐵濤、程之範主編，《中國醫學通史：近代篇》，頁 418。
〔註338〕 Cavanaugh, ed., 1931, p. 299.
〔註339〕 丁懋英，〈消滅家庭之大敵〉，《女青年》卷 13 期 6（1934 年 9 月），頁 1-4。
〔註340〕 *Who's Who in China:Biographies of Chinese Leaders,* pp. 225-226.

麟角。醫學教育在女子職業教育中，尚有一點成績。〔註341〕此文是當時討論中國女子醫學教育較具代表性的論述。

王逸慧在北平協和醫學院任職之餘，也有著作。如 1932 年與鍾品梅合著〈橫產〉一文；1933 年與李濤合著〈前置胎盤〉一文；1934 年與李濤合著〈子宮外孕娠〉與〈由張靜脈破裂所致之妊娠出血〉等文。1935 年她還與劉宗蘊共同編著《避妊法》，由黃貽清校訂。此外還有一本《求孕指南》，出版年份未詳。這些論著從書名看來，內容應屬婦產科醫學的專門著作。此外，她還撰有〈臍帶血及胎盤粉〉等論文。〔註342〕

在 1930 年代以後，專長婦產科學的中國女醫生當中，素有「南王北林」之稱，北指林巧稚，南指王淑貞。兩人學術成就享譽海內外。〔註343〕王淑貞還著有〈骨盆外測量的研究〉、〈產後流血的研究〉、〈腹膜外剖腹產〉等專文論著。〔註344〕她的代表作是《婦產科學》一書。該書內容共 9 篇 60 章，有插圖 400多幅。該書前半部敘述懷孕與生產，後半部主要談產後問題。1976 年由香港中外出版社出版，書中對病理產科、婦科疾病和婦產專科有關的基本理論、基礎知識、基本操作知識做全面介紹。〔註345〕

由前述內容，可知王淑貞的著作《婦產科學》內容豐富而深入，相對於桂質良著作的淺顯易懂，適用的讀者不同，前者主要是給專業婦產科醫師或醫學生參考使用，後者則給一般人做為常識備用。在內容深度上，產科方面著重難產的處理，婦科方面著重常見病的診斷和治療。該書經過醫學界傑出女醫林巧稚的評閱，係醫生護士和醫學院學生、助產士院校等醫療單位的醫務人員必備的參考書，也可做為高等醫學院校的教材。總之，王淑貞任職的

〔註341〕陶善敏，〈中國女子醫學教育〉，頁 859。

〔註342〕廖蓋隆主編，《中國人名大詞典——當代人物卷》，頁 182-183。

〔註343〕1949 年以後，王淑貞曾任《中華婦產科雜誌》副總編輯，她主編的《婦產科學》是第一部中國高等醫學院校統一教材，曾多次重版，獲得 1977、1978年全國科學大會獎。1979 年主編的《現代婦產科理論與實踐》獲得中共政權國慶 30 週年獻禮獎，1982 年獲得全國優秀科技圖書二等獎。1987 年主編的《實用婦產科學》，獲得 1990 年全國優秀科技圖書一等獎。王淑貞還曾主編《中國醫學百科全書》婦產科學分冊，參加《辭海》醫學部分和《醫學英語辭典》等書的編寫和修訂。參見上海婦女志編纂委員會《上海婦女志》，頁606。

〔註344〕《上海高等教育系統教授錄》編委會編，《上海高等教育系統教授錄》，頁449-450。

〔註345〕王淑貞，《婦產科學》（香港：中外出版社，1976），目錄頁 1-5。

上海第一醫學院附屬婦產科醫院，歷史悠久，學術基礎雄厚。

在兒科方面，有陳翠貞於 1947 年創辦並主編《中華兒科學雜誌》。1950年，她提出兒童腦炎的三種臨床分型及其特徵等見解，〔註346〕又參加編寫《小兒傳染病學》、《兒科學》、《實用兒科學》等。〔註347〕尤以《小兒傳染病學》為高等醫藥院校試用教材，在出版後廿多年中，一直是全國兒科重要的教學醫療參考書。

至於專長組織胚胎學的范承傑，在上海教學之餘，1949 年以後發表有〈尿道球腺的發生、結構與功能〉、〈普魯卡因對神經組織的影響〉、〈煙和酒對白鼠重要器官的影響〉等論文。編著有《組織胚胎學》講義（中、英文版）以及《畸形學》等。〔註348〕

此外，也有留美主修護理女生，發表專著。如 1955 年潘景之主編《護理常規》一書，在上海提出醫院急診室、普通室和多科疾等護理常規，規定各級護理人員的職位，是中國護理教育與醫院管理的資深前輩。〔註349〕

在通俗著作方面，有 1934 年王逸慧在上海醫學院撰寫專冊《避孕法》，供市售，內容包括女性生殖器官解剖、排卵及受孕生理；全面介紹暫時性及永久性避孕方法。〔註350〕另外，還有桂質良撰成《女人的一生》及葛成慧所著《家庭醫事》；前者尤為佳作。

桂質良在北平行醫多年，1936 年由丈夫聞亦傳與好友潘光旦協助，寫成此書，胡適作序，次年出版。她在〈自序〉，說明寫書的用意。她作為現代女醫，除看病開藥以外，還常要回答病人的問話。他們有些話，不願或不能對法官、律師、巡警、教員、牧師，甚至父母等人說，往往對醫生坦承。而醫生答覆也比較清楚，切於實用。許多問題似乎平凡無趣，深入推敲則耐人尋味。她視個別情況回答。1930 年代中期提問的人增多，問題大同小異，覺得一些醫學常識應普及化、生活化，遂匯集門診談話與往昔討論的材料，輯成此冊。對女性由嬰兒到壯年而老年的重要問題，用簡單而非技術的文字依次

〔註346〕廖蓋隆主編，《中國人名大詞典——當代人物卷》，頁 1124-1125。

〔註347〕華夏婦女名人詞典編委會編，《華夏婦女名人詞典》，頁 635；《中國近現代人名大辭典》，頁 418。

〔註348〕《上海高等教育系統教授錄》編委會編，《上海高等教育系統教授錄》，頁 430-431。

〔註349〕華夏婦女名人詞典編委會編，《華夏婦女名人詞典》，頁 1102；廖蓋隆主編，《中國人名大詞典——當代人物卷》，頁 2165-2166。

〔註350〕鄧鐵濤、程之範主編，《中國醫學通史：近代篇》，頁 421。

敍出，俾使多數無醫學背景的人明瞭，而能避免無謂傷害，更加認識生命，欣賞生活。該書共 111 頁，內容包括 1.生產；2.孕；3.不孕；4.通經；5.嬰兒的衛生；6.兒童的怪癖；7.青春與月經；8.手淫；9.同性戀；10.婚姻與疾病；11.婚姻與事業；12.結婚的恩怨；13.節育；14.中年的性生活；15.絕經期的衛生；16.諱老。稱爲「看病十六講」。

《女人的一生》這本書有幾點的特色：（一）先舉出診療碰到的實際病例，尤其具有代表性或重要性的意義，從歸納敍述問題到獲得解答，讓讀者產生好奇與共鳴，學會相關的醫學常識。例如她在第一講〈生產〉，以實例說明，讓讀者知道生產須順著預產期、正產期與後產期三個相當遲慢的自然程序，急不得。住鄉下的友人妻生第四胎後，胎盤較慢排出，收生婆急著想伸手到子宮裡抓出胎盤。幸而產婦有點常識，只讓她用力在子宮外推壓，但胎盤仍不下來，就在休息時，子宮的肌肉自然收縮力使胎盤落下。桂質良曾見某大醫院無經驗的「小大夫」替三等病人收生，胎盤下不來，既拖又扯帶按，還是不出來。「大大夫」一來，叫大家把手拿開，不片刻胎盤就下來。〔註 351〕又如第三講〈不孕〉，她提到有留美返國女子，結婚十多年，與丈夫感情很好，同在大學當教授，令人稱羨；美中不足的，是沒有子女。夫妻倆在婚前與婚後，身體檢查都很健康。丈夫不以爲意，妻子則感覺心理上對不起他。她曾私下到桂質良的診所請教。桂質良認爲不孕一事，男女都有責任。原因包括生殖器官不健全；感染花柳病，造成生殖器的表皮細胞受毒素侵蝕，而發炎生膿，血液不通；內分泌有病理的變化；女性輸卵的時期相隔太遠，以致與精子相會的機會太少；性交的亢進與懷孕的關係等。〔註 352〕

（二）配上圖解，使抽象的文字敍述，得以讓讀者更明瞭清楚。例如在〈不孕〉一講，以男、女性器官的圖解，分別說明受精的過程。再進一步說明生殖器官發育不良的一些病徵。如子宮畸型發育，分成兩角式（Bicornuated uterus），或位置前傾、後倒（retroflexion or retroversion）、子宮頸口太小，或發育成石心的管子；卵巢有病、發育不全，都不利於受孕。但只要一邊的卵巢有功能，仍可受孕。第七講〈青春與月經〉也以圖解說明月經的生理作用。一般人只知月經是子宮有了變化，其實流血，係因子宮、卵巢、陰道連帶的變化。

（三）介紹歐美醫學權威的研究成果，讓讀者及時掌握醫學新知。如在

〔註351〕 桂質良，〈孕〉，見氏著《女人的一生》，頁 10-16。
〔註352〕 桂質良，〈不孕〉，見氏著《女人的一生》，頁 17-25。

〈不孕〉一講中，提到有一友人伉儷情深，婚後十九年，其妻才懷孕。她初以為是病，到處求醫診治。有告知是懷孕，她不敢相信。桂質良認為這種情形不常見，但能適用哈氏的解釋。從哈氏（Carl Hartman）對獼猴的研究，發現在夏季沒有輸卵的現象；自秋至冬末，再到翌年春末才有成熟的卵輸出，其間以冬末春初最易受孕。人類也可能有這種現象，隔數月或數年，才輸卵一次。那友人聽了桂質良解釋輸卵期相隔遠近不一的事實，她才放心。桂質良又引翰樂氏（Heule）所做精子游動力的研究，說明精子的活力可觀，能在三分鐘內游過一公分的距離，到達目的地。〔註353〕關於成人手淫問題，桂質良引用紐約一位女醫生的實地調查報告書，其中一句俏皮話：Nine out of ten, masturbate, and the tenth one is a liar.意謂十人當中有九個會手淫，剩下的一個是撒謊者。〔註354〕在〈節育〉一講中，提到德國名醫法克氏（Frankel）新著《抗孕的化學與物理學》（Chemistry and Physics of Contraception）一書。她曾致力研究多年，希望從化學物質中，發明一種能殺死精子而不加害生殖器的機能。惟這類研究尚不成熟。〔註355〕

一些將近中年的婦人，常問及對性交不感興趣。桂質良重視這些為妻者所訴說的事實。因為離婚往往就是許多不經意的小事所造成。因此她以〈結婚的恩怨〉為題，討論救濟方法，並且推介當時愛利士（Havelock Ellis）在他的《性心理學》書中一篇〈愛的藝術〉（The Art of Love），做為消除夫妻間衝突的寶鑑。她還引英文成語：「一朵玫瑰花，是多麼美麗，多麼傳情，而且是多麼便宜。」（One rose is so beautiful, so romantic, and so cheap.）強調做丈夫的，要在婚後繼續討妻子的歡喜，以一朵花、一包水果，幾句溫柔的話，就夠了。夫妻能討對方的歡喜，以家庭全般的利益為前提，則培植愛的藝術，必然恩多怨少。〔註356〕

（四）引用中國傳統醫學的術語或主張，加以調和或導正。如中國舊日胎教，主張懷孕時，夫妻宜分房而居。其實，懷孕期間可以有性行為。但產後的清潔比產前要緊。所謂「產後經風」即性交太早，將不潔的微生物傳入子宮，造成腹膜炎以至不治。子宮的肌肉經生產的創傷，要長時間休養，才

〔註353〕桂質良，〈通經〉，見氏著《女人的一生》，頁26-31。
〔註354〕桂質良，〈手淫〉，見氏著《女人的一生》，頁56-60。
〔註355〕桂質良，〈節育〉，見氏著《女人的一生》，頁88-95。
〔註356〕桂質良，〈結婚的恩怨〉，見氏著《女人的一生》，頁80-87。

能復原。她舉實例說明片刻的歡娛，可貽患終身。有一產婦在醫院順利分娩，10 天後出院回家。數日後突發高燒，昏迷不醒，再送醫診斷，竟是腹膜炎末期。桂質良也束手無策。而這丈夫的兩任前妻也死於相同的病因。經追問，才知他在妻子出院後，即與妻子行房所致。這是夫妻應注意的。雖然有人以為懷孕分娩如同「瓜熟蒂落」，只須聽其自然。但孕婦有個別差異，婦產科醫師可用人工方法補助或救濟。中國舊式接生法，常斷送母子，此即穩婆不學無術，而孕婦也缺乏常識。〔註357〕

又提到通經是婦女的重要問題。一般所謂「月經不調」，女子在月經該來期間而不來，稱為「閉經」。閉經是病徵，而非病症；未婚與已婚女子，情況有別。一般所謂的「乾積癆」或「乾血癆」，即骨癆、腺癆或其他的癆症，影響子宮機能，只是原因之一。其他原因還有生殖器有病或發育上不健全，內分泌腺的器官有病，子宮因施行手術未得恢復原狀；過度的喜怒哀樂，使經水一時不通等。〔註358〕常有報刊廣告某某醫師「專治閉經」的文字，其實多是實行墮胎。有些情況，醫德與法律允許墮胎；醫師當視孕婦的病情輕重，斟酌行事。如孕婦有嚴重的心臟病、胃病、腎病或肺病，不宜懷孕。否則孕婦有生命危險，應當墮胎。概括說來，墮胎方法是服用藥劑較外物省事。還有動手術刮除子宮。懷孕第一、二月，胎兒較易取出，到了三、四月就不易取出。〔註359〕

還有不少中國嬰兒因俗謂「七日風」或「臍風」而死，就是毒菌從臍帶進入體內所致。這是舊式穩婆的無知，也是做父母的疏失。胎兒出世後，眼睛和臍帶，最先要保護，以防隨時受感染的危險。嬰兒初生當天，體重稍減，即俗語所謂「收水」。第三日起，若乳汁充足，則體重也逐漸增加。出院後，父母須知一些嬰兒衛生常識。最重要的，如營養問題。有的母親分娩後，常見一二週內乳水不足。此時不要放棄，可補用少許的牛乳或羊乳。等到五六週以後，就有多量的乳汁產生。若因故不宜餵乳，可換用牛乳、羊乳或其他代乳品。僱用乳母，要注意她的身體健康情形，有無傳染病；乳汁營養成分；照料嬰兒是否細心耐煩。〔註360〕

桂質良在〈中年的性生活〉一講，引俗語：「三十如狼，四十如虎」，描

〔註357〕桂質良，〈孕〉，頁 10-16。
〔註358〕桂質良，〈青春與月經〉，見氏著《女人的一生》，頁 48-55。
〔註359〕桂質良，〈通經〉，頁 26-31。
〔註360〕桂質良，〈嬰兒的衛生〉，氏著《女人的一生》，頁 32-40，惟訓練大便應該在一兩歲以後，較合宜。

寫中年人性欲衝動的強烈程度，女子也不例外。年輕時，子女與家務佔去大半時間與心力，性欲較為抑制。中年以後，生活安逸，無所事事，性欲易轉為間接的心理逃遁，即所謂「心理的內轉」，出現自憐自艾，以為「氣虛」、「血虧」或「體弱」。四十歲前後老愛打補血針的女子，就是這種表徵之一。其實可把多餘的精力昇華，積極貢獻社會，而維持健康。性欲並不可怕或可恥，運用得法，可增進人生的幸福。西諺說「結婚頭十年是最難的，但過了十年，再想分離也分不開了。」中年夫妻相處多年更融洽，加上性慾的調劑，正可享受圓滿的恩愛。她也談到女人的更年期衛生。中國女界有句俗話：「少崩，子；老崩，死。」「崩」指流血或白帶太多。年輕婦女的「崩」常與懷孕有關，而絕經期間無論發生「紅崩」或「白崩」更危險。需注意若每次來經的血量不減反增，就當就醫檢查，恐怕是子宮內長毒瘤，排出的是瘤裡的血，而非正常的經血。大半子宮毒瘤在這時期發現，若診斷得早，尚可用手術取出，或用鐳（Radium）照射，使毒瘤消滅。〔註361〕

（五）針對當時流行病症做深入淺出的分析指導：如桂質良在〈婚姻與疾病〉這一講，提到1920-1930年代肺結核病多，往往終身難以根治。肺病患者需停止運動、跳舞、郊外旅行及其他共同娛樂。在避免傳染的同時，還要使病人不覺難受，並不容易。若不幸而青年喪偶，會更淒慘。婚前應仔細考慮這些犧牲是否值得。與肺癆患者結婚，應有長期毅力，抱自我犧牲的精神，耐心侍護，才有永久恢復健康的希望。其次，應保護子女，尤其6歲以下的，要與病患有相當隔離，更要避免接吻。病人所用飯食器具、痰盂等，當盡力消毒殺菌。〔註362〕

桂質良提倡節慾，不是禁欲或墮胎，而是防止受孕。方法應適合個人的生理與心理的構造，也要普及化，使人皆可得知。避孕方法，可分男女兩方面。男子多用洩精於外（Coitus interrupts）或保險套的方法。這兩種方法，男子雖不覺痛苦，總有些不痛快，失去大部分性交的快樂。最好還是由女子來節制生育，這也是「求人不如求己」。女子的避孕方法，可分天然、機械和化學等三種。天然方法是算安全期。但人的個別差異，使安全期很難標準化。許多中國母親延長哺乳小孩至三、四歲，以求避孕。其實，哺乳期間懷孕大有人在，是節慾導致不受孕。機械的避孕法，一般是用棉花球及紗布捲等置

〔註361〕桂質良，〈中年的性生活〉，頁96-101。
〔註362〕桂質良，〈婚姻與疾病〉，氏著《女人的一生》，頁67-72。

入陰戶，俾以吸收大部分的精液，阻止精子進入子宮。但這方法不保險。1930年代中期流行用子宮頸的薄皮帽。這方法說來簡單，卻有不少無知的婦女，嫌麻煩而草率行事，反而無益。化學方法，不外乎以酸性的熱水沖洗，用藥品將子宮頸口堵塞。但藥量輕則無效；過烈則會摧毀陰道及子宮內的外皮細胞，傷害女性身體。有人提倡用愛克斯光線（X-ray）照射生殖器官，使男女分別失去輸精與受精的機能，可能永遠不能生育，並非良法。最妥善的辦法，除了禁慾以外，是動手術將輸卵管或輸精管割斷。不過，一般人多認為犯不著。節育可使夫妻獲得很大的身心快樂，對經濟優生也有貢獻。桂質良提倡節育，但不贊成強制普及。除非有遺傳性精神病，政府才用法律約束他們節制生育。〔註363〕不過，她認為生育是女人的問題，節制生育應是每個能生產或已生產的女子自己決定。這是以女人有自主權的理念提出，實際上當時中國，一般婦女對避孕很難做主。現今比當時進步，惟願接受結紮手術的，還是女多於男。這也是傳統大男人主義作祟所致。

（六）結合心理學知識，解釋外在行為表現的原因，使讀者能較客觀的看待一些被視為怪癖的情形。如某年暑假，桂質良到親戚家小住一個月，那是某大學教職員寄宿舍，內中很多兒童。許多教員的太太知道她素來提倡兒童心理衛生，就利用傍晚她到草場散步時，請教一些小兒的身體表徵、手淫、倣傚異性、撒謊等問題。她認為小孩的心理與成人不同，不可把他們當作「小大人」（Miniature of adults）看待。在兒童時期，露出身體是好奇心的表現，最好不要以道德的眼光來看，要用科學的知識開導，找一些講解剖的圖畫教導他們了解。兩歲的孩子，常喜歡自摸生殖器。父母親不必急著責打或捆綁他的手。那個年齡的孩子，對性衝動沒什麼感覺，而智識力尚未發展，也不能用科學給他解釋。她引教育學的觀點，認為越嚴屬的督責，反使他對這舉動愈發注意，愈覺有興趣。不加理會，日久自然淡忘。2-3歲的孩子學成人言行處事，大人只覺得可笑，並不擔心。11歲的孩子常拿母親的粉擦臉、頭髮灑香水，還穿上高跟鞋到處走，也不需大驚小怪，惟恐他將來沒出息。父母應教導孩子「滿面脂粉」，不是男女應該做的。身體健康，臉色自然就好。當子女開始有同類或社會意識（Social consciousness）時，通常會重視同伴的稱許，而不再仿效異性的服裝或行為。小孩在2-4歲期間，是想像力豐富的階段（Imagination stage），且其社會與道德思想剛在發展。因此常會和洋娃娃或想像的朋友，說一些可能是想像的

〔註363〕桂質良，〈節育〉，頁88-95。

話，例如做請喝可可或看病，不是撒謊，也不會有病。過了這個年齡，就沒有
這種行為。父母不必動輒加以干涉。〔註364〕

至於手淫，桂質良認為其害處是生理大於心理。病人易生疑心病
（Delusions of persecution），害怕身體日漸斷喪而不敢與人交談，又恐秘密暴
露。他們只要見到有人竊竊私語，就以為是在議論他，或意圖要害他。這是
犯手淫的人普遍表現，也是他日神經錯亂的預徵。治療的方法：首先，讓病
人明白手淫是人人易有的事實，是性慾發展的必經階段。一般人到成年，有
機會和異性接觸，手淫習慣與興趣會漸減。其次，手淫對身體無大礙，精液
不是腦汁或脊髓，而是身體的一種液質，按時排泄而出。即使不排出，終也
歸於分溶。遺精、濕夢（Wet dreams），都不算是大病。第三，手淫無關道德
與犯罪的問題。但注意力總是集中在生殖器上，是不健康的。最重要是想出
替代性辦法（Substitution），如減少獨處，激勵對運動的興趣，多與人分工合
作，增長友誼，則疑心病可不藥而癒。〔註365〕

關於〈同性戀〉，桂質良認為戀愛是人生不可少的情緒表現。兒童時期如
女兒戀父或兒子戀母，即「戀父或戀母情結」（Electra complex or Oedipus
complex）；甚至重男輕女的惡習，使母親姑息或戀愛兒子，都屬常情。小孩上
學後，和同性的同學與師長接觸，比父母要大得多，會發生同性戀的現象；
在中學時特別加重。中小學生常崇拜、愛戀大學生，大學生也戀愛師長。同
性戀者深怕別人知道，總帶有幾分犯罪的心理，而別人對他們，則當面斥責
或私下議論。其實，上述戀愛，只要對身體與學業沒多大的損害，用不著特
別干涉。長者可婉言勸導，多替他們介紹朋友，以免專情一人，同時也應讓
他常與異性接觸。病態的同性戀，是平常的情緒變態，應尋求專家指導與治
療，以免日後發生神經錯亂等更嚴重症候。〔註366〕

女子進入更年期，因卵巢老化，影響內分泌腺，第二性徵產生變化，全
身的運作難免不適，如面部發熱（Hot flushes），心跳加速；頭暈；耳鳴；目
眩；聲音降低；唇下生出短鬚；脂肪增加，體重驟漲等，或性衝動與情緒特
別強烈。這都是必經的短暫閱歷，應泰然處之。若逢人便問醫，逢醫便就診，
不但費財耗時，對身心也不好。絕經期間，有的自認老而無用，精神傾向抑

〔註364〕桂質良，〈兒童的怪癖〉，氏著《女人的一生》，頁41-47。
〔註365〕桂質良，〈手淫〉，頁56-60。
〔註366〕桂質良，〈同性戀〉，氏著《女人的一生》，頁61-66。

鬱悲觀；有的反而心神寧靜。對人事採恬退的態度，是要緊的覺悟。不固執己見，不與年輕人計較爭持，更能適應環境，才不失為「聖之時」者。人老了，本就不大受歡迎，若越注意自己的弱點，越造成許多古怪的脾氣與習慣，如「老氣橫秋」與人難堪，或常說「人心不古」，被視為自負、愛出風頭，更不免招人厭惡，終致西洋人所謂「兜不出的惡圈子」（Vicious circle），也就是「惡性循環」之意。這些精神不健康的徵兆，人們應加以憐惜扶助。她認為絕經並非可怕的事。它可以是心靈活躍機會的開始。正如岳飛說：「莫等閒，白了少年頭，空悲切。」婦女若能在絕經期後，以理智引導剩餘的精力，做十餘年或數十年有用的工作，那她的貢獻，決不只生男育女而已。〔註367〕

　　《女人的一生》以〈諱老〉為題，做為結束。老是衰弱的別名，接近疾病、死亡。不論男女，一過卅歲，就怕人問年紀。因此諱老是古今中外「人同此心，心同此理」的普遍現象。桂質良舉報紙上總有些返老還童的藥劑廣告，如染髮藥水等；又徵引史書裡的故事，如〈謝靈運傳〉說：「陸展染白髮，欲以媚側室，青青不解久，星星行復出。」唐末忠臣司空圖的詩句：「髭鬚強染三分折，管絃聽來一半愁。」來說明將白髮染黑的「用心良苦」。有的老人甚至專娶妙齡女子或中年孀婦為妻妾，證明仍有熱烈的性慾衝動。五六十歲的人，閱歷較多，比壯年人更能體貼入微，易得女子的歡心。英文有句成語：「寧做老年人的心干寶貝，不做青年的奴隸。」（It's better to be an old man's darling rather than a young man's slaves），就說明年輕女子願嫁老頭子的心理。唯老年人應明白性生活只佔人生一小部份，當採取積極的昇華（Sublimation）方法，而不是消極的代替（Substitution）辦法。要用不即不離的眼光（Detached attitude），如同佛家所稱的慧眼，靜觀世事變化，覺悟人一生好比海邊一粒沙，極其渺小。對自己過去的成敗，不卑不亢。看人生如戲，世上的名利轉眼成空，不值得感情用事。老年如同一個故事的結局，最可寶貴而無須逃避。諱老是弱者與愚者的思想。若謂「夕陽無線好，只是近黃昏。」比較消極，而「天意憐衰草，人間重晚晴」的詩句，更具積極意義。〔註368〕

　　葛成慧返國行醫之餘，有鑒於西醫輸入中國一百多年，中國西醫人才仍缺乏，除了通都大邑的少數富家，民眾受惠少，智識仍幼稚。往往可預防可治療的疾病或殘廢，因當事人聽其自然或處置失當，以至損及健康或喪失生

〔註367〕桂質良，〈絕經期的衛生〉，氏著《女人的一生》，頁102-106。
〔註368〕桂質良，〈諱老〉，氏著《女人的一生》，頁107-111。

命。因此在 1946 年編寫《家庭醫事》一書，次年 11 月出版。她以淺顯的文字，講解科學的醫術，尤其希望主婦細心研究，可對疾病的原因、症狀、預防，以及治療看護的技術，具備常識。一則應付個人日常生活，再則對公共衛生行政也能合作，家庭蒙其惠，整個社會也得福利。〔註369〕簡言之，此書可說是她懸壺濟世的心得。

《家庭醫事》的內容共 233 頁，分為 5 章。第一章解剖生理概要，下分 10 節，依序說明骨骼、肌肉、胸腔和腹腔的內部、呼吸、扁桃體、消化系統、肝臟、泌尿系統、神經系統、生殖系統；第二章各種疾病的認識，下分 12 節，談呼吸、循環、消化、泌尿與生殖系統、關節、血液及腺、皮膚、眼及耳的疾病，還有法定傳染病、性病、各種原蟲病及寄生蟲病；第三章護病常識，下分 10 節，指導病室設備、疾病症候、護病方法及例行工作、病床的各種處理法、褥瘡的預防、灌腸法、為病人沐浴、冷按熱敷，以及對抗刺激法、特種病人看護法、傳染病看護法；第四章救急處置，下分 6 節說明消化系統、耳、眼的救急處置、神經系統、皮膚與其他的救急處置；第五章介紹家庭藥庫，分 2 節介紹藥櫃及藥物的給與。第一、二、三章是上部，主要談醫學常識；第四、五章是護病技術。該書最後列舉參考書 7 種，都是英文書，如疾病的家庭護理（*Home Care of the Sick*. 紅十字會教材）；醫學史介紹（Cumston, *An introduction to the History of Medicine* 實用護理系列）；惠勒氏醫學手冊（Jack, *Wheeler's Handbook of Medicine*）；大眾醫學（*Medicine For Million*）；現代醫學的演化（*The Evolution of Modern Medicine*）；普通醫學手冊（Cabat, *A Layman's Handbook of Medicine*）；家庭與社區衛生（*Home ＆Community Hygiene*）。〔註370〕可知當時國內缺乏家庭醫學方面的著作，她卻不從事較容易的翻譯，而是參考西洋醫學的英文論述，配合當時國情的需要，加以摘取要點，編輯成適合中國一般人的需要。

葛成慧在《家庭醫事》這本書中，首先從人體解剖學講骨骼，使讀者了解人體構造的複雜奇妙。嬰兒時期骨骼較柔軟，後來身體需要支撐，石灰質逐漸變硬，成為強固的骨骼。動物的骨骼形式，分外包與內置兩種，前者如龜和蟹；後者如人、猩猩等靈長類。她也談到有關家庭藥庫，當時一般人就醫不便，家中多備有一些常用藥，以防不時之需。她特別針對藥物的給與，提到肛門坐藥，

〔註369〕葛成慧編著，《家庭醫事》（上海：正中書局，1947），編輯大意，頁 1。
〔註370〕同上書，目次頁 1-4。

如常用的甘油坐藥，是為引起排便，可在腸內吸收。一般用可可油製成，遇熱易融化，必須保存在陰涼處。還有注射藥，功效比口服藥略快，但非至必要，不必施打。當時很多市儈醫生，每每使用非必要的注射，以收取注射的手術費，實為不道德舉動。婦女生產時，施行此種技倆的更多。往往胎兒的頭已將產出，還在注射催生針。她希望病人家屬要有醫藥常識，才不致受愚弄。〔註371〕

總之，在這些優秀的留美女醫生長期努力下，中國的西醫醫院在生殖內分泌、婦科腫瘤、中西醫結合、圍產醫學、圍絕經期、生殖免疫等學術領域，逐漸發展出優秀成績，迎頭趕上先進國家。再者，她們在執行醫護救人的工作以外，對於培育中國的醫護人才、研究發展中國的醫護科學，探討廣大中國的疾病衛生問題，尤其是婦幼方面，以及撰著醫護保健的論述，普及國人的醫學知識等情形。

〔註371〕同上書，頁 1、232。

第五章　留美實科女生與中國農工科技及教育的發展

　　留美實科女生返國後，以其在理工農方面的專業學識，參與現代化的推動，如從事中上學校的科學教育，投入中國農工科技等，對國家社會的轉型多具有貢獻，表現受到矚目。以下擬分成三節，依序探討她們投身自然科學研究、工業科技與生產，以及從事相關教育等情形。

第一節　投身自然科學研究

　　留美實科女生的投入自然科學研究，大體可分爲理化與生物、農業兩方面來做探討。前者包括譯介理化知識、生物化學研究的建立與發展、營養科學研究；後者主要爲農業品種改良等。茲分別探討如下。

一、理化與生物方面

（一）譯介理化知識

　　1915 年 1 月任鴻雋與留美同學胡敦復、趙元任等倡導「實業救國」，成立「中國科學社」。同年 10 月以前，清華留美女生陳衡哲已受邀參加，並爲《科學》雜誌寫過介紹自然科學常識的文章。〔註1〕

　　1930 年代，顧靜徽在上海的大學任教之餘，兼任中央研究院物理研究所研究員，從事光譜分析和對低溫物理的研究。撰有《對稱三原子光帶系的強度分

〔註1〕　陳衡哲，〈任叔永先生不朽〉，見《任以都先生訪問紀錄》，附錄，頁 192；〈中國科學社社友錄〉，《科學》卷 2 期 1（1916）；〈社員通訊〉，《科學》卷 5 期 10（1920）。

析》、《鉻、鉀、釩在低溫下的斯塔克效應及其熱力學和磁性的關係》。〔註2〕

曹簡禹曾翻譯介紹多篇國外化學知識與化學教育的新觀念。如1937年抗日戰前，譯著〈留心觀察可得意外之收穫〉，譯自 Ewing, Alfred M., "Turning Accidents into Profit through Careful Observation."刊登在《化學教育》（*Journal of Chemical Education*）卷13號11（1936年11月）。〔註3〕還有〈對於酸鹽基及鹽的新名詞的意見〉，譯自 Sherk, Kenneth W., "Comments on the New Nomenclature for Acids Bases, and Salts."同刊（*Journal of Chemical Education*）卷13號8（1936年8月）〔註4〕原文雖只有3頁，但譯成中文，非專業化學人士不易理解其理論內容。

此篇譯文大意是說駱雷（Lowry）及勃隆斯堆（Brusted）倡議酸及鹽基的名稱，應根據當時最新發現的事實加以更改。此後，可將酸及鹽基的一切性質，更正確而明顯的呈現。酸的名詞，應改為「正子的授與者」（Proton donors）；包含所有稱為「酸」的物質，如 OH（水），NH（氨），NH（肼）和旁的溶液上帶氫的正離子等、負離子如 HSO，HCO，HPO，HPO、稍能電解的溶液，如 HO，NH，NH 等，都能分析氫離子。鹽基的新名詞為「正子的接受者」（Proton acceptors）；包含簡單和複雜的一切負離子、一切能和正子聯合而成溶離子（Solvonium ions）的溶液、像胺類的有機化合物，都能造成代溶離子（Substituted Solvonium ions）；電子也包括在內。這新名詞和新分類法簡單而含義廣闊；但與原有的名詞相差甚大。鹽基類包括許多性質不同的東西，除了都是正子的接受者，並無其他相同之點。對於初學的人，以正子的接受者稱鹽基，不易明瞭。因為人們久已把鹽基當作金屬的氫氧化物及與此同類的化合物。所以新名詞最好用作補足舊名，但不可替代舊名，尤其教授初步化學的教師不宜盲目應用，以免使正子遷移的原意弄錯。作者認為「正子的授與者」和「正子的接受者」這兩個名稱，稍嫌煩贅，提議前者以 Protodose 取代，後者以 Protophile 取代。如此，酸性可稱為 Protodosy，鹼性則稱為 Protophily。〔註5〕

〔註2〕 國立清華大學校長辦公室編，《清華同學錄》，頁175；教育部編，《教育部專科以上學校教員名冊》第二冊，頁130；廖蓋隆主編，《中國人名大詞典──當代人物卷》，頁1643。

〔註3〕 《教育雜誌》卷27號6（1937年6月），世界著名教育雜誌摘要，頁116。

〔註4〕 曹簡禹，〈對於酸鹽基及鹽的新名詞的意見〉，《教育雜誌》卷27號8（1937年8月），世界著名教育雜誌摘要，頁123。

〔註5〕 同上文，頁124-125。

　　曹簡禹譯寫一篇〈中學應用的化學史〉（"The Use of Chemical History in the High School"），原載於 1936 年 9 月的《化學教育學報》（*Journal of Chemical Education*）卷 13，原著者是美國德克薩斯（Texas）州一所中學的化學老師 Greta Oppe。內容大意提到中學時代的化學教育，主要目的有三：（1）使學生明瞭過去的成績，並領悟個人的努力，以促進他們的科學思想；（2）使學生知道前人的工作足以影響科學界，尤其化學與人類直接有關，因此對當代努力於科學的人能表同情態度；（3）使認知過去的科學足以影響現實，每人都能用聰明的方法解決一切問題。這件事是有關本國及全人類的幸福。要達到上述目的，須先由明瞭「化學」一詞的原義，且需依照下列的綱要，作更多認知。

　　首先，要了解古化學時代，何謂古化學（Alchemy）？有哪些古化學家？他們生於何時地？根據哪兩條原理而研究？古化學家所知道的原素是什麼？這些問題，須參考《原素的發現》（Mary Elvira Weeks, *The discovery of the Elements*）頁 2-18，以及 Chancer, "Canstory of Frang Tansend 'Gold-maker'" *Interary Digest*（1931.5.9），討論今人對於古化學家的工作態度。其次，要了解火質（The Phlogistic）時代，火質的意義、波列斯雷（Priestley）的故事（參閱 J. Priestley Number 的論述），刊在 1927 年 2 月 4 日英文的《化學教育》。第三，要了解火質時代的推翻及近世化學的開始。讀《原素的發現》第四章，全班作拉瓦錫傳（Antonie Lavoisier）的報告。最後，要知道現代化學對世界的工作，還要認識美國的化學。原著者列舉需閱讀 4 篇論文，如 James A. Branegan, "Chemistry and Science in Prehistoric America," Lyman c. Newell, "Colonial Chemistry I., New England,"分別刊在英文的《化學教育》（1925 年 7 月與 3 月）等。學生可研究的小問題：如古化學家及美國工業化學的始祖英斯洛潑（John Jr. Winthrop）、華盛頓及科學、發明家林肯或胡佛，拉摩論（Irving Laugmuir）及其他。不過，曹簡禹提示讀者，原文作者是美國人，所以注重美國的化學；若用於中國便該注重中國的化學。〔註 6〕

　　曹簡禹還有一篇〈德國中等學校的化學教學〉，譯自《德國中等學校的化學》（*Chemistry in German secondary schools*）卷 14 期 3（1937 年 3 月）。原著者 R. W. Hufferd 考察德國中等學校化學教學的實況後所做，分制度、理想、

〔註 6〕　曹簡禹譯，〈中學應用的化學史〉，《教育雜誌》卷 26 號 12，世界著名雜誌摘要，頁 114。

目的、學生、教師、教室及實驗室六項討論。德國一般中等學校，按制度歸各邦教育廳統制。少數的特殊學校，如女子學校等，由縣教育局節制。各邦教育局，上承國家教育部政策，下轄各校的行政。每學期課程都需按預定計畫進行。在德國進大學或高等工業學校的預備學校，如古文學校（Gymnasium）、工業學校（Obernealschule）、實科學校（Real gymnaisium），都教授化學。這三種學校因屬性不同，課程各有專重；文字課程尤爲明顯。如第二種需讀近代文字（9 年法文、6 年英文）或科學及數學的學校，以預備升高級工科學校。第三種實科學校，介於前兩者之間，畢業後可升大學或高級實驗學校；需讀 9 年法文、6 年拉丁文及 4 年必修或選讀的拉丁文。化學教材質量，以工業學校最重，其次爲實科中學，古文中學最少。其每學期鐘點分別佔總鐘點的比例爲 4：12：18，而其總鐘點的比例爲 36：50：70。

德國中學化學教育的理想與目的，可以 1931 年普魯士教育廳長所發表的意見爲代表。所有中等學校，都是升學或就業的預備學校。一般兒童 6 歲起，進免費的公立學校。9 歲半就由父母對他將來職業的期望，轉進相關性質的學校。惟須經過智力測驗及格，才可入學。不及格率僅 10%，多爲農家子弟。爲使學生成材，學校訓練像軍隊般嚴格，課外作業很重。因此，多數兒童厭惡，成人則多贊成。在德國，教師很受尊敬。但須經長久的勤學苦讀，才可具備資格，且爲終身職。首先進大學，在化學系修習專業；8-12 個學期修畢，然後到邦教育廳報名就業考試。需寫兩篇論文，一爲主修，一爲哲學。考試及格，再赴柏林的教育部，做第二次複試。需在 3 小時內寫 3 篇論文（化學、物理及數學），再經主科口試 1 小時，副科及哲學口試 30 分鐘。這些考試需費數月準備。錄取者被派到學校實習三、四個學期。每週至少 6 小時，由專門教授指導教學、研究及討論。實習期滿，需寫一篇關於教材的論文，還要在教育廳長、校長及本科諸教授前，教 3 班，最好 3 種科目；再經口試通過，才列入候用教師。據 1932 年估計，要等 3-15 年，才可得一教職。因此成爲化學教師，要有過人的智慧及耐性。

化學教室設備普遍完善，後面通到一完備的教員預備室。每課開始，多數教員能發出好問題，複習上次所授功課。接著，在講堂上做精美的新實驗給學生看。所用儀器如顯微鏡、透射鏡等，不遜於一般大學。按步就班且熟練詳明地解釋每一變化。各種化學變化也用方程式寫在黑板。然後教師仔細講解新課，學生則記入筆記簿；有疑問，下課可問助教。許多邦對教科書備

而不用，認爲講授以前，讓學生看教科書，比浪費時間更糟。德國一般學校與教師，對實驗室的價值，見解不同。實驗可以是必修科或選修科。但實驗室中，學生看得到的儀器及材料，非經教師的指導說明，不能任意使用。教師先要詳細講解實驗的步驟，同時作許多問題，且多由教師自答。學生實驗時，幾乎像軍隊操練一樣的準確徹底，不讓他們有絲毫疑惑、幻想。美國許多優良教師認爲任憑學生自由研究，是最好的態度。德國人則不然。作者透過這次考察，了解德國中等學校教育制度的力量，歸功於全民重視教育、對學生精挑細選、師資訓練周延及全校紀律嚴整。〔註7〕這篇譯文內容隱然表明當時美國的化學教育，以德國馬首是瞻。

　　曹簡禹還發表〈大學初年物理的引言〉一文，譯自 Alfred H. Webber, "The First Lecture in College Physics." *The American Physics Teacher* 卷 5 期 1（1937年 2 月）。萬事開頭難，想掃除一般新進的物理學生腦筋裡潛伏的障礙，尤其困難。這困難是主客觀參半。主觀的是一般大學新生對於物理缺乏興趣；客觀的是大學裡傳統的初年物理教材，不及較後的富有吸引力。美國物理學會會長傅特（Paul D. Foote）在退職時曾發表一些很有價值的意見。他以爲大學初年的物理，要先著重學生對於物理的興趣，其次才著重那些費邏輯思維的力學教材。因此，要在初年講義中編一些所謂的「近代物理」的教材，使不致忽略重要的基本觀念，而達到這雙重的目的。

　　課程一開始，可先介紹物理及化學的歷史，特別指出幼稚時代的理化如何分離，而後有密切關係。這樣較易有趣地建立物理的定義。但要給學生正確的物理觀點，例如物質、物體及能量的基本特徵與關係。然後，引進關於物質的原子、分子及電子等學說的非正式討論。進一步，可討論波耳學說（Bohr Theory）的性質，舉出氫原子來說明各種學說，還有幾個重要的常數，如氫原子的質量及組織氫原子的原子核和電子的相對重量。關於極小質點的電子、質子、中子、正電子等的觀念，也同時盡量灌輸。由質講到能時，可提及牛頓（Newton）、海琴（Huygens）、潑蘭克（Plank）與蘇定（Schrodinger）學說的轉變，而討論光鏡是波動還是質點的放射？對物質的組織，輻射能的眞相等問題，都可很早在講堂上提出，使學生特別注意。許多教科書將這些教材略去，或列於很後面的部份，其實早些介紹，大可引起學生的注意，而促進

〔註7〕　曹簡禹譯著，〈德國中等學校的化學教學〉，《教育雜誌》卷 27 號 9-10 合刊（1937年 10 月），世界著名雜誌摘要，頁 114-117。

他們的興趣。初年級的學生對冗繁的算術計算，視爲畏途。要消除這種恐懼的心理，最好是教他們將算式化繁爲簡，然後應用對數或算尺，很快就得出結果。可在講堂上舉幾個例子。還有用十的冪數來表很大數目的簡便方法，也應使學生多練習。〔註8〕

以上曹簡禹的這幾篇譯文的文筆如何，有待相關專業人士判斷，但必然對中國當時的理化教育，具有一定的參考價值，因此獲得《教育雜誌》的錄用刊登。她還著有《高中複習化學》一冊，由商務印書館出版。她的論文散見《美國化學會會刊》（*Journal of American Chemical Society*）。〔註9〕她的這些譯文論著，顯示當時中國中學與大學的化學教育，尚在較初淺的成長階段，必須引進美國、德國的先進知識與教學理念，作爲國內各校對化學有興趣的人士或教授此專業的老師參考。

（二）生物與化學研究的建立與發展

留美主修營養學的嚴彩韻，於 1923 年 6 月啓程回國，9 月起到北京協和醫學院工作。該校在一年前（1922）實行改組，吸收少數出色的中國學者參與管理，改變教職員清一色是外國人的情況。生物化學系也是同年自生理、藥理系分出，獨立成系，由當時的講師吳憲，接繼前兩位系主任伊博恩（B. E. Read）、麥卡勒姆（A. B. Macallum），負責系裡的教學和科研工作。嚴彩韻是該系的第二位正式職員。她做爲生化助教，給醫科一年級學生輔導生化課，指導生化實驗，批改作業及實驗報告，還舉辦營養講座，向學生介紹新進發現而提取的維生素，並協助吳憲的研究。她發揮自己留美時的研究專長，在系裡開闢新研究領域──營養研究。當時中國人對營養問題的研究很少。到 1920 年代中期，從事中國營養研究者，主要是來華的外國醫藥人士，如北京協和醫學院的伊博恩和埃姆布瑞（H. C. Embrey），燕京大學的竇維廉（W. H. Adolph）、威爾遜（S. d. Wilson）等人。中國人最早研究營養學的，有王贊卿（T. C. Wang），於 1921 年與埃姆布瑞共同發表一份中國食物的分析報告。儘管王季茝女士從事營養研究比嚴彩韻更早，也曾發表多篇有關論文，但她本人並未回到中國工作。〔註10〕

〔註8〕 曹簡禹譯，〈大學初年物理的引言〉，《教育雜誌》卷 27 號 11-12 合刊（1937年 12 月），世界著名雜誌摘要，頁 121-122。

〔註9〕 〈編後餘談：本期作者履歷現狀介紹〉，《教育雜誌》卷 26 號 12，頁 141。

〔註10〕 竇維廉起先在山東齊魯大學醫學院任職。陳尚球，〈營養學〉，見《中華民國科學誌》（三）（台灣：中華文化出版事業委員會，1956）。

因此，嚴彩韵可說是在中國很早從事生物化學暨營養研究的女性。

　　嚴彩韵先是利用協和醫學院的生化實驗室的良好條件，測定、分析數百種中國食物的化學組成，包括水、蛋白質、脂肪、灰份、粗纖維、碳水化合物等。當時食物中的維生素尚無法定量分析。她的工作獲得吳憲的充分肯定和熱情支持，導致他對營養問題的興趣和關注，也從最初研究血液的化學重點，轉而與嚴彩韵合作營養研究，使它日後成為北京協和醫學院的重點課題之一。在嚴彩韵的工作基礎上，他倆合作，擴大研究範圍和深度。1924 年，他倆共同發表一篇摘要〈關於稀酸、稀鹼對蛋白質作用的一些新觀察〉，以及一篇論文：〈蛋白質變性的研究，Ⅰ.稀酸和稀鹼對蛋白質的影響〉（發表在日文版的《生化期刊》和《應用生物學期刊》上）。嚴彩韵工作成績突出，再獲協和聘為下一年度（1924-1925）生化助教。但她因與吳憲志同道合，默契十足，彼此產生深厚的感情，唯受限於協和的嚴格規定：夫妻不得同在一個單位工作；要結婚，必須辭職。她甘願放棄自己獨立發展的機會，作一名賢內助。1924 年 12 月 20 日兩人在上海結婚，婚後三天，相偕赴美。吳憲獲得以休假機會，在洛克菲勒研究所作訪問研究，她則回到哥倫比亞大學謝爾曼實驗室，繼續從事食物化學的研究工作。此期間，她完成〈牛奶、肉、麵包和乃類及黃豆蛋白質營養價值的保持〉的研究論文，1925 年發表於具權威的《生物化學雜誌》。她最初打算在該校拿到博士學位後再返國，但因 1925 年夏須陪同丈夫前往歐洲訪問並回國，加上不久懷孕，以致此計畫落空。1925 年 12 月回到北京不久，同月 31 日她生下長女。後來，她回憶此事，不無惋惜地說：「我最美好的一個夢想因此就再也未能實現，朋友們風趣地說，我這個太太是用一個博士換來的。」〔註11〕她想要兼顧事業與家庭，顯然並不容易。

　　儘管如此，嚴彩韵婚後，在照顧家務之餘，並不放棄自己的學術研究興趣與專長。她繼續與丈夫共同致力於營養學的鑽研，發表一系列生化、營養的學術論文。1925 年兩人聯名發表〈蛋白質的熱變性〉，次年再聯名發表〈乳膠體對有色溶液的作用〉一文。這些工作成果，在吳憲後來的論文中被多次提及，成為他提出「蛋白質變性理論」的基礎。1927 年春，她還受協和醫學院聘請，擔任為期 3 個月的護校臨時教員，給金女大轉至協和護校的學生補習有機化學，俾使她們能順利進入護校學習。她盡量擠出時間，為丈夫做了

〔註11〕　吳瑞提供 Daisy Yen Wu, "Reminiscences"，轉引自曹育〈最早在國內從事化學研究的女學者——吳嚴彩韵〉，頁 340。

不計其數的輔助性工作，如收集、計算每日需給動物的餵食量，計算、編制研究數表等等，從多方面輔佐、支持他的工作。〔註12〕

　　至於陶慰孫作爲生物化學專家，在上海大同大學任教之餘，也兼任上海自然科學所研究員（1932-1944）。先生（C.T.Liu）共同發表一篇英文論文"The Composition of Ripe Huang Yen Chu."是對 Huang Yen Chu（筆者按：應爲黃嚴橘）的成份研究，刊在《中國化學社會學報》1940 年前後，陶慰孫在上海中法大學研究「注射用葡萄糖」成功，該校校長宋悟生對她頗爲稱譽。〔註13〕陶慰孫以專門研究蛋白質和天然有機化合物而知名。〔註14〕1966 年「文革」開始，蛋白質研究被迫中斷而受到破壞。文革結束後，80 高齡的陶慰孫，仍精力充沛地從事研究。1981 年她 86 歲，還遠赴華南，到廣西省南寧參加全國生物科學大會，與會學者備受鼓舞。大會推選陶慰孫爲名譽理事，門生眾多的她，被譽爲中國「生物科學的始祖」。〔註15〕也就是中國生物化學界的先進。

　　曹簡禹在抗戰勝利後回南京，擔任金陵女子學院化學系教授，同時研究雲南白藥的化學成份，開啓研究中國藥物的先河。〔註16〕她奮力從事學術研究；初以經費困難，祇可就原有設備開始，研究以分解烏頭酸（Taconic-Acid）爲主題的糖蜜醱酵製造法、紫外光照射變異菌種法、分解烏頭酸在氧化鋁表面的吸收作用及其咖啡光照射的聚合法。不久，又以紫外光照射及氯液層析法研究聚合物的構造等，進入近代新儀器的研究。曹簡禹除了在國內外著名雜誌，如《美國化學會會刊》，發表多種論文外，曾爲各國工業界諮詢的糖蜜利用專家。〔註17〕

〔註12〕 H. Wu, "Nutritive value of Chinese Foods." *Chinese J. Physiol.*, Report Series, 1928, No. 1, p. 153.

〔註13〕 關密，〈懷念母親〉，《關實之、陶慰孫百年誕辰記念文集》，頁 6。

〔註14〕 教育部總務廳文書科編，《教育公報》第七年二期，報告，頁 22；中華留學生名人辭典編委會，《中華留學生名人辭典》，頁 619。

〔註15〕 1960 年代初，陶慰孫與同事開始在東北從事「植物蛋白質的構造與功能的研究」，頗有成果，陸續發表十多篇論文。1970 年她被下放至黑龍江省舒蘭縣的農村。政治情勢不利的環境，她被終止研究「固體窒素的研究」，即固氮的研究，相關文獻被調走。1972 年經東北大學化學系生物化學教研室主任爭取，使政府將「生物模擬固氮」列爲重點研究課題。她和研究所的同事共同努力，又有高水準的成果，陸續發表十多篇的論文。其中兩篇還在國際會議上發表，成爲眾所矚目的焦點。見張德安《陶慰孫傳記》，收於《關實之、陶慰孫百年誕辰記念文集》，頁 4。

〔註16〕 教育部編，《專科以上學校教員名冊》第二冊，頁 152。

〔註17〕 中華民國當代名人錄編輯委員會，《中華民國當代名人錄》，頁 848。

余寶笙於 1980 年代發表〈從補骨脂中提取的胰蛋白酶抑制劑及其特性的研究〉、〈從椙豆提取的胰蛋白酶抑制劑及其特性〉、〈毛花獼猴桃根提取物抗癌效應及對小鼠免疫功能影響的研究〉等論文。〔註 18〕1980 年，她赴美國探親，應望晨大學之邀請，赴該校講學，並在明尼蘇達大學生化研究所免疫研究室，作藥物與免疫研究工作，1983 年回國。〔註 19〕

二、營養科學研究

（一）研究營養科學新課題

據文獻所記載，中國的營養學研究始自 1913 年，由醫學院與醫學校爲先驅。最早即爲山東醫學院的前身——濟南的共和醫道學學堂，以及北京中國協和醫學院前身——協和醫學校。大約可分爲四個時期：1. 萌芽期（1913-1924 年）；2. 成長期（1925-1937）；3. 苦鬥期（1938-1949）；4. 新生期（1950 以後迄今）。〔註 20〕

最早從事營養學研究的留美女生，是黃桂寶。她在 1921 年返國後，擔任北京協和醫院營養師、食物科主任。1930 年她再由該院派赴美，在哥倫比亞大學繼續研究飲食治療及細菌學，次年獲理學碩士（M.S.），〔註 21〕返國後，仍回北平協和醫院任職，擔任營養師主任（Head Dietitian），於 1937 年抗戰以前仍在任。〔註 22〕

嚴彩韵除了從事前述的生物化學研究，在營養研究方面也頗有成果。她有一篇 1928 年的論文〈中國食物之營養價值〉，〔註 23〕被吳憲收入《營養概論》一書中。〔註 24〕他倆不僅爲進一步的營養研究，提供科學依據，奠定良好開端，且供給指導醫院制定病人所需既合適又營養的膳食。接著，他倆又

〔註 18〕華夏婦女名人詞典編委會編，《華夏婦女名人詞典》，頁 487。

〔註 19〕徐友春主編，《民國人物大辭典》，頁 406。

〔註 20〕鄭集，〈現代中國營養學史料（1920-1953）〉，見中國科學社編《現代國內生理學者之貢獻與現代中國營養學史料》（上海：編者印行，1954），頁 96。

〔註 21〕清華大學同學會編，《清華同學錄》，頁 166；國立清華大學校長辦公室編，《清華同學錄》，頁 69；〈女青年會全國協會的幾位委員〉，《女青年》卷 13 期 8，插圖頁 2。

〔註 22〕同上註；*Who's Who in China: Biographies of Chinese Leaders,* p. 21.

〔註 23〕H. Wu, "Nutritive value of Chinese Foods." *Chinese J. Physiol.*, Report Series, 1928, No. 1, p. 153.

〔註 24〕吳憲，《營養概論》，北京：商務印書館，1933。

聯手進行「素食大鼠的生長」和「北京人膳食之研究」。

「素食大鼠的生長」，是嚴彩韵從理論上研究食物的營養價值，將謝爾曼實驗室學到的方法引入，模擬中國人的各種膳食類型，以大白鼠為實驗對象，進行研究。當時中國人膳食受習慣與經濟條件影響，以素膳為主。他倆選用中國人作為主食的麵粉、全麥、大（小）米、高粱、玉米等，以及作為副食的黃豆、豌豆和 20 種蔬菜加鹽和油，配成數十種不同成分及比例的膳食，分組餵養 4 週大且斷乳的白鼠。每週定期測量體重，以定其生長率，並將結果與食葷膳（含有 2／3 全小麥和 1／3 牛奶）的同齡白鼠進行比對。結果發現，各種素食鼠的生長率都比葷膳鼠低，且有軟骨病發生。膳食中加有小白菜、油菜、甘藍菜、蓋菜、芥菜的白鼠，其生長率很接近葷食鼠，且無缺乏維生素的徵象，但其第二代生長率則遠遜於葷食者。實驗證明，穀類、豆類及多數蔬菜類食物，都缺乏維生素 D；小白菜、油菜、甘藍菜、蓋菜、芥菜的營養價值，則比白菜、菠菜等為高。他們將此研究結果，以〈菜蔬食品之試驗〉為題，在 1928 年 1 月 27 日中國生理學會第二屆年會作報告；並在當年《中國生理學雜誌》第二期，以〈素食大鼠的生長〉為題發表論文。〔註 25〕這項工作後來在吳憲的領導下，繼續進行；而嚴彩韵篩選出的素食鼠配方 D41A，一直被後來有關工作所沿用。他們對素膳的生理價值，從不同角度和深度持續研究，先後發表 10 多篇論文，直到 1942 年初北京協和醫學院因日軍佔領而被迫關閉，才不得不終止。這些論文成為中國現代營養研究的重要文獻。研究營養學史者，都視之為重要內容。〔註 26〕

「北京人膳食之研究」則是 1927 年嚴彩韵與吳憲對北京膳食的調查研究。1926 年 9 月，中國生理學會決定與博醫會合作，成立一個研究中國人新陳代謝的委員會，在瀋陽、北京、濟南、上海、香港等地，分區對華人的「幾處代謝諸問題」進行研究；膳食調查便是其中之一。嚴彩韵與吳憲等在北京對 29 個中等家庭、6 個商店、15 戶農民、大學與中學各 1 所、2 個工廠和 1 個中低檔餐館進行調查；其中工廠與中學的數據，由協和公共健康和衛生系的李廷安收集。然後，將調查結果，與當時國內外其他類似調查及動物實驗

〔註 25〕 Hsien Wu & Daisy Wu, "Grouth of Rats on Vegetarian Diets." *Chinese J. Physiol.*, 1928, 2（2），pp. 173-193.

〔註 26〕 陳尚球，〈營養學〉，《中華民國科學誌》（三）；吳襄，〈三十年代來國內生理學者之貢獻〉，《科學》卷 30 期 10（1948 年），頁 295-313；鄭集，〈現代中國營養學（1920-1953）史料〉。

的結果，進行綜合分析和研究。他們發現，北京人膳食的平均狀況與北京貧民、華北其他各地中的中等家庭以及長沙工人的膳食結構大同小異，可以代表中國人膳食水平。綜合研究結果表明：平均每個成年男子每日攝取蛋白質91.7克、脂肪40克、碳水化合物562.4克，總發熱量為2977卡；華人膳食中，蛋白質攝取量雖然不少，但品質高的動物蛋白僅佔攝取蛋白的十分之一，遠小於西方人（以美國為代表）；華人每日攝取的鈣、磷也比西方人少，並有缺乏維生素A、D的可能；通常人們認為營養豐富並大量食用的菠菜，經動物實驗證明其營養價值很低。他們進而認為正是因為膳食不良，導致各種營養不良病症在中國的流行；中國兒童生長遲緩、中國人體格矮小、精神差、死亡率高，也與膳食似有密切關係。嚴彩韻與吳憲共同完成的這項工作，也同時在中國生理學會第二屆年會中發表，並刊登在當年《中國生理學雜誌》新陳代謝專號第一期。〔註27〕

　　若將他倆所作研究成果，與同時其國內其他類似工作相比，顯見他們的工作規模較大、有代表性，而且有深度，因而有關史料中提到中國膳食的調查，必要提到這項工作。但由於發表論文時，嚴彩韻從不把自己的名字放在前面，所以除了少數知情者，她的名字在一般綜述性資料中很少被提及。其實，營養工作能成為吳憲領導的協和生化系科研重點之一，且協和的營養研究成為當時中國最有影響力之一，嚴彩韻都功不可沒。吳憲一生發表的生物化學論文中，80%以上是婚後完成的。因此有論者將他成功的秘訣，歸功於總是在生活關鍵時刻做出正確的選擇，其中最重要的就是與嚴彩韻的結合。〔註28〕嚴彩韻日後也說：

> 我們是名副其實的伴侶。不僅如此，他還是我的顧問和老師……我有獨特的權利來分享他所有的高尚的目的、他的內在思想和他的尖銳的洞察力。由於我們是精神上的伴侶，可以說我們完全是一個人。我們的思想方法很相似，因此我們有許多共同點。我們的家庭生活很幸福，我們在安靜和和諧的氣氛中培養我們的五個孩子，我們也一起絞盡腦汁解決生活中的難題。〔註29〕

〔註27〕　曹育，〈最早在國內從事化學研究的女學者——吳嚴彩韻〉，頁36-37、40。
〔註28〕　同上文，頁40。
〔註29〕　吳景略，〈生物化學家吳憲的生平事略〉，《天津文史資料》輯32（1985），頁88-89。

　　1928 年，嚴彩韵成爲 3 個孩子的母親，家務料理與照管子女的工作日益繁重，但她仍然關心週遭事物，不斷學習並研究。〔註30〕

　　抗戰期間，國民政府所屬的中央衛生署，爲討論全國營養問題，曾於 1941 與 1945 年先後召開兩次的全國營養會議，商討決定許多基本營養問題。「中國營養學會」就是在第一次會議時成立籌備會，到第二次會議時正式成立。〔註31〕學者專家對營養學的研究，範圍相當廣泛，大約可分 9 個領域，其中不乏留美女生的研究成果報告，如龔蘭眞、陶慰孫、陳美愉等。關於中國人一般營養狀況的綜合報導，有吳憲、鄭集、龔蘭眞、王成發、劉瑞恆、朱章賡等 6 人發表的研究；其中的龔蘭眞也是留美女生，她所作題目爲〈中國人之膳食〉，發表於 1937 年英文的《營養簡刊》（*Nutrition Notes*）第八期。〔註32〕在蛋白質與氨基酸營養方面，龔蘭眞發表所作研究，認爲中國人每人每日從膳食中，對蛋白質的攝取，多來自植物。她是就各項膳食調查紀錄統計所得的數字而得知發表。礦物質營養方面，龔蘭眞、葉恭紹研究人類的磷鈣平衡，也證明蔬菜中鈣的有效性甚高。龔蘭眞的試驗證明蔬菜中有一部份鈣質，在浸泡時即滲入鹽水，致使其中的鈣量減少。〔註33〕

　　在中國人的膳食營養方面，有陳美愉發表〈行軍乾糧〉一文，刊登於《營養簡刊》第 13 號。此文具有相當的時效性與實用價值。時值抗戰發生，由前軍醫學校據此出版的中國食物分析（附相尅食物），文中提出六種乾糧配置公式。在食物化學方面，有陶慰孫與 S.Y. Yao、C.T. Liu 合作研究，以英文撰寫的研究報告，討論成熟黃巖橘的化學成分（"The Chemical Composition of Ripe Huang Yen Chu."），發表於 1934 年英文的《中國化學會刊》（*J. Chinese Chem Soc.*）第 2 期 274 頁，以及她再與 C.M. Chu 合作研究，以英文撰寫的報告，討論成熟福州橘的基要油份（"The Essential Oil in the ripe Fu Chu Fruit."），發表於同年英文的《中國化學會刊》第二期 282 頁。〔註34〕此兩文都是對柑橘的成分，加以分析。

　　1947 年吳憲應聯合國教科文組織邀請，去英國參加國際生理學大會，會後

〔註30〕　曹育，〈最早在國內從事化學研究的女學者——吳嚴彩韻〉，頁 40。
〔註31〕　鄭集，〈現代中國營養學史料（1920-1953）〉，頁 97。
〔註32〕　同上，頁 107。
〔註33〕　同上，頁 111。
〔註34〕　鄭集，〈現代中國營養學（1920-1953）史料〉，見《營養學報》卷 17 期 1（1995 年 3 月），頁 111。

去美國作訪問教授，以了解同位素技術的應用，爲回國後在北京成立人類生物研究所作準備。但 1948 年夏吳憲回國的計劃，受阻於美國碼頭工人的罷工，加上中國的內戰，以至於 1948 年底，他們在北京芳嘉園（原爲前清皇家府第，經他們精心改建）的寓所，被 100 多名從山西逃難來的中學生佔據，而無法正常生活。1949 年 1 月 5 日，嚴彩韵帶著孩子離開北京，南下至上海，歷經艱難，由香港到美國與吳憲相聚。當時吳憲在阿拉巴馬州伯明翰學院，寄宿賓館裡。她抵達當地後，孩子都順利進大學深造，以經濟情況的需要，必須設法再度工作。不久，她應聘爲阿拉巴馬醫學院生物化學研究助教（research associate），重返實驗室。此後 4 年，又與丈夫朝夕相處，並參加他的一項研究胺基酸代謝課題，直到 1953 年吳憲罹患嚴重的心臟病辭職退休。在那一年，舉家移居波士頓。吳憲在她專心的照料下，身體逐漸好轉，延至 1959 年 8 月 8 日去世。1963 年，嚴彩韵在長子與次女的協助下，把丈夫的遺著《通向科學生活的指南》修改完稿。同年 10 月，台灣中央研究院院長王世杰決定由該院名義資助，分別以中英文出版，並撰寫〈前言〉，讚譽該書既有高度的敏銳性、科學性，且具一流的寫作水準。1970 年嚴彩韵抵達台北訪問，並與商務印書館董事長王雲五晤談中文版《營養概論》一書的再版。該書於 1928 年由上海商務印行，後修改 2 次。她徵得王雲五同意發行新版，1972 年起，以 3 年時間，作 8 個章節的增補，使該書更全面的反映營養學的新成就與新知識，1974 年在台北印行增補版，是營養學界一本實用性高的教材。〔註35〕

　　嚴彩韵再到美國以後，以工作出色、服務盡責，在 60 歲退休後，還獲得兩次共 4 年的延聘。1964 年 8 月起，在哥倫比亞大學新成立的內外科學院人類營養學院公共營養系（The Institute of Human Nutrition of the College of Physicians and Surgeons）任職 7 年（包括退休後擔任特別顧問的 1 年延長期），主要負責圖書工作。她親手參與初創的新圖書館，將大約 1,500 冊的圖書、報告與各種出版物，建立檢索系統，提供服務。同時，她還指導研究生的營養

〔註35〕 1956 年吳憲完成《通向科學生活的指南》手稿本，或譯爲《科學生活導論》，並準備〈前言〉1964 年由台灣商務印書館出版中文本。嚴彩韵爲紀念亡夫，將吳憲生前發表的所有文章目錄，包括他去世前的十年間，與嚴彩韵聯名發表 4 篇論文，還爲參加學術會議而寫成 3 篇論文提要，以及親友致哀慰電信函，編輯成《吳憲陶民先生追懷錄》，1959 年 12 月自費出版，分送親友與有關的研究機構圖書室。見曹育〈最早在國內從事化學研究的女學者——吳嚴彩韵〉，頁 42-43。

學，幫助他們查閱參考資料。此外，她與該所所長聯名發表論文〈核黃素缺乏症的全球分布〉（W. H. Sebrell, Jr. and Daisy Yen Wu., "Global Distribution of Ariboflavinosis."），收入 1983 年美國國家科學院與國家研究委員會出版的《地區性營養》（*Geographic Nutrition*）一書中，作為一章。這是她生前最後的研究成果。她從事全日工作 11 年與非全日工作 15 年，直到 1987 年 9 月年滿 85 歲為止。如此長的工作年日，在中美兩國的生物化學以及營養學領域成就相對可觀，她的敬業精神與卓越貢獻，得以名列《世界知識分子名人錄》第 5 卷（1983）；還被收入《美國科學界名人錄》、《國際傳記字典》、《國際文化名人錄》、《國際社區服務名人錄》、《美國科學領袖》、《皇家藍皮書》（英國）、《美國婦女名人錄》以及《世界婦女名人錄》。嚴彩韵在美國也不斷參加社會活動，參加過美國大學婦女協會，又是美國營養研究學會名譽會員，紐約科學會、美國公共健康協會和倫敦皇家健康協會的會員，以及美國自然科學榮譽學會 Sigma Xi 的終身會員。〔註36〕

此外，1932 年陶慰孫在上海大同大學任教之餘，兼任上海自然科學所研究員（1932-1944）。1940 年前後，在上海中法大學研究「注射用葡萄糖」成功，該校校長宋悟生對她頗為稱譽。〔註37〕

（二）撰述營養科學知識

其他一些修習營養學或家政的留美女生，也以文字撰寫方式，引進營養科學知識，促進中國營養科學的現代化。例如任教燕大的龔蘭真所撰〈兒童的飲食〉，以及孫之淑的〈學齡兒童日常應有之營養〉。比較兩文內容，均強

〔註36〕 1959 年底，她託友人代尋合適的工作。1960 年 4 月她遷居紐約長子家，工作、獨居；經友人金女大校友陳詒的丈夫袁醫生幫助，於同年 5 月 9 日出任聯合國基金會兒童基金會食品保護部（Food Conservation Division, United Nations Children's Fund）為技術副教授，負責對新發現的高蛋白食品進行檢驗、估價和報告，以改善開發中國家的兒童營養狀況。1971 年再度退休。但她熱愛工作，不久又在紐約聖路加醫療中心的營養與新陳代謝部（the Division of Nutritionand Metabolism of the Department of Medicine at St. Luke's Hospital Center），擔任顧問。每週去工作 3 天，負責收集、歸類匯編有關肥胖症的資料，從事研究與指導。其間，她為該中心籌建「代謝研究單行本圖書館」（Reprint Library on Obesity Research），還為從事相關研究的醫生與學者等收集 5,000 種有價值的論文。1992 年她再搬回長子家，一同生活，直到次年 5 月 27 日因心臟病突發去世，享年 91 歲。見曹育〈最早在國內從事化學研究的女學者──吳嚴彩韵〉，頁 42；嚴蓮韵，〈我的大姊、營養學家──嚴彩韵〉，頁 28。

〔註37〕 關密，〈懷念母親〉，頁 6。

調 1930 年代以來，科學日見發達，許多事業要利用科學知識才有良好結果；兒童的養育亦然，首重科學化的營養。可惜大多數中國父母沒機會研究此問題而不能應用，或任由女傭處理。孫之淑參考 3 本兒童營養的外文書，提到中國 6-12 歲學齡兒童，根據調查有 40-60%患營養不良，體弱多病。而食物中所含營養，以蛋白質、脂肪、碳水化合物、無機鹽、維生素、水及粗纖維質等七要素，攸關健康。她介紹此七種營養要素的功能與食材中的相關含量。如無機鹽包括鈣、磷、鐵、碘，兒童每日應多吃牛奶、蔬菜、乾果、全麥及海產食品，以攝取足量。其次，兩文也重視培養兒童的良好飲食習慣，如每日定時；飯前不給零食，飯後可給少許；不挑食；四、五歲前單獨飲食，給他高度合適的桌椅，讓他專注於食物；遵守衛生習慣，如睡眠充足、每日大便一次、飯前不要有過烈運動或太興奮的遊戲等，以助消化吸收。父母不可因忙碌或他事而耽誤兒童應進食時間，也不要以自己的好惡影響兒童的心理；若常說魚肝油難吃，或給他吃時皺眉頭，兒童也會感覺魚肝油有怪味而不願吃。兒童拒絕該吃的食物時，父母須能堅持、忍耐，設法要他吃，不要用打罵等方法，以免兒童不快，更不願吃。〔註38〕

龔文還將兒童時期的食物，分「嬰兒」和「學齡前」兩重要階段來析述。如嬰兒期以母乳最好，既清潔又經濟。若需僱用奶媽，要確知其乳質優良，且無傳染病。奶媽只哺乳，母親仍需留意照顧嬰兒。若用牛羊奶，須先查明來源是否清潔、奶中未加水或已去奶油。據化驗結果，牛奶成分與人乳相差甚遠，且須加相當的水與糖，間有傳染病的危險；羊奶因無肺結核菌，品質較佳。鮮奶最好放進家中冰箱，以免生黴菌；否則，可用乳粉或罐裝牛奶，但不能太甜。豆漿成分遠不及人奶或牛羊奶，不適於嬰兒生長，不得已採用，需加入乳酸鈣、橘汁或白菜、魚肝油等，使接近人奶。她在該文中提出嬰兒所需副食品，有以下 7 種。1. 水：出生後，每日應給溫開水 2-3 次。2. 魚肝油：出生後 1-2 月始給半茶匙，漸增至 2 茶匙。若胃口不佳，可代以魚肝油精或陽光。城市嬰兒不易見陽光，更需魚肝油。3. 果菜汁：出生 1-2 月內，每天給 2-4 湯匙。蕃茄、橘子、蘿蔔的汁均可，惟不能滲入生水；白菜汁不可久煮，給 4-8 湯匙。4. 稀飯（白米、藕粉或其他五穀類亦可，應煮透爛）：

〔註38〕龔蘭眞，〈兒童的飲食〉，《教育雜誌》卷 25 號 12（1935 年 12 月），頁 57-59；孫之淑，〈學齡兒童日常應有之營養〉，《教育雜誌》卷 27 期 3（1937 年 3 月），頁 69-73。

可加奶或菜湯，但不加糖。5-6 月時加入，由 1 湯匙漸增至 8 湯匙。5. 雞蛋黃：最好將蛋黃煮熟研碎，拌入稀飯餵食；約 6 個月大時加入，由半個漸增至一個。6. 菓菜泥：約 7 個月時加入 1 茶匙，漸增至 2 茶匙。波菜、白菜、小白菜、嫩豌豆、胡蘿蔔泥等均可煮爛，由鐵紗網過濾而得泥及汁。蘋果、香蕉或棗子去皮製泥；棗泥瀉性大，若大便不正常不得吃。無菓泥，可增菜泥至 4 湯匙。7. 麵包乾、饅頭乾或硬餅乾：嬰兒長牙時加入，每天一片，可助牙齒生長與發展。

　　至於稍大的學齡前兒童，以往中國人習慣在嬰孩 10-12 個月大，斷母乳後，就給予成人食物。龔蘭真則以其消化器官尚弱，按生長所需，最好每天吃牛羊奶 1-2 磅；部分做飲料，部分與稀飯或菜湯或雞蛋同煮。五穀類需煮軟，小米、黑麵包、麥片等也可吃，太粗的玉米、高粱須 5、6 歲後才吃。雞蛋可整顆吃，除了油煎炸的做法都好。也可在中午加點肉類，避免晚餐吃，因有刺激性，影響睡眠。幼兒不宜脂肪多的豬肉，牛、雞、魚肉較佳；最富養料的豬肝腰，須煮爛，每日 1-2 兩。每日應吃蔬果半斤。蔬菜以鮮嫩的綠葉菜為佳，含纖維質過多的芹菜、甘藍菜、柿子、鴉廣梨不宜。水果除了蘋果、香蕉、橘子，其他如桃、杏等須煮熟才吃。幼兒只能在飯後吃糖少許，以免減低食慾，不吃正餐。太過甜鹹酸辣的刺激性食物、油煎或多油的食品，如炒麵、炸春捲、八寶飯、鹹菜等不易消化，最好不給吃。除了炒菜用油少許，魚肝油仍要吃。〔註39〕

　　一年後，龔蘭真又撰刊〈家庭應有的食物常識〉一文，特別說明食物中不可或缺的營養要素維他命（維生素）的功用和來源。1930 年代剛發現的維生素有甲乙丙丁戊庚共六種（今稱 ABCDEG），都有幫助生長與增加抵抗疾病的能力，且各有特殊功用。吾人今日所知的各種維生素，當時已經大致了解。如「維生素甲」能助身體的黏膜阻止病菌侵入，若攝取不足，影響眼膜，則易得乾眼病；若影響呼吸等器官的黏膜，也易患傷風感冒、肺癆等。「維生素乙」能幫助消化。中國南方居民多患腳氣病，行動不便，即因日常多食缺乏維生素乙的白米。「維生素丙」與血管組織有密切關係，若不足，輕者皮下易受傷，重者患壞血病，毛細管與牙床易出血。「維生素丁」為預防軟骨症要素之一；如女子攝取不足，致盤骨過小而不易生產，危及生命。「維生素戊」與生殖最有關係，惟需量不多，且廣佈於各類食物內。「維生素庚」可抗癩皮病，也有益於消化；若不

────────────────────

〔註39〕 龔蘭真，〈兒童的飲食〉，頁 57-59。

足，易患腹瀉。

　　接著，她闡明各種食物的維生素含量，並以中國人日常食物，提示各種維生素攝取量的科學方式。如（1）維生素甲：以葉愈綠而薄者最多，如金花菜與菠菜；黃色蔬果如胡蘿蔔、白藷與杏等，含量也不少。成人每日應吃魚肝油 1 茶匙（或黃油 2-3 兩或肝 1 兩，或蛋黃 3 個）。（2）維生素乙：易溶於水，且會在鹼性溶液中消失，故煮稀飯與蔬菜時，不可加鹼。每日食物有 1／3 取自黑麵、小米、玉米、白藷等食物，再加半斤蔬菜或水果與黃豆製品量。（3）維生素丙：每日吃橙子 1 個，生蘿蔔或柚子 2-3 兩（或香蕉 2 個，或蕃茄 2 兩，或經快煮的蔬菜半斤）可足量。食物加熱、曬乾、久藏，會減少其含量；據此，新鮮葡萄的維生素丙含量多於葡萄汁與葡萄乾。它也易溶於水中，作餡擠出的菜汁或煮菜的湯汁，應盡量利用。（4）維生素丁：最可靠的方法是每天吃 1-2 茶匙的魚肝油、日光浴。市售丁種維生素精，如 Viosterol 與 Vigantol 等，效果不如魚肝油，過量且傷身。陽光中的紫外線，不能穿透一般玻璃與衣服，應直接照射皮膚才有效。塵土與煙灰也會減少紫外線，因此城市居民宜以魚肝油補充。這些現代人所熟悉的知識，當時龔文已大多做了介紹。她提醒讀者，只有維生素而缺乏蛋白質或無機鹽等營養，仍不能維持生命與健康，故須有平衡的膳食，供給所需營養素。〔註40〕

　　至於孫之淑的文章簡要提到維生素，兼述其他營養素的來源與攝取，恰可補足龔文。龔文說到水果須去皮；孫則強調蔬菜的莖與水果外皮含纖維質最豐，不應廢棄不吃。〔註41〕

　　綜合來說，欲攝取足量維生素，是多吃蔬果、未經精製的五穀、豆類與雞蛋等，加上魚肝油與乳類則更佳。龔文不嫌瑣細的列舉食材與份量，顯示她欲具體建構營養知識科學化的用心，惟以「磅」為牛羊奶單位，較不利於國人拿捏。她不諱言家庭經濟狀況及父母是否注重營養的知識與應用，都會影響兒童的營養好壞；但限於篇幅，對食物份量、採用原因與飲食時間則未能詳盡寫出。1920 年代維生素的研究在國際上剛起步，人們只認識維生素 A、B、C。正如前文所述，據 1927 年的調查研究，華人膳食中，品質高的動物蛋白僅佔攝取蛋白量的十分之一，遠小於西方人（以美國人為代表）；華人每日攝取的鈣、磷也比西方人（以美國人為代表）少，並有缺乏維生素 A、D 的

〔註40〕　龔蘭真，〈家庭應有的食物常識〉，《教育雜誌》卷 26 期 12，頁 57-58。
〔註41〕　龔蘭真，〈兒童的飲食〉，頁 57；孫之淑，〈學齡兒童日常應有之營養〉，頁 73。

可能。龔文介紹食物的維生素含量，以此新知分饗國人，頗具教育價值。

　　大約同時，曹簡禹也譯介有〈改良營養和健康與長壽的關係〉（Nutritional Improvement in health and Longevity）一文，原刊載 1936 年 8 月 *The Scientific Monthly*（頁 97-107）。作者 Henry C. Sherman 是在紐約哥倫比亞大學和卡內基研究院（Carnegie Institute）的營養試驗而做成報告。他以六分之五的全麥粉及六分之一的牛奶粉，配合食鹽及蒸餾水，做成甲種食物（Diet A），可幫助生長、養育，並有維持正常健康的能力。若增加牛奶的成分，成為乙種食料（Diet B），平均結果比吃甲種食料更好。甲種食料雖合適，而乙種食料比較好，卻仍有改善的空間。從合適以至最好的食料，大有研究價值。鼠和人的養料，在化學成分上大致相像。而鼠的壽命只有人的三十分之一，所以適宜作營養試驗。作者使用鼠做試驗，以所得結果推及於人。即改良的乙種食料比甲種食料更能維持母體健康，產出生長力豐富的子女，且可使人的壽命自 70 歲延長至 77 歲的效果。因它增加必須的熱量卡洛里（Calerie），且使生長力加強，衰老期變遲，形成所謂的「保護食物」（Protective Foods），使兒童發育更好，有延年益壽功用。現今各校及家庭中，都知道善用這新智識。它仍有研究價值，俾使社會習慣、個人嗜好及經濟諸問題都可以解決。

　　當時正在研究的問題有二：一是食物的改良與化學各成分「營養值」的關係；二是生命史各時期中，何種食物及如何豐富的程度最有效驗？歐美人民每日所食用的甲乙兩種食料（麥粉和牛奶的配合），成分雖有不同，但都包括鈣、蛋白質及維他命甲（A）與庚（G）的更改。要維持長久的健康，鈣在食物中，至少佔 0.13-0.19％的重量。若能增加更好。至於要加多少，就是正在研究的問題。鈣的成分加多，不僅本身的生長、發育及生活力可以增強，後代的生活力也有進步。這篇譯述提到試驗所得的最好結果，是鈣的成分比一般所需的最低限度加三倍，蛋白質不可過兩倍，維他命甲及庚至少加四倍。

〔註 42〕

（三）對社會上營養實務的改善

　　前文已經提到最早修習營養學的黃桂寶，於 1931 年再度由美深造返國後，擔任北京協和醫院營養師主任，她也是最早從事營養學實務研究的留美女生。醫療體系對病人的飲食控制，在促進身體恢復健康的需要上，營養學

〔註42〕 曹簡禹譯，〈改良營養和健康與長壽的關係〉，《教育雜誌》卷 26 號 12，世界著名雜誌摘要，頁 111-112。

做爲重要的專業，也必須搭配，因此她在當時中國最先進的西醫院中，擔任營養師主任，足以證明她的專業能力優秀，在該醫院外籍醫師較多的情形下，英文語文能力也好，能夠勝任該職。雖然未見她以文字論述方式，引進營養科學新知。但對中國病人而言，黃桂寶也能以中文溝通，介紹營養科學專業知識，以饗病人及其家屬；並在調配食物的實務上，幫助他們加速營養的吸收，使身體健康恢復得更好。

1933 年，陳美瑜做爲金女大衛生學系主任。12 月 9 日帶領該系同學赴江蘇第一監獄參觀，目的在實地研究監獄衛生，故對於監獄內的衛生設備、食物營養等悉心考察，詳細分析。事後，陳美愉接受該校校刊記者晤談，提到該系同學因目擊監犯多數患有營養缺乏症，感到不忍，認爲獄犯膳食確有改良必要，遂加以研究，並將結果向當局建議改良。她們臚陳意見，擬具計畫，向衛生署建議，並請轉咨司法行政部設法改良。在該校校刊「衛生學系呈衛生署文」中，提到：

> 罪犯行爲及心理之改善，與各監犯自身身體有莫大關係。若營養不良，則身體羸弱，而意志亦趨靡薄，教化施行，因之不易。故欲根本解決監犯問題，必先求注意監犯之健康……懇酌用敝系所擬之市價相同而合營養之新食譜，以重監犯衛生由。〔註43〕

該監所用食譜，爲每日兩餐，每餐一菜，菜以白菜、蘿蔔、豆腐、黃豆芽更迭而食。此食譜有優缺點互見，優點有（1）飯用粗米，具維他命乙種，能使消化力胃口增強，並使勿生腳氣病；（2）用新鮮素菜，多礦物質及維他命丙種，利於血的運行，並能免生血疽病；（3）食量充足，每人都得飽食。缺點則有（1）爲蛋白質過少，這種身體生存代謝作用的要素，缺發則身體弱，體內抵抗疾病力減低，血壓也降低，並易患水臟脹及腳踝浮腫；（2）脂肪過少，有害於消化作用及其他生理作用有妨害；（3）菜的種類少，如今的監獄規則，某日食白菜，則數日相繼吃白菜，吃蘿蔔亦然。如此單調的食譜，不但使食物營養價值減低，有礙消化力，而且使食物少互助作用。因此監犯食譜，實有酌量更改的必要。

在不增加膳食費用的原則下，該系調查計算，選擇市價低廉而營養價值頗高的食品，如豆子、花生及紅薯三種，以補上述食譜的缺點。豆腐雖易消化，但含水甚多，在蛋白質、脂肪、無機鹽等營養成分，遠不如同價的豆子

〔註43〕不著撰人，〈衛生學系之新貢獻〉，《金陵女子文理學院校刊》期 9（1934 年 3月 16 日），頁 3-4。

來得多，除非病弱及幼童，成人吃用豆子較豆腐為經濟。她們計算每人每日吃煮熟的青黃豆子 7 兩最為適當，合以市價，尚不及 30 文，較豆腐一塊 30 文，尚有餘錢，則可做為煮豆的醬油及柴火費。該系又建議以一部份飯，換以同量的花生或豆子。因為飯的成分，大半為碳水化物，蛋白質脂肪甚少，花生與黃豆的熱量，較米為高，更富於蛋白質及脂肪。此外，紅薯成分及熱量，與飯相同，而維他命乙種及礦物質都較米為多，若飯菜中加入紅薯，更有益於營養。紅薯為最便宜的蔬菜，經濟上當無問題。又監中食譜，僅一飯一菜，缺乏營養互助作用，最好能改為一飯二菜，菜以青豆、花生、蘿蔔黃豆芽相間而食，黃豆芽營養價值也高。若能加上波菜，則更有益。因波菜含礦物質、維他命乙種第二最多。

> 總上各點，在膳食限制範圍之內，監犯食譜，除飯仍為粗米外，菜可酌改如左：原有菜（酌改菜）：1. 青菜（青菜青豆）2. 蘿蔔（蘿蔔花生）3. 豆腐（紅薯燒青豆）4. 黃豆芽（花生黃豆芽），再加上（黃豆波菜）。青菜青豆可用 2 次，則六日來復。今復將新舊食譜價值比較表三種附呈（表從略），藉知在同一經濟狀況下，略加改換，營養價值乃大大增加。雖然於烹煮方面，似稍麻煩。惟根據健心必先健身，為監犯康健計，事半功倍之勞，當所非惜。且廚房中若缺少工役，可選老成犯人相助，當無若何困難。新食譜中之食品，如花生，或煮或炒；如紅薯，或煮或蒸，均無大困難；惟煮青豆，必先浸漲，然後煮之，切勿加鹼，以消失其所含之維他命，是宜注意者。

此外，該系附帶建議將每日 2 餐改為 3 餐。以免用餐時間間隔過長，有礙營養。在不礙及辦公人員的用餐時間下，可改為早晨 9 時，中飯 1 時，晚飯 5 時。〔註44〕

次年 3 月初接到衛生署覆函，謂當時正在實地研究。因事關監獄衛生，且屬於科學研究，故將函文摘錄如下。

> 貴系關注監犯衛生，殊堪嘉佩。建議各節，亦頗有見地。查原調查之江蘇第一監獄膳食譜，按之 Voit 及 Rulner 氏標準膳食推算，蛋白質與脂肪，誠有過少之弊。為此項改良問題，本署以為對於（1）監犯勞動狀況如何？（2）監犯有無如來牘所述之營養缺乏欠缺症？（3）

〔註44〕 同上文，頁 3-4。

> 按監獄現況如來牘所提改善方法，能否辦到。刻正實地研究，用特
> 奉復。〔註45〕

同一期的《金陵女子文理學院校刊》社論〈改良監獄膳食〉，提到處置獄囚，在古代大抵主張嚴酷，意在懲戒，俾其出獄後，知獄中苦，庶不敢重蹈覆轍。至近代，漸覺此種主張也有錯誤，於是改良監獄的說法受到注意。江蘇第一監獄，舊名模範監獄，想見它幾經改良，已足供其他監獄所取則法。儘管如此，金女大衛生學系的實地研究，仍發現監犯營養不足問題，呈文請當局設法改良，且不增加經費，即可達到目的。這篇文章寫道：

> 該系對此誠切實研究，煞費苦心。然爲人道主義著想，爲社會問題
> 著想，此種改良確有促其早日實現，並推行及各監獄之必要……犯
> 罪行爲大都起於意志薄弱，故追根溯源，此種改良，刻不容緩也。
> 今閱當局覆函，亦能重視此點，並謂將實地研究，足徵從善如流，
> 惟希能由研究而早日見諸事實而已。〔註46〕

對監獄膳食的研究改良，可說是 1930 年代初期陳美愉領導金女大衛生學系的重要貢獻。由此事可管窺女子高等教育人才以其科學專業知識，表達對社會的關懷，觸及政府未及重視的獄政改革，發人所未覺的人道關懷。

（四）其　他

此外，先後學習化學與家政專業的留美女生王非曼，著有《線品》、《家庭佈置》、《服裝學原理》等書，惟 1936 年底尚未付梓，迄今未見。學習家政兼營養學的何靜安，著作有《家庭經濟學》（國立浙江大學叢書）、《營養學》、《簡易師範家政學教科書》等；前兩種由商務印書館出版，後一種原計劃 1936 年底印行。〔註47〕惟因抗戰爆發而不知下文，迄今也未見這些書籍。

三、農業品種改良

沈驪英於 1929 年學成返國後，任教 1 年。1930 年夏天，她擔任浙江省建設廳農林局農藝組技師。〔註48〕主要工作是從事小麥、水稻品種改良的研究。

〔註45〕同上文，頁 4-5。
〔註46〕不著撰人，〈改良監獄膳食〉，《金陵女子文理學院校刊》期 9，頁 1。
〔註47〕不著撰人，〈編後餘談：本期作者履歷現狀介紹〉，《教育雜誌》卷 26 號 12，頁 140-141。
〔註48〕沈君山、黃俊傑編，《鍥而不捨》，頁 95。

1931 年，浙江省建設廳農林局改爲「省農林總場」，繼而改名「省立農業改良場」，她繼續擔任原職，選集全省稻麥單穗約數萬個，舉行單穗行試驗，以奠定浙江省稻麥育種的基礎。數年後，該場育成若干水稻小麥改良品種，她參與有功。〔註49〕

　　1931 年 8 月沈宗瀚辭去該場兼職後，專任金陵大學教授，她也在冬季辭職，隨夫遷居南京金陵大學陶園宿舍，〔註50〕潛心讀書與著述，並協助洛夫教授（擔任實業部顧問與江浙兩省農業總技師）與夫婿整理文稿。〔註51〕1933年 9 月 2 日，到中央農業實驗所（簡稱「中農所」）任職，爲農藝系技正。次年 9 月，洛夫任期期滿回國，沈宗瀚應邀任中央農業實驗所總技師兼農藝系主任。他原以夫妻同事有不便，後經該所副所長錢天鶴（後任農林部次長）力言，中央政府需一完善的農業實驗所，以科學改良爲基礎，始能實事求是；且沈驪英原在該所任職，並非由丈夫帶進去，又夫妻同任技術工作，也無不便。如此說法沈宗瀚首肯才接聘。〔註52〕

　　抗戰期間，沈驪英與夫婿均任職中農所，她仍從事小麥育種推廣的工作。沈宗瀚的工作，爲配合戰時需要，多屬應變與推廣性質，夫妻聚少離多，與戰前生活大不相同。1937 年 8 月，她奉命從南京遷居至湖南長沙；同年底又遷到貴陽，〔註53〕當時正好懷孕，帶著 3 個孩子與笨重的歷年試驗紀錄及種子箱，播遷數千里，怡然自忘其勞。她因感與丈夫團聚眞是困難，曾勸他改任較安定而薪給較高的專職，可惜未獲接納。惟以操勞過度，自 1938 年產後，在貴陽得雙腿劇痛病，每到夏天往往復發。1940 年春，沈宗瀚在重慶，她從貴陽去湄潭，視察中央農業試驗所茶場場址，因恐貴陽有日機空襲，而乳母不能兼顧 7 歲的長子及弟妹，且兒女不宜由僕人管教，就帶長子同行，奔走山野，留住 3 天，再送返遵義過夜，不料長子突發燒，腳不能立。她恐怕他也遺傳患軟骨病，憂懼不已，等回到貴陽，醫生診斷是因奔走過度，兩腿疲

〔註49〕沈宗瀚，〈亡妻沈君驪英行述〉，《沈宗瀚晚年文錄》，頁 264。
〔註50〕沈君山、黃俊傑編，《鍥而不捨》，頁 95。
〔註51〕沈宗瀚，〈亡妻沈君驪英行述〉，頁 264；沈宗瀚與元配吳氏（1930 年初以志趣不合而離婚）生女鼎鼎、子榮沅，留浙省老家與祖父母等同住，至 1938 年 1 月患軟骨病的女兒死於火災、5 月兒子病死。見沈君山、黃俊傑編《鍥而不捨》，頁 95、99-100、179、182-183。
〔註52〕沈宗瀚，〈亡妻沈君驪英行述〉，頁 264；沈君山、黃俊傑編，《鍥而不捨》，頁 96、227。
〔註53〕沈宗瀚，〈我爲何信上帝〉，沈君山、黃俊傑編，《鍥而不捨》，頁 164。

勞乏力，數日後得以痊癒。但沈驪英自己憂懼成疾，雙腿劇痛，臥床 10 多天。
〔註 54〕同年秋天，她在清涼庵附近農家種植甚多，1941 年春豐收，產量較農家小麥多 20%左右，農林部職員目睹田間豐產，耳聞農民讚揚，心服科學改良的實績。林次長親自在田間數算中農 28 號的每穗麥粒，遠多於鄰接的農家小麥，也頗為讚賞。〔註 55〕

　　1940 年秋，沈驪英仍任中農所麥作系技正，再奉命隨中農所自貴陽轉居四川榮昌。她弟弟立蓀曾幫忙雇一小包車，但她以抗戰期間一滴汽油如國民一滴血，應當節省而婉謝，獨自痛苦地帶著 3 個孩子與試驗材料，搭公路局汽車抵達當地，並繼續努力工作。〔註 56〕1941 年 4 月，陳伯南部長抵榮昌，在田間視察沈驪英的雜交小麥 9 個品種，更優於中農 28，讚賞不已，連說這個科學改良的真成績，必須趕快推廣在各省大規模示範推廣，使農民早得利益。經費不足，他將設法。〔註 57〕沈驪英以職業婦女，又兼母職，教育長子，頗費心力。沈宗瀚屢次勸她辭職休養，獲允於雜交育種成功後就會做到。〔註 58〕總之，她在抗戰前至抗戰期間，赴蘇、皖、浙、湘、桂、川、黔等地，試驗小麥雜交品種，先後培育出成熟早，抗逆性強，能廣泛適應的驪英 1 號、3 號、4 號和 6 號良種小麥，在淮河流域與長江中下游推廣。〔註 59〕她要兼顧家庭與事業，在不安定的戰時，且要四處奔波，的確相當辛苦，又致身體受到影響。

　　1941 年 4 月，沈驪英曾到重慶武漢療養院檢查身體，醫生說她健康如常人，只有稍微貧血，她聽了，自己頗為高興。但 9 月初舊疾復發，不良於行，臥床一週多。至 9 月中旬，農林部核發經費 12 萬元，作為她所育成的雜交良種示範試驗費用，她奉命興奮，就勉力從床上起來，日以交通工具「輿」代步，到榮昌寶城寺中央農業試驗所辦公。10 月 7 日上午，精神猶煥發，編製計劃與預算分配表，並且分函各省指示試驗方法，上午 10 時尚到所長室，與沈宗瀚及會計主任討論各省分寄試驗費用及工作人員的津貼。討論完畢後，不到半小時，就擬定好各省經費分配表，此為常人數日才能做完的事情，她在半小時內完成。

〔註 54〕　沈宗瀚，〈亡妻沈君驪英行述〉，頁 265、182-184。
〔註 55〕　沈君山、黃俊傑編，《鍥而不捨》，頁 101。
〔註 56〕　沈宗瀚，〈亡妻沈君驪英行述〉，頁 265，謂 1940 年秋轉居榮昌；沈宗瀚，〈君山台大畢業感言〉，沈君山、黃俊傑編，《鍥而不捨》，頁 183，謂 1941 年春舉家隨中農所遷榮昌。今從前者說法。
〔註 57〕　沈君山、黃俊傑編，《鍥而不捨》，頁 183-184。
〔註 58〕　沈宗瀚，〈亡妻沈君驪英行述〉，頁 268。
〔註 59〕　張耘田、陳巍主編，《蘇州民國藝文志》，頁 346。

沈宗瀚欣慰之餘，在上午 11 時到她的實驗小室，竟發現她已經仰首在椅子上，不能治事，但急謂：「頭暈可以冷水撫額頭。」不到幾分鐘，又說：「手足發麻。」忽而嘔吐數口，終於說：「發痧。」以後即痰壅氣促，不能再說話而昏厥，遂抬到沈宗瀚在所內的寢室靜臥，隨即請榮昌衛生所的醫生及劉醫師會同診治，診斷爲腦充血，針藥罔效，延至下午 2 時氣絕去世。一生堅苦，刹那湛寂，可謂不爲功名不爲錢，事未全成命已捐。享年 44 歲，未有遺言。〔註60〕她在中農所任職的 8 年又 1 個多月期間，平時戮力從公，旦夕無間，被主管長官謝家聲譽爲該所最得力的技正。她卓著的貢獻，被另一長官錢天鶴視爲農業界不可多得的科學家，其地位之高，在今日甚少有人可與之並駕齊驅。〔註61〕

沈驪英遺著 22 篇，其中專門著作均獲摘載於英國的《作物育種文摘》（*Plant Breeding*）。其中以〈十年改良小麥的一得〉一文，最能表現她的人格與工作精神。〔註62〕茲略述她對於小麥改良及學術的貢獻如下。

（一）小麥雜交育種的成功。沈驪英自 1934 年起，將中國早熟小麥與中農 28、金大 2905 等小麥品種雜交。於 1937 年著〈小麥雜交育種法〉一文，論述育種原理與雜交方法甚詳，期望國人均可效行。雜交育種的成功需時 10 年許，而工作需精密刻苦，以及安定的環境；但工作進行期間，正值抗戰。她到榮昌後，種收小麥及記載田間性狀，都親自工作一如從前。只是從 1938 年夏天起，常雙腿劇烈痛病，到夏天更常發作。自 1940 年秋，屢次感到腿痛，常需雇人抬她到田間，抵達後則忘記病痛，而工作如健康人一般，夜間回到家，常痛到流淚。雜交育種至 1941 年夏天，已經 8 年。在抗戰以前，她曾於江蘇安徽等地試驗 2 年；抗戰以後在四川、貴州、廣西、湖南等地區試驗 2、3 年。〔註63〕

沈驪英分析統計歷年各地試驗的結果，選出 9 品系，其優點有（1）產量較當地小麥每畝高出 40-100 斤，約 20%-30%，且歷年產量穩定，不易受環境影響。（2）能抵抗銹病散黑穗病及線蟲病。（3）成熟期較各地農家小麥提早 5-15 天，因此可與大麥同時收穫而無礙於水稻的適期播種。（4）適應環境的能力大，其適應範圍也廣，包括淮河流域長江上下游及西江流域的一部份，國內良種無出其右者。她在中農所 1941 年第 2 期工作期報提到：「查雜交新品種適應範圍

〔註60〕 沈宗瀚，〈亡妻沈君驪英行述〉，頁 268-269。
〔註61〕 同上，頁 264。
〔註62〕 沈君山、黃俊傑編，《鍥而不捨》，附錄，頁 103。
〔註63〕 沈宗瀚，〈亡妻沈君驪英行述〉，頁 264-265。

廣泛的主要原因，在選擇雜交的父母品種及歷年選擇雜交後代時，注意在各地的普遍優點，而不太重視一地一時的特殊優點。」這些話是雜交成功的要訣，也是世界育種史上的新名言，而她已在 8 年前預見，後也獲得確證。她以這九品系尚須在川黔滇桂湘鄂贛浙閩粵等省普行示範試驗，與各省已有品種比較，使農學者與農民實地觀察，以資各地選擇一最優品種而作爲來年推廣材料。農林部部長陳伯南於 1941 年春親至榮昌視察其雜交小麥，欣賞不已，除嘉其意志，也在同年秋撥款 12 萬元，作爲此示範經費。〔註64〕

（二）在世界小麥 1700 多品種中，選出中農 28 小麥。英國 Reading 大學 John percival 教授蒐集世界小麥 1700 多品種，中央農業試驗所於 1932 年全都購買到，沈驪英於 1933 年入該所，就在南京開始試驗其適應於中國環境的能力。1934 年春，小麥將成熟，天忽然大風雨，倒屋折樹，勢甚兇猛，經一晝夜而風勢稍殺。她立即趕往麥田，見附近農民的小麥都已經倒伏，試驗所的世界小麥幾乎全數倒伏，唯獨她以銳利的目光察覺到 1700 多品種間的倒伏程度，頗有差異，便赤足跋涉於泥濘田中，對於每一品種詳加觀察記載，發現有一品種屹然直立，有眾靡獨挺的氣慨，這就是「中農 28」小麥的起源。以後在各地歷經試驗，證明莖堅、產豐、抗病力強，尤適應於川鄂黔陝等省。自 1939 年起，川省即擴大規模的推廣，因此改名爲中農 28，以紀念其推廣的年份。在成都 3 年比較試驗，平均每畝產量中農 28 爲 301 斤，金大 290 爲 268 斤，成都本地小麥爲 260 斤，即每畝多產 41 斤，或多產 12%。惟與上述的雜交良種比較，則成熟較晚，產量也尚不及。世界小麥在各地也都經過試驗多年，而尚未發現此良種，實由於她的觀察銳利與試驗精密有過人之處，洵足爲後人效法。〔註65〕

（三）證明促短生長（Vernalization）在中國多小麥區域無任何效果。蘇聯農學家後來以低溫促進小麥短期生長，可使秋季遇災或冬寒而不能秋天播種者，至來春播種，收效最大。各國學者均加研究試驗。沈驪英於 1934 年至 1936 年在南京、杭州、徐州、北平、定縣、武功等地歷經試驗，而所得結論爲：小麥對於低溫處理的感應，因品種而異，在南京則從長江流域所收集的麥種，對於促短處理的感應較靈，卻能使冬麥春種而及時收穫，惟其產量則中部及秋播種者，在華北秋播受災時，以在春季播種春麥爲宜。此論爲各國

〔註64〕　同上，頁 265。
〔註65〕　同上，頁 266-267。

學者所重視而常引用。

（四）生物統計學與田間試驗方法的貢獻。沈驪英於 1931 年在浙江農事試驗總場研究水稻田間試驗方法，記加以統計分析，著〈水稻試驗的統計分析〉一文，並譯述洛夫教授的水稻育種法，力求方法精確而簡易實行，迄今國內外的水稻試驗方法，多採用之。1934 年，中農所總技師洛夫博士撰著《農業研究統計法》，她將英文原著譯爲中文，文字力求信而達雅，且對統計方法給予洛夫頗多建議，因此洛夫於該書作序謂：「作者對於沈驪英先生的謹愼譯述，及有益建議，亦深感謝。」全書共 495 頁，共 30 萬 5 千字，國內大學後多採用此譯本爲教本。〔註 66〕

（五）關於小麥雜糧的推廣麥食調製的貢獻。沈驪英於 1938、1939 年由中央農業試驗所派至貴州工作，兼貴州省農業改進所農藝系主任。當時正值貴州省當局屬行禁種鴉片的時候，沈驪英就建議以小麥油菜爲代替鴉片的作物。因兩者與罌粟的生長季節既相同，而又爲後方抗戰建國的重要農產，且預料市價必高，足以抵補農民因禁止種鴉片所受的損失。黔省當局採納其建議，命她主持此事，遂詳細設計規劃，實事求是，以人力而定農業的範圍。於 1939 年春，獲得富於推廣經驗的技士 5 人爲高級幹部，並訓練當地中學畢業生 30 多人爲下級幹部。3 月中旬，就開始推動於貴陽附近九縣，每一技士帶下級幹部 5、6 人，主管 2 縣的推廣，下鄉宣傳及登記，並爲購運分配種子與肥料。至 1939 年冬天，複查小麥雜糧的增產面積，統計 9 縣共增加小麥 399,374 畝、油菜 360,660 畝、其他大麥蠶豆豌豆等約 40 萬畝；所需推廣經費共 1.7 萬元，由農產促進委員會補助。

沈驪英又鑑於蓖麻油在飛機工業的重要，便提倡利用空隙地推廣種植蓖麻。1940 年在貴陽附近各縣發種 4 千斤，指導農民種植，是年冬收穫達 100 萬斤，增益達 100 萬元，頗爲貴州省政府與人民所讚許。中國推廣工作多，技術人才、經費與工作範圍的配合適當，國內迄今尚無出其右者。她在小麥增產以外，又竭力提倡國人應以麥食爲主，以利營養，並裕糧產，著有〈南方宜否食麥〉一文，申述甚詳。因俗論小麥半夜開花，吃了傷身，她就在 1939 年於貴陽觀察小麥開花的時間，證明白晝開花佔 70%以上，夜間開花者 28%強（見〈貴陽的小麥〉），與北方無異。她於家中早餐自製全麥粉餅，晚餐也常吃麵食，全家長幼健康有加。榮昌中農所同人多效製全麥粉餅，兒童尤其

〔註 66〕同上，頁 266。

喜食。

　　沈驪英在中農所，除了技術以外，對於行政，也有過人的貢獻。在設計方面，曾撰寫〈農業建設需要協調〉一文，論述人事與工作協調的原則，特別詳盡扼要，期望全國農業改進工作能系統化，以免工作重複與經費浪費。她對小麥改進工作，就是遵照此原則而行，這也是她成功的要訣之一。在事務方面，她自 1933 年入所，就協助洛夫教授管理農藝系務。1934 年秋，沈宗瀚繼洛夫的職務而擔任總技師與農藝所主任，仍需要她的協助系務，如編製報告、添置儀器、管理公物及答覆農民問答等，無不井然有序。她工作敏捷而精細，不肯浪費公物與公款，且喜以雜亂的事務列成系統的手續，使個人權責分明，例如添置保管與使用儀器手續，她先在系中試行有效，遂貢獻當局，通行全所，迄今未廢。她在所協助系務，所費時間，實較技術工作爲多，此因她期望助人能多識技術。〔註 67〕

　　總之，沈驪英自 1931 年 9 月 2 日在中央農業實驗所農藝系擔任技正，管理農藝實驗，直至去世，共 8 年 1 個月多，她的貢獻在相繼實驗成功，培育出豐產、抗病、早熟、質美的九狀品系雜交小麥育種「中農 28 號」等 10 個優良稻麥品種，〔註 68〕提高產量 20-30%，成爲小麥育種專家。中農 28 號品種，自 1939 年迄大規模在四川省推廣種植，每畝增產 12%。她因田間試驗法，疲勞成疾，腦溢血而死於重慶。中共南方局機關報《新華日報》出版悼念她的專刊。董必武、李德全、張申府等人，撰寫文章或詩詞悼念她。鄧穎超爲《新華日報》寫了代社論〈中國婦女光輝的旗幟——沈驪英女士〉一文，號召全國同胞、海外人士「努力學習她，合各方力量來培養和創造出更多的女專門家、女科學家，以支持長期抗戰，爭取最後的勝利。」〔註 69〕

　　1941 年 12 月 13 日國民政府明令褒揚：「中央農業實驗所技正沈驪英早歲留學美洲，專修農學，深研博取，致力精勤，歸國後歷任農事機關職務，盡心貢獻，勞瘁不辭，於小麥育種的改良尤著成績。迺以績瘁病逝，良深惋惜，應予明令褒揚，以張勞勣。此令。」〔註 70〕12 月中旬，貴陽婦女藉由省主席夫人領導舉開追悼會；21 日，重慶婦女界發起「驪英追悼會」。沈驪英對中國

〔註 67〕　同上，頁 267-268。

〔註 68〕　《沈宗瀚晚年文錄》，頁 263-269；廖蓋隆主編，《中國人名大詞典——歷史人物卷》，頁 303。

〔註 69〕　中國婦女管理幹部學院編，《古今中外女名人辭典》，頁 346。

〔註 70〕　沈君山、黃俊傑編，《鍥而不捨》，頁 103。

農業品種改良的投注大量心力，促進中國農業的現代化，誠然「鞠躬盡瘁，死而後已」。

第二節　從事工業科技研究與生產

　　本節擬探討留美實科女生從事工業科技及生產工作，參與中國現代化建設行列的主要表現。大致可分爲油礦專業工作、麻紡織工業的研發、建築設計與建築史調查、禁煙檢驗工作等項。

一、油礦專業工作

　　留美女生返國後所從事的工作，除以上所述之外，也有新的疇範。以留美獲理學士及文學碩士返國的黃振華爲例，1917 年 6 月 19 日，她由教育部派任爲油礦專門人才，1918 年爲參與籌辦煤油礦事的五人之一。〔註71〕當時她所從事的科技工作，是屬於重工業領域，在整個女界中，可說是空前的，對後進女輩從事工業科技工作，具有鼓勵與推進作用。

二、麻紡織工業的研發

（一）麻纖維製絲的研究

　　酆雲鶴於 1932 年返國後，在燕京大學執教 1 年。東北淪陷後，日本侵華氣焰越驅緊張。不久，張家口被日寇轟炸而失守，中國局勢危在旦夕。她悲憤不已，決心再度出國，到德國向一位猶太教授學習用中國常見的草類纖維製造廉價炸藥的方法，爲抗戰出力。1933 年她帶著裝滿稻草、高梁桿、竹子、蔗渣和苧麻等樣品的大草包，自費赴德。〔註72〕法蘭克福的海關檢查人員對這些草包的用途，感到莫名奇妙。〔註73〕她進入柏林大學，〔註74〕但所景仰的那位猶太裔教授已逃往美國。〔註75〕她失望之餘，轉而想到中國人造絲入口額每年兩千萬元上下，決定利用隨身所帶現成的植物材料，做人造絲與印染的研究。她利用柏林人造絲機械實驗工廠的設備，苦心鑽研，先用稻草試

〔註71〕　教育部檔案：平檔‧留學事務，日本，未分國。
〔註72〕　羅先哲，〈情繫雲絲──記著名苧麻纖維專家酆雲鶴〉，頁 27。
〔註73〕　羅先哲，〈用草製雲絲的女專家酆雲鶴〉，頁 61。
〔註74〕　中國婦女管理學院編，《古今中外女名人辭典》，頁 85。
〔註75〕　英文《中國婦女》編著，《古今中外婦女人物》下冊，頁 565。

製，惟其工作較難，質地也差，2 年後成功地從高梁桿纖維的漿泊中，抽出質地優良的人造絲。她成為世界上第一位用草類植物纖維，製造人造絲的發明者。試驗其性質與舶來品有過之而無不及。〔註76〕

　　消息傳開，引起轟動。為了取得酆雲鶴的研究成果，德國的專利局希望她在德國申請專利；萊比錫大學也隨即提出授予她博士學位；日本資本家也願以高薪聘她當工廠的總工程師；但她逐一拒絕，聲明要貢獻自己的祖國。這樣的舉措，使柏林實驗工廠的經理科亨感動落淚，認為中國有這樣愛國的人才，將大有希望。〔註77〕1935 年底，她又在堪米內次專製造絲機器的工廠，研究製絲機器，隨後才返國。〔註78〕

　　人造絲為近代化學工業中很重要的發明。據海關總計，1932 年中國出口的天然絲為 9575 萬兩，進口的人造絲則達 1905 萬兩。當時中國的絲織品，十九都摻入人造絲。各大都市人民的穿著，幾乎無一不與人造絲發生關係，尤其是婦女的衣著。就是窮鄉僻壤，也因人造絲的價廉物美，銷路甚廣。凡屬綢緞類，當時多少都加入人造絲，以利競爭。人造絲用途雖廣，製造過程卻是極為繁雜，而且各國製造廠都視為機密，不許參觀。而 1934 年世界人造絲的總產額有 78800 萬磅，可見人造絲在世界與中國的重要地位。中國由於生絲的衰弱，對人造絲徵收 70%的進口稅，以資限制，但仍不敵成本甚低的人造絲，有被取代的趨勢。而預挽救這巨大的漏口，除儘速設廠自造外，別無捷徑。因此，酆雲鶴原打算歸國後，在青島或濟南集資設廠製造人造絲，以貢獻所學，挽回國家利權。〔註79〕

　　1936 年，酆雲鶴帶著自己的科學研究成果，滿懷希望，卻因青島、濟南集資不易，只好轉赴上海，不久再往南京。她致力於人造絲和雲棉嗶嘰的發明，請准實業部的特許專利權，〔註80〕且成為經濟委員會專員。但她缺乏資本支持，到處碰壁，官方也未予以青睞，無法落實生產。她對政府感到失望而辭職。〔註81〕抗戰爆發後，她原本想要努力促進中國繰絲事業的大計劃，

〔註76〕不著撰人，〈女界新聞：酆雲鶴女士之新貢獻〉，《女鐸》卷 24 期 7（1935 年 12 月），頁 45。

〔註77〕羅先哲，〈情繫雲絲——記著名苧麻纖維專家酆雲鶴〉，頁 27-28。

〔註78〕不著撰人，〈女界新聞：酆雲鶴女士之新貢獻〉，頁 45。

〔註79〕同上註，頁 45。

〔註80〕林紀庸口述，張朋園、林泉等訪問，《林紀庸先生訪問錄》（台北：中央研究院近代史研究所，1983），頁 144。

〔註81〕羅先哲，〈用草製雲絲的女專家酆雲鶴〉，頁 61。

也被迫中止，〔註 82〕遂往香港創辦金華皮革廠。〔註 83〕不久轉往重慶，到她丈夫所開辦的化學工業製造廠。那是個小型肥皂工廠，〔註 84〕從肥皂的廢液裡提煉甘油，供製造炸藥用。她看到戰時中國多數同胞衣衫襤褸的景象，而大西南地區多不產棉，產棉地區又大多被日軍佔領。因此，國人的穿衣問題嚴重匱乏。這使得她又想利用價廉物美的中國草——苧麻，研究麻類纖維，以供應社會大眾生活所需，就在 1938 年開始從事苧麻改性的研究。〔註 85〕

（二）麻混紡品的改良生產

1939 年冬，酆雲鶴與丈夫熊子麟擴大辦理西南化學工業製造廠，胼手胝足地自行設計所有廠中設備。他們相當刻苦用功，以化驗室做爲臥室，床邊滿排試驗一氣、書籍、藥品、半成品，連廚房也加裝提煉藥品的設備。新工廠初建時，人員少，規模小，設備簡陋，只有一台彈花機，紡織得靠手工搖紡。後來才用 100 萬元鈔票，購得一套印度小型紡紗機，能機紡部份棉紗。〔註 86〕在炮火中成長的西南化學製造廠，由他擔任經理，到 1945 年已有 200 多位工人，規模不小，產品擴充到 8 種，包括肥皂、甘油、硬脂酸、鴨絨、結晶洋燭、雪裡春等，質量有顯著進步；其中雪裡春更是一炮而紅的產品。〔註 87〕

雖然中國運用麻類纖維從事織布由來已久，但因麻皮上含有大量的膠質和臘質物，若不能去除，就無法得到紡織所用的理想纖維。過去農民長期使用的池水麻法，是利用浸泡、刮青、漂洗的細菌脫膠法，來取得乾淨的麻纖維。但這種方法速度慢、質量差，只是用手工搖紡，不能滿足大規模生產的需要。酆雲鶴運用自己在德國首創的化學脫膠新工藝，以工廠內簡陋的實驗室設備，苦心鑽研苧麻加工變性的研究。令她痛心的是，1940 年 8 月下旬日軍飛機轟炸重慶，西南化工廠廠房被炸爲灰燼。一片狼籍的景象，使她不禁落淚。但這些磨難沒有擊倒她。她鍥而不捨的努力，歷經 200 多天的反覆實驗，嘗試用紙做棉和脫膠的麻混紡，還利用濃鹼處理麻纖維，終於創造「先

〔註 82〕 黛娜，〈人物介紹：酆雲鶴女士訪問記〉，頁 11。
〔註 83〕 林紀庸口述，張朋園、林泉等訪問，《林紀庸先生訪問錄》，頁 144。
〔註 84〕 英文《中國婦女》編著，《古今中外婦女人物》下冊，頁 566；羅先哲，〈用草製雲絲的女專家酆雲鶴〉，頁 61。
〔註 85〕 羅先哲，〈用草製雲絲的女專家酆雲鶴〉，頁 61；林紀庸口述，張朋園、林泉等訪問，《林紀庸先生訪問錄》，頁 144。
〔註 86〕 同上。
〔註 87〕 黛娜，〈人物介紹：酆雲鶴女士訪問記〉，頁 11。

酸後鹼、二煮一漂或二漂」的苧麻脫膠新工藝。這個化學脫膠法，適應機械化生產，使她的工廠紡織出一種似絲棉的纖維，比棉花潔白美麗，她予以取名「雲絲」。這項研究成果，突破歐洲人花費近百年沒有解決的難題，引起很大震撼。當時獲得經濟部批准 5 年專利。1942 年初，在四川各廠家共同舉辦的展覽會上，「雲絲」及其產品備受讚賞。當時國民政府官員林森、于右任，以及董必武、鄧穎超與馮玉祥夫婦等，都曾前往參觀，對雲絲稱譽有加。黃炎培題詞稱頌：「雲絲之美，既潤且美，寒者遇之，雪裡回春。」林森特將「雲絲」改名「雪裡春」，一時傳為佳話。〔註88〕

　　西南化工廠把「雲絲」用於大規模工業生產，對抗戰期間解決後方居民的穿著問題甚有貢獻。代棉品有雲絲做的布、毛巾、棉胎、棉被等，深受民眾歡迎。雲絲問世後，國外的電報、書信大量擁至，《紐約時報》（New York Times）的記者加以報導，也引起美國資本家的欣羨，想獲得專利，酆雲鶴仍堅持不賣。重慶西南化工廠由小而大，脫膠工藝設備日臻完善，出品種類與數量越多，質地也更精美。其全盛時期，連職員計有 700 多人。為了提高雲絲的可紡性，酆雲鶴再花一番心血，從事苧麻纖維變性和麻棉紡研究試驗，引導麻紡生產進入新的境界。她先從「雲絲」在棉毛機上做起，終於研究出一種鹼變性方法，成功地使苧麻纖維進行鹼性變性，有效達到麻棉混紡布和日用紡織品，這又是一次紡織工業的突破。〔註89〕1945 年美國《紡織世界》雜誌的「苧麻專刊」發表〈引誘了我們一百年的苧麻〉一文，坦承苧麻從中國引進歐洲整整一百年，引進美國也已九十年。當十八世紀從中國引進夏布（即麻織品）時，大家都認為經營苧麻紡織可以一本萬利，沒想到反而蒙受巨大的經濟損失，主因在於對苧麻的研究如瞎子摸象，沒有找到關鍵的「金鑰匙」，也就是「不能得到均勻脫膠的麻纖維，無法在現有的機器上使用。」〔註90〕誰能想到「金鑰匙」竟被國際地位低落的中國女性發現，真是跌破專家的眼鏡。

　　1949 年，酆雲鶴在香港，躲避國民黨的脅迫赴台。同年秋，丈夫已為她辦好護照和機票，但她受到中共召喚，毅然放棄赴美，從香港到北京，參加第一屆中國人民全國政治協商會議和開國大典。她將會前趕寫完成的小冊子

〔註88〕　羅先哲，〈情繫雲絲──記著名苧麻纖維專家酆雲鶴〉，頁 28。
〔註89〕　同上註；羅先哲，〈用草製雲絲的女專家酆雲鶴〉，頁 62。
〔註90〕　羅先哲，〈用草製雲絲的女專家酆雲鶴〉，頁 62。

《發展我國麻類纖維生產的建議》一書，連同各種麻類纖維樣品，帶到開會的懷仁堂，鄭重地擺在主席台前的座位上，獻給大會主席團及主席毛澤東。〔註91〕會議期間，鄧穎超帶著全國婦女代表會議文件和紀念禮品去看望她。她感動之餘，更立志把所學貢獻國家。經數年鑽研，開發出變性處理的苧麻纖維，兼有麻、毛、絲、棉、化纖的多項優點。大量生產後，每年為中國創造百萬以上的美元外匯。〔註92〕

酆雲鶴專注事業，沒有子女，雖然丈夫多次懇求：「什麼時候你把麻丟開，我們就有家。」但她沒有丟開麻，終於使得丈夫在 1961 年離開，到國外去。她因而幾次想跳樓自殺，至終堅強地活著。〔註93〕文革期間受迫害，仍不放棄科學救國的信念，1976 年「四人幫」下台後，又繼續研究麻類紡織的科技生產。她熱愛工作，多年來藥不離身，醫生多次警告，需住院療養。惟她以時間寶貴，希望有生之年多做點科研工作，直到 1988 年 12 月 14 日於廣州猝逝。她孑然一身，但總是伸出指頭說：自己有一個兒子，四個孫子；苧麻是兒子，黃麻、白麻、大麻和胡麻是孫子。〔註94〕她對中國的麻紡織工業科學

〔註91〕英文《中國婦女》編著，《古今中外婦女人物》下冊，頁 567。

〔註92〕1950 年以後，酆雲鶴受命中共紡織部科技司工業顧問，以自己的苧麻化學脫膠新工藝，在第一個試驗點──上海國棉九廠，指導苧麻的純紡、混紡合織。她又積極籌建廣州絹麻紡織廠，指導建立湖南株州苧麻紡織廠，親自在這兩處工作。惟化學脫膠雖可生產光滑光滑緊密、吸汗透氣的織品，但質地硬直，易皺、起毛、不耐磨染，難與毛、棉、絲、滌等合織成高級的布料。1952 年起，她帶領一批年輕的科學人才，研究改良苧麻纖維的化學變性。數年後，幾批麻與化纖混紡的試產品，觸感柔軟、彈性好，易染又不掉色，兼有多種纖維的優點，首次列為高級衣料。在上海試銷時，以物美價廉，引起搶購。國外更函電索取資料。1958 年她出任廣東省廣州中南應用化學研究所副所長兼總工程師，指導重慶麻紡織廠、上海國棉九廠、廣州絹麻紡織廠和株洲苧麻紡織廠。見羅先哲〈情繫雲絲──記著名苧麻纖維專家酆雲鶴〉，頁 28；華夏婦女名人詞典編委會編，《華夏婦女名人詞典》，頁 1122。

〔註93〕羅先哲，〈用草製雲絲的女專家酆雲鶴〉，頁 62。

〔註94〕1966 年文革開始，酆雲鶴也被打成「資產階級反動學術權威」，受迫害。她的實驗室被關閉，每天挨鬥、掃地及廁所。她以科學家的精神掃樓，連馬路也掃淨。結果一天掃三樓，變成掃九樓，累得幾次在回家的路上昏倒，幸都及時獲救。她拒絕被強迫退休，要求下放到一個化工廠，且研發出用甘蔗纖維製作人造絲的方法。1976 年以後，她穿天藍色的棉麻混紡茄克，帶苧麻織物樣品，到好些省的大城市做宣傳，促使河南省在山坡和貧瘠地種苧麻。次年 7 月 1 日蒙中共副主席葉劍英和鄧小平接見。1978 年，她出席全國科學大會，再任上海紡織工業局毛麻紡織工業公司顧問兼廣州中南應用化學所名譽所長，推展麻紡織業。1978 年，她為湖北省解決草席麻經線製造的技術難題，

研究，是另一個鞠躬盡瘁，死而後已的實例。

二、建築與藝術設計

（一）現代建築藝術的設計

留美女生當中，在建築與藝術設計方面最有成就的，以林徽因莫屬。1928年林徽因自己設計「東方式」的婚紗，轟動溫哥華地區。後又爲其親戚如梁思莊（梁思成妹）、李福曼（梁思永妻），設計婚紗、佈置婚禮會場。〔註95〕以上可說是林徽音在美術方面所作的幾件大事。

1928 年初夏，新婚的林徽因與梁思成，因父親梁啓超的一封急電而縮短旅歐行程返國。他倆由莫斯科搭火車，經西伯利亞，轉中東路南段到大連，再登日輪抵大沽口，換火車到北京；8 月 18 日返抵家門。〔註96〕返途中，結識一對前來中日旅行的年輕美籍查爾德夫婦（Charles & Fredericka Child），相談愉快，並同訪瀋陽文溯閣。她倆順道拜訪數度拍電催介她們赴瀋陽東北大學任教的該校工科學長高惜冰。林、梁又盡地主之誼，陪伴查爾德夫婦走訪北京的景山、天壇、玉泉塔、元代土城、香山、北海、孔廟與紫禁城等古蹟，且數度邀返梁家的花園盛宴，直到他們離華赴日京都。查理斯憶述這段往事，對林徽因及梁思成仍深深感恩。〔註97〕

使黃麻經線代替苧麻作爲草蓆經線的製造技術，從此不再依賴日本進口這種經緯。又籌建「上海麻紡試驗廠」，試製較多黃化變性苧麻產品，有毛型麻與化纖混紡花呢以及絹麻織物和棉麻產品等 30 多個品種、60 多個花色，在京、滬、寧、漢展銷，獲好評。她同時奔波於廣州、株州、武漢、長沙、重慶、南寧、蘭州等地，以促進苧麻纖維的生產。1981 年獲得國家科委三等發明獎。1982 年 8、9 月間，親臨蘭州，以自己的新技術，配合當地棉、毛紡織廠及研究所等設備，成立試驗小組，半個多月就解決高難度的大麻脫膠問題。1985年以後，她爲了開發大麻、胡麻和羅步麻生產，拓展麻紡織工業，數度奔波鄂、贛、川、粵、蘇、魯、皖及南寧、北京等省市。1988 年 12 月 7 日，89高齡的她，由上海去參加廣州化學研究所卅週年學術活動，因心臟病突發猝逝。見羅先哲，〈情繫雲絲──記著名苧麻纖維專家鄭雲鶴〉，頁 26、28；英文《中國婦女》編著，《古今中外婦女人物》下冊，頁 567-568。

〔註95〕 她作爲美麗的新娘穿上後，當地報界記者紛來拍照。

〔註96〕 吳荔明，《梁啓超和他的兒女們》，頁 140；陳鍾英、陳宇，〈建築學家、詩人林徽因〉、〈林徽因年表〉，頁 301-341。

〔註97〕 梁思成，〈祝東北大學建築系第一班畢業生〉，引自喬紀堂編選《二十世紀散文精品──梁思成·林徽因卷》（西安：太白文藝出版社，1996），頁 2、225；Wilma Fairbank, pp. 34-35.

　　林、梁兩人決心以所學的新技能和創造力，改善週遭環境。〔註98〕稍後，她回福州故里探親，受到私立法政專科學校（林父於 1911 年與留日同學劉崇佑等創辦，且自任校長）師生，在該校庚戌俱樂部設宴歡迎。她應烏山石第一中學邀請，向學生演講「建築與文學」；還赴倉前英華中學，演講「園林藝術建築」。〔註99〕

　　林徽因教學之餘，也熱衷建築與相關的藝術設計，茲按時間先後表列如下。〔註100〕

表 5-1：1949 年以前林徽因的建築與相關藝術設計

時　間	設 計 作 品 名 稱	備　　　　註
1928	設計自己的「東方式」結婚禮服。	非白紗，帶民族風格的頭飾；屬第一次創作。
1929	北平西山梁啟超夫婦合葬墓園的樺形墓碑（高 2.8、寬 1.7 公尺）	學成返國後，與梁思成共同設計的第一件作品。1931.10 完成。
〃	吉林大學、交通大學錦州分校的教學樓和宿舍設計等總體規劃。	與梁思成、陳植、童雋、蔡方蔭合組「營造事務所」，並共同設計。
〃	瀋陽的郊區公園「蕭何園」	與梁思成合作設計。
〃	一些富有軍閥的私宅	
〃	東北大學校徽「白山黑水」圖案	中選獲得頭獎獎金。
1931.1	設計助辦梁思永與李福曼的婚禮	在北京協和禮堂；為新娘化妝等。
1931 冬	徐志摩追悼會（同年 12.7）會場設計	與梁思成、余上沅等共同設計佈置。
1932	北京大學地質館、灰樓學生宿舍	前者是與梁思成共同設計。
1932?	大公報文藝副刊一幅插圖「犄角」	在北戴河冒暑熱與梁思成共同設計趕製；蕭乾評以「美麗的圖案」、「壯麗典雅」。
1933	設計包辦梁思莊與吳魯強的婚禮	包括北京協和禮堂佈置、新娘婚紗與妝扮等

〔註98〕　林徽因初返婆家，喜氣洋溢，備受歡迎；梁啟超形容「新娘子非常大方，又非常親熱，不解作從前舊家庭虛偽的神容，又沒有新時髦的討厭習氣，和我們家的孩子像同一個模子鑄出來」。見丁文江編《梁啟超年譜》（台北：世界出版公司，1958），頁 768。

〔註99〕　林徽因返國之初，對戲劇與建築的新舊融合問題憂心忡忡，在觀賞梅蘭芳的表演後，轉而欣慰他能把傳統戲劇，帶往 20 世紀節奏的前景。陳鍾英、陳宇，〈建築學家、詩人林徽因〉、〈林徽因年表〉，頁 301-341；Wilma Fairbank, pp. 34-37.

〔註100〕表內的資料來源：陳鍾英、陳宇，《中國現代作家選集——林徽因》；許惠利，〈梁啟超墓尋訪記〉，頁 34-36；陳學勇，〈關於林徽因小傳的一些補充——林微音林徽因女男有別並非一人〉，頁 73；Wilma Fairbank, pp. 42-43, 131；林洙，《大師的困惑——我與梁思成》，頁 63-65；吳荔明，《梁啟超和他的兒女們》，頁 178、186、232；林洙，《困惑的大匠梁思成》，頁 116-130；梁從誡編《林徽因文集：建築卷》與《林徽因文集：文學卷》。

時　間	設 計 作 品 名 稱	備　　　　　註
1934.5	學文月刊創刊號封面設計「雙魚抱筆」	具建築美的民族圖案；該刊由葉公超主編。
1935 秋	爲曹禺在天津南開大學演出「慳吝人」作全部的舞台美術設計和佈景繪製	話劇爲法國作家莫利哀（Moliere）原著。
抗戰前	北京王府井原仁立地毯公司門市部	親自爬上腳手架去作油彩畫；現已拆毀。
1938.1-6	爲雲南某些富人與商人設計房宅	與梁思成合作，以維持起碼生活；惟報酬不定
1939 冬	昆明雲南大學女生宿舍	用土坯；佈局爲庭院式民族風格，現已拆毀。
1940	昆明龍泉鎮麥地村的三間土坯屋	與梁一生爲自己設計的唯一住屋；係租地自建
1946	清大「勝因院」教師住宅	時獲聘任教清大，全家入居清華園。
〃	小型住宅多種合理性的設計方案	因關心一般勞動者的居住問題而作此設計。

　　由上表可知，林徽因在建築、工藝與舞台美術設計等作品成就不凡，至少有 19 大項，多以融合現代西方與傳統中國而呈現「美」的風格。抗戰前發表的作品有 14 項，以 1929 年的 5 項最集中；抗戰期間有 3 項；抗戰勝利後到中共掌權以前有 2 項；主要設計教師及勞工住宅。

　　至於 1940 年春，他們爲逃避遭日機轟炸，在距昆明 8 英里的龍頭村，由重病的林徽因督導，蓋成 3 間房；建築費還是費正清夫婦寄來的支票幫忙解決。這是她唯一爲自己設計的住屋，但住不到一年又隨營造學社遷離入川。〔註101〕

（二）研究調查中國古建築藝術

　　梁思成留美期間，其父寄來李誡的《營造法式》一書，即北宋京城宮殿建築的營造手冊。他似懂非懂地讀後，思及歐美人士論述中國古建築的無知與誤解，遂有研究撰寫自己國家建築史的興趣。1929 年，林徽因鼓勵梁開始動筆既定的《中國建築史》計畫。1931 年 9 月，她倆應朱啓鈐（桂莘；1871-1964）聘，到「中國營造學社」工作；梁兼法式部主任，她兼校理、參校等職。該社自籌資金，是近代中國第一個研究建築學術的機構。從此，她倆共同從事中國建築史研究，常出外測繪與考察實物。〔註102〕

　　林徽因參與多項研究調查中國古建築的活動，茲大略分成 1920 年代末期至 1930 年代中期、抗戰前夕、抗戰以後在後方三階段，舉其要項如下。

　　1. 1920 年帶到 1930 年代中期在遼冀晉地區：1929 年，她與梁思成同行，測繪瀋陽北陵。〔註103〕1932 年夏，她與梁思成等 5 人同行，調查北平近郊臥佛寺、香山通八大處等地古建築；事後撰〈平郊建築雜錄〉作爲報告。重要

〔註101〕 Wilma Fairbank, pp. 110-111.
〔註102〕 陳鍾英、陳宇，〈建築學家、詩人林徽因〉、〈林徽因年表〉，頁 301-341。
〔註103〕 林洙，《困惑的大匠梁思成》，圖版頁 11。

發現包括建於明清時代的法海寺與一般佛寺前後分幾進不同，整體寺院用「四合頭寺」，是少有的。該寺門以圓拱形門洞的城樓，上邊建一座喇嘛式的小北海白搭，與原先的居庸關形似，印證《日下舊聞考》一書所提簡語。杏子口路邊約三座小石佛龕，屬金代遺物。〔註104〕

1933 年 9 月，她與梁思成、莫宗江、劉敦楨等 5 人，赴大同勘察雲崗石窟等地。這首次赴山西調查古建築，幸獲當時大同火車站長李景熙（林、梁的留美同學）與部屬幫忙，借住他們家，才解決無旅館下榻的難題。飯食則經大同市府官員出面，請當地唯一的酒樓準備便飯。雲崗 50 多石窟個佛洞，面河背上的一字排開，在北魏遷都洛陽以前（460-495 年）陸續開鑿。他們看了 3 天；林徽因還做了許多石刻建築細節的臨摹素描、拍照與拓片，取得北魏時木構建築的證據；因此日後能作系統的研究，並比較敦煌等石窟。他們又赴大同的善化寺、華嚴寺，及應縣佛宮寺遼代木塔考察，確定是遼金時代的木構建築；後者建於 1056 年，是中國僅存的一完全木構建築。事後，她與劉先行返平整理資料。在考察當時，她也撰文〈閑談關於古代建築的一點消息（外通訊一-四）〉。1933 年 11 月，她與梁思成、莫宗江再赴河北正定作補充調查，拍照並爬上樑架，測繪興隆寺、陽和樓、開元寺鐘樓等 10 多處宋遼時期古建築。〔註105〕

1934 年 3 月，她應南京中央大學建築系畢業生邀請，與梁思成同赴河北薊縣獨樂寺（北京以東約 100 公里），作考察講解。〔註106〕

1934 年夏，她與梁思成、美籍費正清夫婦及傳教士漢莫同行，遊歷晉南呂梁山區的汾陽一個多月。他們借漢莫在當地購置一磨坊作爲別墅之便，以汾陽峪道爲主幹，向鄰近的 8 縣，作了多次旅行調查。總計全程 300 多里，探勘了古建築 40 多處。據事後她所撰〈晉汾古建築預查記略〉一文，探勘路線與重要成果如下。

（1）考察汾陽縣附近的文峰塔、南薰樓和太符觀，以及窯洞建築代表「龍

〔註104〕 林徽因，〈平郊建築雜錄〉，陳鍾英、陳宇編，《中國現代作家選集——林徽因》，頁 112-120；陳鍾英、陳宇，〈林徽因年表〉，頁 330；林洙，《大師的困惑——我與梁思成》，頁 40-42、173-174。

〔註105〕 梁從誡編，《林徽因文集：文學卷》，頁 207；梁從誡編，《林徽因文集：建築卷》，照片頁 2。

〔註106〕 1932 年梁勘定獨樂寺建於 984 年。見陳鍾英、陳宇〈林徽因年表〉，頁 331；Wilma Fairbank, pp. 67-68；林洙，《困惑的大匠梁思成》，頁 45-48、50-51；費慰梅，〈梁思成傳略〉，頁 xvi。

天廟」、小楊村的晚明建築「靈岩寺」和民居等。

（2）孝義縣吳屯村的東岳廟：他們先乘驢車，後多爲徒步；沿著不通車的公路跋涉露宿才到此地。

（3）經介休、零石，到霍縣北門外橋與鐵牛，以及開元古碑、鐵瓦寺、千佛崖、州署大堂等古蹟。再到洪洞大槐樹和蘇三坐牢的監獄考察；前者是明初向東南移民的聚散處，後者是《玉堂春》的故事背景。

（4）廣勝寺：在洪洞縣東北霍山南端。由於地形關係，分上、下寺和水神廟三處。上寺在山頂，建於 147 年（東漢建和元年），唐以後歷代整修。1933年曾發現宋版藏經，轟動學術界。下寺在山下，建於元代。兩寺利用南北向的山脊作爲軸線，呈現不同的輪廓線。重修時大量採用常見的圓木，以及巨大的斜昂，構成類似近代衍架的結構，形成「空前絕後」的架構。廣勝寺附近以甘泉出名，可供趙城、洪洞兩縣飲用，故建有大型的龍王廟。廟的正殿「明應王殿」四面，有罕見壁畫遺物，是相當珍貴的中國美術史料。

（5）中鎮廟：在趙城霍山巔另一邊。它的斗拱大，且要頭上部圓頭突起，至爲奇特。她們循《縣志》所記，早晨 9 時由廣勝寺下山，再走 12 小時才抵達；並經過一番研究考察，判定該廟最早是創建於元代，改正了《山西古物古蹟調查表》誤爲惰代的錯處。

（6）晉祠：在太原市西南懸甕山下，晉水發源處。她們返程，在汾陽與費正清夫婦分手後，擠在滿了人的公共汽車，經文水縣抵達此地。它最大的一組建築聖母廟，正殿前有飛樑、獻殿及金人台等，是現存的十一世紀（宋代）重要建築。它的線條較唐、遼兩代輕巧，整體輪廓線柔和優雅。正殿建築即《營造法式》中所謂「副階周匝」形式的實例。她們首次看到外簷出挑寬大，斗拱則稍小的「假昂」做法；「石柱式的橋」也是唯一實例。

（7）永祚寺：又稱雙塔寺，在太原南郊。它的大雄寶殿採用「發券建築」，即一縱主券和若干橫券相交；或是若干並列的橫券之間，以若干次要縱券相交貫通。這種技術用於陵墓與佛塔建築，已有一千年；到 15 世紀初，才用於地面的住戶。〔註107〕

〔註107〕陳鍾英、陳宇，〈建築學家、詩人林徽因〉、〈林徽因年表〉，頁 301-341；梁思成、林徽因，〈晉汾古建築預查記略〉（節選），收在喬紀堂編選《二十世紀散文精品──梁思成・林徽因卷》，頁 201-213；林洙，《大師的困惑──我與梁思成》，頁 52-55；林洙，《困惑的大匠梁思成》，頁 51-55。

1934 年 10-11 月，她與梁應浙江省建設廳長邀請，赴杭州商討六合塔的重修計畫；並考察浙南宣平鎮延福寺、蘇州木瀆鎮嚴家花園等，又在金華發現天寧寺的元朝古廟。〔註108〕

1935 年春，她與梁赴北京天壇祈年殿，並登上屋頂，細察其不用一根鐵釘的榫卯建築等奧秘。她攜笠帽、著長旗袍，站在正修繕的天壇屋頂上，與梁合影的一張儷照，至今留傳。她自豪是中國歷史上第一個敢於踏上皇帝祭天所在宮殿屋頂的女性，從此也獲譽為「一代才女」。〔註109〕

2. 抗戰前夕在豫魯晉地區：1936 年 5-6 月，她以身體狀況佳，先赴洛陽龍門石窟、開封的宋代繁塔、鐵塔與龍亭等，再赴山東濟南與歷城、章丘、臨淄、益都、濰縣、長清、泰安、濟寧、鄒縣、藤縣、滋陽等 11 縣測繪調查。發現重要的古建築，包括龍門石窟佛像「秀骨清像」的瘦削形體與「褒衣博帶」式的寬大衣飾、歷城神通寺四門塔（建於 611 年；隋大業 7 年）、滋陽的興隆寺塔，以及泰安岱廟的山門仍保持方形門洞的古制等。益都摩崖雕像的勘測行，則因被嚴重破壞與土匪出沒，受當地政府勸阻而作罷。〔註110〕

1936 年 11 月，她與梁結束山西的工作，應顧祝同邀請，赴西安做大小雁塔的維修計劃。同時堪察當地的元代建的舊布政司署三間府門木構建築、明初建的東大寺、西大寺兩清真寺等。1937 年初，他們轉赴陝西耀縣藥王山藥王廟調查，測繪佛像等。惜時局緊張，無法再赴敦煌莫高窟調查，成為終身遺憾。〔註111〕

1937 年 6-7 月，她與梁思成、莫宗江、紀玉堂等營造學社調查隊四人，根據法籍漢學家伯希和（Paul Pelliot）所著的《敦煌石窟圖錄》（Les Grottes de Tun-houang）所提及的第 61 號窟──兩張唐代壁畫五台山圖中的大佛光之寺；以及北平圖書館的《清涼山志》、《高僧傳》、《佛祖統計》與《法宛珠林》等古籍的記載，在山西五台山地區，進行野外調查一週，確定中國有更早於日本所保存的唐代木構建築物。這是她們最重要的發現。

「佛光寺」位置偏僻，在五台縣北邊南台附近的豆村。她們一早由兩隻

〔註108〕 林洙，《困惑的大匠梁思成》，頁 55。卞之琳，〈窗子內外：憶林徽因〉，見陳鍾英、陳宇編《中國現代作家選集──林徽因》，頁 280。

〔註109〕 林洙，《困惑的大匠梁思成》，頁 155。

〔註110〕 梁從誡編，《林徽因文集：文學卷》，頁 300-309。

〔註111〕 同上註，頁 312-313、315。梁從誡編，《林徽因文集：建築卷》，照片頁 3、6，則作赴耀縣是 1934 年，或係有誤。

騾子載著行囊，繞著崎嶇狹窄的山崖小道上山，後來連騾子都喘氣不走，終於在黃昏時分到達。由於殿字的建造日期，通常多寫在脊檁上；林徽因率先爬上「平闇」頂板，但見一片陰暗；改由檐下空隙爬入，踩上幾寸厚的積塵。再用手電筒照視，只見大群蝙蝠盤踞屋樑棲息；進一步探視，突然望見樑架上有古代作法的「叉手」。這是他們第一次親見古籍所載「叉手」的實物，也是國內唯一僅存的實例。

隨後他們為了拍照，遭受蝙蝠見光時的驚懼飛叫與穢氣難聞，還有整天被無數的臭蟲、跳蚤咬。如此「苦不堪言」好幾小時，但她不讓鬚眉，手腳輕快地和大家從早到晚工作，一下子攀登屋頂，一下子爬上殿樑，仔細量測，唯恐稍有遺漏。〔註112〕

在早上八點到晚上六點的進行工作數天後，素來遠視的林徽因，發現大殿樑底下，隱隱可見題字墨跡，但被塵封覆蓋。於是，大夥忙請老和尚找來兩老農，費了一天搭起一梯架；她要梁思成等將被單撕開、浸水，輾轉遞上拭塵。積土著了水，字跡即顯現；但水一乾，字又不復見。如此折騰了3天，才把離地9公尺高的樑上題字，從佛殿的施主「女弟子寧公遇」到「功德主故軍中尉王」等全文讀完，印證碑文所記，即佛光寺是建於857年（唐大中11年）。這是當時中國所發現的最古老木構殿堂建築。她們興奮之餘，將所帶食品罐頭全打開，坐在大殿檐下，痛快地大吃一頓。這也是她們調查古建築以來最快樂的一天。〔註113〕

她們4人結束佛光寺的考察後，一路北上，探訪靈境寺、金閣寺、鎮海寺、與南山寺。最後，到達五台山半數佛寺所在的五台縣最北端——台懷鎮（居民有蒙、藏、漢、清四族，約2,000人），再勘查靈鷲峰（又稱菩薩頂）與附近的顯通寺、塔院寺、萬佛寺、羅侯寺、圓照寺等近30所廟宇；大都是明清建築。工作完畢，她們寫信給太原教育廳，詳述唐代佛光寺的價值，並促請速定一永久性的保護法。

〔註112〕 吳荔明，《梁啟超和他的兒女們》，頁145-146；梁從誡編，《林徽因文集：建築卷》，照片頁8-12。

〔註113〕 同上註；陳鍾英、陳宇，〈建築學家、詩人林徽因〉、〈林徽因年表〉，頁301-341；林洙，《困惑的大匠梁思成》，圖版頁21、頁55-57；清涼山志即五台山。梁思成，〈記五台山佛光寺的建築〉（節選），收在喬紀堂編選《二十世紀散文精品——梁思成‧林徽因卷》，頁214-218；梁從誡，〈倏忽人間四月天——回憶我的母親林徽因〉，頁256，1950年代又在同一地區發現另一座小廟南禪寺大殿，唐德宗建中3年（西元782年）建，是更早的木構建築物。

　　然後，她們越過沙河鎮，沿滹沱河經繁峙回到代縣，獲悉日本發動侵華的「七七事事」，次晨即匆匆赴歸。當時津浦、平漢鐵路已不通車；她們帶著珍貴的測繪圖稿，從代縣徒步到同蒲路中途的陽明堡，歷盡挫阻，於 7 月中輾轉回到北平，眼見國軍已在她們家的胡同口挖戰壕，營造學社也決定隨政府機關暫時解散撤退。她們將 5、6 年來的工作成果，即大量的調查、測稿、圖版與照相底片等資料，入存天津租界的英資銀行地窖保險庫，以免落入日人手中。可惜，這些珍貴的原始資料因戰時的天津一次大水，全數淹毀。消息傳來，林、梁都哭了。〔註 114〕

　　3. 抗戰以後在西南的古建築調查：1938 年夏間，林徽因一家與營造學社成員莫宗江、陳明達、劉致平、劉敦楨等五名，先後輾轉到了昆明。梁思成也申請到中美庚款基金會的經費支援，於是該社再組西南小分隊的「古建築考察工作站」，準備進行西南地區的調查。1940 年初冬，林徽因一家再遷四川宜賓南溪縣李莊鎮上壩村賃居，營造學社也隨中央研究院歷史語言所入川，考察隊便開始工作。這是她們最後一次野外調查。

　　首途目標是離四川南溪縣不遠的興文，有建武僰人的懸棺集中區。〔註 115〕她們在蘇麻灣見 50 多具棺木，懸在距地面 100 多公尺高的崖穴內，卻沒有碑文刻字。數百公斤重的懸棺是如何與為何被弄上那峭壁，至今仍足無人能解的千古之謎。隨後，她們溯岷江峽谷，上到麻號灣，考察岸上一座東漢崖墓「鄧景達塚」。林徽因受墓墩堂內的浮雕圖深刻吸引，與莫宗江認真地臨摹〈車輦圖〉、〈牧馬圖〉、〈宴樂圖〉與〈荊軻刺秦王圖〉等；其他人則拍照、測量等，作為撰寫《中國建築史》的第一手資料。

　　接著，她們取道大足縣，先後登附近的古龍崗山與寶頂山，考察「摩崖石刻」。前者從唐末到南宋紹興年間，當地營造佛像歷經 250 多年；分佈在南段的石刻多屬唐、五代雕刻，北段則多宋代雕刻；僅佛灣一處就有 264 座龕窟，岩長 500 公尺，寬 7 公尺。她還在石刻上發現古代匠師的留名。後者多屬密宗，以大、小佛灣規模最大。下山途中，她感觸良多，暢談此行所見所

〔註 114〕　林洙，《大師的困惑——我與梁思成》，頁 59、69；梁從誡，〈倏忽人間四月天——回憶我的母親林徽因〉，頁 260；梁從誡編，《林徽因文集：文學卷》，頁 325。

〔註 115〕　Wilma Fairbank, p. 114；林杉，《從徐志摩的靈魂伴侶到梁啟超的欽定媳婦——林徽音傳》，頁 191，僰人是分佈在雲貴一帶的古老民族。

聞而領悟的文思等。〔註116〕

　　莫宗江憶述當年在野外調查中，林、梁兩人的奮鬥精神，尤其林徽因的表現，令他印象深刻：

> ……什麼地方有危險，他總是自己先上去。這麼勇敢精神已經感人
> 至深。更可貴的是林先生，看上去是那麼弱不禁風的女子，但是爬
> 樑上柱，凡是男子能上去的地方，她就準上得去。〔註117〕

梁思成也說：

> 我在旅行中，大多由我的妻子陪同，她自己也是個建築師。但她同
> 時又是作家和戲劇藝術愛好者，比我更經常地讓自己的注意力轉
> 移，并熱烈地堅持不惜任何代價把有些東西照下來。在我們回來以
> 後，我總是為我們擁有一些場面和建築的照片而高興，如若不然，
> 它們就被忽略了。〔註118〕

　　由上述可知，在 1930 年代林徽因至少有 12 趟密集式外出調查建築古蹟，可說困難重重。林徽因熱愛古建築學術調查，只要能把子女安排妥當，總是與丈夫等結伴同行。她與他們需要身懷細軟，攜帶貴重的照相器材、三角架、皮尺，以及筆記本等等。搭乘火車、長途汽車與硬板的兩輪驢車等簡陋的交通工具，夜以繼日，一路顛簸擁擠，進出城鄉，甚至荒郊野外。村野茶館雖可供食，衛生問題不免置疑。投宿只有路邊小棧或古廟所在，蚤蝨遍佈，茅廁糞蛆成堆。還要隨時提防盜匪襲擊。

　　他（她）們展開定點工作時，先拉皮尺測量建築物各部構造與外圍環境等，記下數字；再畫草圖，以便日後繪製平面、立面、斷面圖與立體模型。同時，拍攝全景與重要細節，不免攀樑爬柱，驚惹蛇蟲，步步驚魂。一旦有重要發現或訊息，更遑論電話等設施及時聯絡；往往大費唇舌，與地方官員或佛道高士等溝通交涉。工作結束，帶回資料，還要鉅細靡移的逐步整理、發表。〔註119〕真是煞費苦心的大工程。

〔註116〕林杉，《從徐志摩的靈魂伴侶到梁啓超的欽定媳婦——林徽音傳》，頁
　　　　191-196。寶頂山在大足縣城東北 30 里。
〔註117〕林洙，《大師的困惑——我與梁思成》，頁 57。
〔註118〕梁思成，〈尋找華北的古建築〉（末發表的手稿），引自費慰梅著，曲瑩璞、
　　　　關超等譯《梁思成與林徽因》，頁 80。
〔註119〕費慰梅，〈梁思成傳略〉，頁 xvi。

　　如此，她前後近十年以「忘我」的工作精神，從事調查研究。林徽因離家期間，總不忘以「溫柔的媽媽」身份給孩子寫信。1937 年 7 月她下山之前，又以整齊的大字，給正隨親戚在外地過暑假的小學 3 年級女兒，寄發一封信。信中圖文並茂地細述她們上下山的路線，還提到：「我們做中國人應該要勇敢，什麼都不怕，不怕打仗，更不怕日本人，要什麼都頂有決心才好!」〔註 120〕可見她清楚日本侵華腳步愈來愈緊迫，但仍勇往直前，實地勘查古建築。

　　林徽因配合野外調查，也發表建築與藝術史論述。茲按時間先後，表列 1949 年 10 月以前的作品如下。〔註 121〕

表 5-2：1949 年 10 月以前林徽因發表的中國古建築論述

發表時間、刊物名稱與卷期	篇 名 與 作 者	內 容 要 點
1932.3 匯刊 3/1	論中國建築之幾個特徵	論述中國傳統建築特徵在屋頂、台基、斗拱、色彩和均稱的平面佈置等。
1932、1935 同上 3/4，5/4	平郊建築雜錄（上、下；與梁思成合著）。續文載於大公報・藝術周刊（1935.2.23）。	散文；第一次野外調查報告附照片。記北平近郊如臥佛寺、法海門寺等古建築物。
1933.10.7 副刊	閑談關於古代建築的一點消息（外通訊一～四）	報導在察哈爾省應縣調查佛宮寺木塔概況。
1933.12 匯刊 3/3-4	雲崗石窟中所表現的北魏建築（與梁思成、劉敦楨合撰）。	寫大同雲崗佛窟自北魏開洞的結構與藝術價值等。
1934.1 商務印書館	《清代營造則例》第一章緒論（全書與梁思成合著）；並爲全書配圖、修文	闡述中國建築的基本特徵、結構方法等，是建築專業基本讀物。初稿成於 1932 年 3 月。
1935.3 匯刊 5/3	晉汾古建築預查紀略（與梁思成合著）	報導赴晉南汾陽、介休、趙縣、太原等八縣的考察。從此署名「林徽因」
1935.3.23 周刊	由天寧寺談到建築年代之鑑別問題	文章佔該刊全版篇幅；附照片。記述北平廣安門外天寧寺建築年代雖眾說紛云，但經她的研究，應屬遼末作品。
1945.10 匯刊 7/2	現代住宅設計的參考	介紹英、美兩國的四個案例，說明適合中國北京新市鎮的家庭住宅規劃設計。

〔註 120〕 梁從誡，〈倏忽人間四月天——回憶我的母親林徽因〉，頁 255、257。
〔註 121〕 本表資料來源：《林徽因文集：建築卷》；陳鍾英、陳宇，〈建築學家、詩人林徽因〉、〈林徽因年表〉，頁 301-341；成之隅〈梁思成與林徽因〉；林道群、吳讚悔編，《這也是歷史——從思想改造到文化革命 1949-1979》（香港：牛津大學出版社，1993），頁 121-126；林洙，《困惑的大匠梁思成》，頁 376-377、413-421。表中簡稱《中國營造學社彙刊》爲「彙刊」；天津《大公報・文藝副刊》與《大公報・藝術周刊》分稱爲「副刊」、「周刊」；《中國建築學報》爲「學報」。

發表時間、刊物名稱與卷期	篇 名 與 作 者	內 容 要 點
同上	《中國營造學社匯刊》第 7 卷 2 期編輯後語	擔任此期編輯，介紹各篇內容概要與作者，如林徽因的會籍英美民居實驗致若干種、梁思成的中國建築之兩部「文法課文」、費慰梅的武氏祠畫像石圖案研究（中譯文）、莫宗江的陝西榆次永壽寺、劉敦楨的雲南之塔幢、留置評的清眞寺建築等研究。
1949.6 華北高等教育委員會圖書文物處印	全國重要文物建築簡目（1949.2 與梁思成等編印，後擴爲《全國文物保護目錄》。）	總計 450 多條目；上頭按重要性次序加 4、3 不等的小圈，共有 200 條。下附有詳細位置、修建年代和價值等。

以上林徽因發表的中國古建築論述，1949 年 10 月以前共有 36 件，包括抗戰前有 7 件，抗戰期間到抗戰勝利後共有 29 件。又其中 13 件是她與梁思成等合著，還有 17 件是林自己撰著。〔註122〕值得注意的是，1934 年出版《清代營造則例》是梁思成以現代術語說明古代中國建築技術的工具書；由林徽因撰寫〈緒論〉，告誡建築家要「雖須要明瞭過去的傳統規矩，卻不要盲從則例，束縛自己得創造力。」1941 年由北平「中國營造學社」重印，1980 年再版。1935 年，她撰文〈晉汾古建築預查記略〉，署名「林徽因」，此後不再用本名「林徽音」。〔註123〕

至於林徽因對建築學的最重要貢獻，則是她與梁思成合寫的《中國建築史》，以及《中國建築史圖錄》（*A Pictorial History of Chinese Architecture*）。兩書均撰於抗戰最艱苦期間。前者是中國第一本建築史書；林徽因且獨力寫成第七章魏晉南北朝部分。其中內容，以先前野外調查所收集材料與相關論述等爲主。《中國建築史圖錄》英文版得費慰梅鼎力相助，1984 年由美國麻省理工學院出版，並榮獲該年全美最優秀的出版物。〔註124〕

1937 年抗日戰爭爆發後，顚沛流離的生活慘況，使林徽因經歷了 8 年的貧病歲月。8 月，日軍佔領北平。她本著愛國心，爲逃避日軍強要梁思成組織

〔註122〕林洙，《大師的困惑——我與梁思成》，頁 34，莫宗江長於續圖。林徽因在 1949 年 10 月以後的作品，可參見附表 5-1。

〔註123〕梁思成、林徽因，〈晉汾古建築預查記略〉，收在喬紀堂編選《二十世紀散文精品——梁思成‧林徽因卷》，頁 212-213；陳鍾英、陳宇，〈林徽因年表〉，頁 330-331；梁從誡，〈倏忽人間四月天——回憶我的母親林徽因〉，頁 270。

〔註124〕林徽因是爲避免與當時另一作家「林微音」名字混淆所致；林洙，《大師的困惑——我與梁思成》，頁 67；梁從誡，〈倏忽人間四月天——回憶我的母親林徽因〉，頁 261。

「中日友好協會」，一家五口僅攜帶 2 隻皮箱，匆匆搭火車到天津紅道路的家暫住；但常被槍炮聲攪擾，於是決定再移往西南大後方。她們與眾多百姓相同，一路上歷經艱辛與苦難。9月，坐船抵青島，轉濟南乘火車經徐州、鄭州、武漢南下，同月中旬抵長沙。時林無僕人助理，且因老母己身心交瘁，不得不捲起袖子與梁操持買菜、燒飯、洗衣等勞務，凡事躬親。〔註125〕11 月下旬某下午，大批日機第一次突擊長沙；她們所租在火車站附近兩間二樓灰磚房被炸，僅以身免。當晚獲張奚若騰出租處一間房棲身，張家五日則擠住另一間房。她們再被楊振聲等友人東一家西一處地收容了數日，才和金岳霖落腳於長沙聖經學院。〔註126〕

　　不久，她們搭公共汽車「曉行夜宿」地前往昆明。整整 40 天（原訂 10 天）1,000 多公里行程，經湘西常德與鳳凰，貴州貴陽、安順、曲靖等地。1938 年 1 月，她一家借居昆明翠湖前市長巡律街住宅，直到 1940 年冬，她再帶兒女與母蹲坐在卡車內的各自行李卷上，經過大山，遷到偏遠的四川南溪李莊安頓下來。這期間，她曾兩度肺病復發，險象環生。第一次在湘黔交界的晃縣，她肺炎病發，高燒到 40℃；時缺乏抗生素等特效藥，幸得同車一位留日女醫生開處方，煎中藥服用，歷 15 天才退燒。隨後，車子常拋錨；某日油料用罄，乘客必須合力推車前走。當時正值 12 月冷天，天色已晚，又在山頂上；幸好奇蹟般地及時望見一村莊，否則大病初愈的她，露宿荒野，勢將凍僵。〔註127〕另一次是 1940 年冬，她因考察四川摩崖石刻的勞累，又受了風寒，肺結核復發，一連幾週 40℃高燒不退，病情嚴重。從此，抱病臥床 4 年。李莊的生活條件差，據其女梁再冰描述：「沒有自來水和電燈，煤油也須節約使用，夜間只能靠一兩盞菜油燈照明。」〔註128〕更遑論任何醫療條件。她吃得又少，只靠梁思成學會給她注射肌肉和靜脈，以體力慢慢煎熬，後來身體瘦弱到幾乎不成人形。戰時物質缺乏，通貨膨脹劇烈，家裡的收入多用來支出她所需的昂貴藥品，甚至全家生活捉襟

〔註125〕隨後來到長沙的聞一多、朱自清與陳岱孫等清華、北大教授，常在梁家討論國事；晚間高唱愛國歌曲；梁目任指揮，振奮士氣。見林洙《大師的困惑——我與梁思成》，頁 60-61；陳鍾英、陳宇，〈林徽因年表〉，頁 335。

〔註126〕當時因無空襲警報，梁思成直到炸彈在眼前落地起火，才急衝進屋，與林分別抱起臥病在床的 8 歲女兒、5 歲兒子，並攙扶母親下樓；跑到街上，所幸另一批炸彈未爆炸。見楊立，〈林徽因在李莊二三事〉，頁 45；陳學勇，〈關於林徽因小傳的一些補充——林微音林徽音女男有別並非一人〉，頁 74。

〔註127〕Wilma Fairbank, p. 114.

〔註128〕林洙，《大師的困惑——我與梁思成》，頁 61-63、67-68。

見肘，必須靠友人資助，並典當衣物、金筆與手錶等，最後只剩留聲機，陪伴他們渡過艱苦歲月。〔註129〕

　　無獨有偶地，梁思成先因病而慢了三週抵達四川的李莊；1939 年初，梁思成以原先所患「脊椎軟骨硬化症」的病體惡化；背部肌肉痙攣，產生劇痛，必須切除病因「扁桃腺體」，被迫臥床半年；加上引發牙周病，而拔除滿口牙。身體健康嚴重受損。大約同時，梁家親戚如寡居的梁思莊攜女兒等前來投靠，也需要照顧。林徽因周旋於親人與家務之間，幾乎精力耗盡，心裡厭煩，以致在那一、兩年間的研究與創作幾乎停擺。〔註130〕但是因為 1939 年梁思成接受中央博物院聘請，任建築史料編纂委員會主任；1942 年她勉力協助梁開始編寫《中國建築史》，參與者尚有莫宗江與盧繩等。林徽因負負收集遼、宋的文獻資料。

　　同年（1942），梁思成又接受國立編譯館委託，編寫英文版的《中國建築及雕刻史略》，後改稱《中國建築史圖錄》。因此，儘管貧病交加，她所睡的小小行軍帆布床周圍堆滿了中、外文書籍。當她不發燒時，除了致力縫補家人衣襪，還大量閱讀《廿四史》、《戰爭與和平》、英文的《梵谷傳》與《米開朗基羅傳》、《元朝宮殿》、《莎士比亞全集》與《六朝祕史》等書，用土紙撰寫《中國建築史》的「筆記」資料。〔註131〕他們用一台古老打字機打出草稿，再加上繪圖；經常工作到深夜。兩書終於在 1942、1944 年先後完稿。

　　1945 年，林徽因所撰〈現代住宅設計的參考〉一文，則針對戰後復員時期，房屋將成為重要民生問題，因此特別匯集英美兩國最近實驗建置若干種，包括①美國印第安那州福特魏茵城 50 所低租住宅；②英國伯明罕的住宅調查；③美國伊里諾州數組「朝陽住宅」的設計與實驗；④美國 TVA 的「分部組合住宅」（Sectional House），作分析介紹。該文是由營造學社同仁用藥水、藥紙書寫石印，克服所缺的印刷設備，刊在該社匯刊第 7 卷第 2 期。〔註132〕

　　梁家在李莊 4 年間，美英友人如費正清夫婦與李約瑟，先後從重慶乘小輪，溯江約 200 英里，走 3 天水路往訪她們（1942.11.4、1943）。費正清等力

〔註129〕 Wilma Fairbank ,pp. 151-154, 198-203，1942 年 4 月 12 日傅斯年寫信，為梁思成、思永兄弟的貧病困境，求助當時教育部長朱家驊，幸獲得撥款。

〔註130〕 林洙，《大師的困惑——我與梁思成》，頁 63-65；陳鍾英、陳宇，〈林徽因年表〉，頁 335；楊立〈林徽因在李莊二三事〉，頁 45。

〔註131〕 林洙，《大師的困惑——我與梁思成》，頁 67-73；費慰梅著，曲瑩璞、關超等譯，《梁思成與林徽因》，頁 149，其他人則睡光板與竹蓆。

〔註132〕 《林徽因文集：文學卷》，頁 365；《林徽因文集：建築卷》，頁 251-316。

勸她倆赴英工作並治病。但兩人以國難當頭，不願輕言離去。戰後她由梁陪赴重慶檢查身體（1945.8），獲知她將不久於人世。〔註133〕當時美國有大學和博物館，函請梁前往訪問講學，她仍婉拒赴美療養。這個決定，使她因而早殤。日後梁思成憶述：

> 我不能不感謝徽因，她以偉大的自我犧牲來支持我。不，她並不是支持我，我認爲這也是她的選擇……但我們都沒有後悔，那個時候我們急急忙忙地向前走，很少回顧。今天我仍然沒有後悔，只是有時想起徽因所受的折磨，心痛得難受。〔註134〕

此外，林徽因所著的《全國重要文物建築簡目》一書，係起於 1948 年底中共圍攻北平前夕，張奚若帶領兩名共軍到她家，請她與梁協助畫出北平市內重點保護的古建築物地圖；被列爲一級保護的古建築，有北京城、故宮、曲阜孔廟、敦煌與雲崗石窟。次年 2 月，她協助梁思成應中共聘而編寫該書；後演變爲《全國文物保護目錄》。〔註135〕

林徽因撰述的〈城市規劃大綱〉與〈北京──都市計畫的無比傑作〉兩文，則 1935 年 4 月，因梁思成出差上海辦展覽，由林徽因與金岳霖陪同來華訪問的美國名建築學家兼城市規劇學家克拉倫斯・斯坦因（Clarence Stein）及其夫人名演員愛琳娜・麥克馬洪（Aline Mac-Mahon），遊覽北京頤和園，並到後山賞花。從斯坦因的建築研究理念，促使她與梁正視「城市規劃」的重要。1949 年 5 月起，梁思成出任「北平都市規劃委員會」副主任，她爲委員兼工程師；延續至 1955 年該會改稱「北京都市規劃委員會」。她倆初即與清大教師共同提出首都城建總體規劃草案；力主保存古城面貌，反對拆毀城牆、城樓與重要的古建築物等。〔註136〕可惜，事與願違。

三、投入禁煙工作

鄺文英於 1920 年代後期返國，擔任浙江杭州禁煙局化學師。〔註137〕以

〔註133〕 Wilma Fairbank, pp. 128-129.當時費正清爲美國新任駐華領事館文化情報處處長；由社會學家陶孟和陪同；李約瑟是戰時英國駐華使館的科學專員，日後出版名著《中國科技史》多卷。

〔註134〕 林洙，《大師的困惑──我與梁思成》，頁 71。

〔註135〕 梁從誡編，《林徽因文集：文學卷》，頁 413。

〔註136〕 Wilma Fairbank, pp. 92-94；林洙，《困惑的大匠梁思成》，頁 58、132-138。

〔註137〕 後來，鄺文英轉至上海南洋女子商業專校任教兼教務主任。1931 年進中國銀

女子在中國政府禁煙機構擔任職辦事，從事化學檢驗的技術工作，她算是很早期的前輩。

　　總之，當大多數中國婦女的職業，還只限於爭取坐辦公桌的工作機會時，鄺雲鶴、林徽因等留美實科出身的女子，已經參與實際生產工作。鄺雲鶴尤其是獨當一面的工程師。她對社會問題也有深刻研究，認為英美婦女多參加實際生產工作，女工程師、女航空員所在都有。中國人向來對職業有「士農工商」的價值判斷，輕視工商，以為「學而優則仕」，做官以後可以賺錢。但外國人不然，他們要樹立經濟經濟基礎，一定要從事工商。她強調中國男女地位若要真正平等，婦女職業先要獲得合理解決，除了清除輕視工商的觀念，更要廣泛參加實際工作。女子不要斤斤於名利的爭奪，必須經濟獨立，自己解決許多問題，才談得上本身自由平等的實權。當時婦女難胞疏散到重慶的人數很多，對於重慶工業界設法「以工代賑」的說法，她樂意在了解願意就業的人數和知識程度的調查數字後，與工業界人士商量，籌設一些生產技術訓練班，予以短期訓練後，分發到各工廠工作。〔註 138〕這一番意見，可以說她自己貧寒出身，有感而發的務實觀點。林徽因經常抱病外出，深入窮鄉僻壤去調查建築古蹟。鄺雲鶴、林徽因等人，坐言起行，以身作則。

第三節　從事教育工作

　　留美實科女生返國後，除了投身上述的研究與生產工作以外，更多數人從事教育工作，培養科學人才。以下擬分成在中上學校從事科學教育，以及從事教育行政領導工作兩大項，加以探討。

一、科學教育方面

（一）在大學培養高級科技人才

　　有不少留美實科女生進入大學教書，貢獻自己的專長。茲按各專業領域分述如下。

行虹口辦事處，受到重用，1944 年起兼任該銀行上海總行業務部襄理（P. P. Manager），見 *Who's Who in China: World Chinese Bibliography*, pp. 114-115.

〔註 138〕黛娜，〈人物介紹：鄺雲鶴女士訪問記〉，頁 11。

1. 數學方面

陸愼儀於 1925 年返國後，先在南京金女院，任教數學與物理 6 年，至 1931 年。〔註 139〕後在上海暨南大學理學院及大同大學，擔任算學教授，專長「數學分析」課程。1933 年專任上海大同大學教授。〔註 140〕她是數學學會的成員，抗日戰前又出國進修，大約 1937 年初與留英女生李祁同時回國，應聘任長沙湖南大學數理教授，1937 年 7 月原計畫回金女院敘舊。〔註 141〕抗戰期間仍在長沙湖南大學任教。〔註 142〕1946-1948 年再返回金女大任教，1946-1947 年代理教務主任。〔註 143〕1946 年 9 月 23 日金女院在南京原址復課，在校生達 332 人，新聘教職員 53 人，其中陸愼儀教授數理學兼教務主任。1948 年 8-9 月以金女院教授身份應邀赴美，至母校衛斯理大學講學。〔註 144〕1949 年來台後，陸曾在空軍研究所電腦部服務；1972 時 76 歲，已退休。〔註 145〕她擔任教職逾 40 年，對女子高等數理教育具有一定的貢獻。

黃孝貞於 1937 年以前，相夫教子、家務操勞之餘，先後於中央、交通、光華、大同等大學，任教統計、數學課程。曾與陸宗蔚合譯《密爾斯統計學》一書，由中華書局出版，開國內該科書籍的先河。1960 年來台後，曾任政大財稅系數學教授數年。她長於記憶與分析能力，數學根柢深厚。惟以教養子女，多費時間心力，以致對學術方面的成就與貢獻未盡發揮。但去世前仍以兒孫能成家立業，感到欣慰，並不介意因母愛所付代價的重大。〔註 146〕

2. 物理學方面

早期留美主修物理的男生返國後，大都在大專院校從事教學工作，培育高級物理學人才。如胡剛復出掌南京高等師範學堂物理系；顏任光、李書華

〔註 139〕 Lawrence Thurston and Ruth N. Chester, pp. 161-163；曾芳苗，〈民國教會女子教育〉，頁 229、241。

〔註 140〕 《清華同學錄》（1933），頁 211。

〔註 141〕 陸愼儀與留英庚款女生李祁（金女大校友）同時由英返國，相偕赴長沙湖南大學任教。見《金陵女子文理學院校刊》期 65（1937 年 6 月 1 日），頁 6。

〔註 142〕 教育部編，《教育部專科以上學校教員名冊》第二冊，頁 113。

〔註 143〕 Lawrence Thurston and Ruth N. Chester, p. 157；曾芳苗，〈民國教會女子教育〉，頁 229、241。

〔註 144〕 金陵女子文理學院辦公室編，《金女大大事記》，頁 36、44。

〔註 145〕 國立清華大學校長辦公室編，《清華同學錄》，頁 137。

〔註 146〕 李幹，〈李黃孝貞夫人行述〉、潘秀玲，〈訪黃孝貞女士談六十年前投考清華往事〉，頁 114-116。

和丁燮林先後主持北大物理系，直到 1920 年代初，這「南高北大」兩所大
專院校的物理學蜚聲國內。1921 年留美耶魯大學畢業的夏元瑮，在北大主講
相對論和理論物理等課程，成爲介紹相對論到中國的第一人。他將愛因斯坦
的名著《相對論淺釋》譯出，次年由商務印書館出版，成爲中國第一本有關
相對論的譯著。他被譽爲中國最早最好的物理工作者之一。饒毓泰執教南開
大學物理系（1922-1929），1930 年代轉而主持北大物理系；謝玉銘主辦燕京
大學物理系（1924-1937）；葉企孫與梅貽琦則創建清華大學物理系和理學院。
〔註 147〕

　　1920 年以前，有曾茅雲返國後，曾任上海與湖州的中西女塾教員、常州
崇眞女學校校長。1920 年在女青年會體育師範學校任教理化。〔註 148〕從這一
點來看，中國留美學理化專業的女生，返國任教中上學校，並不晚於留美學
物理專業的男生。

　　顧靜徽以中國第一位獲得物理學女博士，於 1931 年回國後，曾任南開大學
物理系教授，1933 年仍在任。〔註 149〕後來，她轉任上海大同大學物理系教授，
也在交通大學物理系任教，抗戰前所教學生中，有高足吳健雄女士。吳健雄於
1934 年從南京中央大學畢業，在浙江大學任教 1 年，又在上海的中國科學院研
究 X 射線結晶學 1 年，顧靜徽做爲她的指導教授，以中國缺乏物理學的研究機
構，建議她到美國接受更多的訓練。吳健雄遂決定選擇恩師顧靜徽留美深造的
密西根大學就讀，日後成爲著名物理學家。〔註 150〕如此的「名師出高徒」，在
近代中國物理學界女教師與女弟子的傑出表現，甚爲罕見，兩人都可謂爲奇葩。
顧靜徽還是國立編譯館編纂。1937 年抗戰爆發後，她撤退後方，轉任廣西大學
教授，擔任所專長「物理學」課程。1949 年以後，一直在北京鋼鐵學院任教授、
教研室主任。從事教育五十餘年，培養大批人才。中國物理學會北京分會第一
屆副理事長；〔註 151〕還曾參加編寫《中等物理辭典》。〔註 152〕

〔註 147〕 安宇、周棉主編，《留學生與中外文化交流》，頁 299-300、316-317。
〔註 148〕 上海檔案館，檔案號 U121-0-15，〈中華婦女青年會體育師範學校簡章〉，1920
　　　　　年，中華婦女青年會，頁 3。
〔註 149〕 《清華同學錄》（1933），頁 335。
〔註 150〕 （美）Sharon Bertsch McGrayne 著，李靜宜譯，《諾貝爾女性科學家》，頁 349。
〔註 151〕 國立清華大學校長辦公室編，《清華同學錄》，頁 175；教育部編，《教育部專
　　　　　科以上學校教員名冊》第二冊，頁 130。《中國人名大詞典——當代人物卷》，
　　　　　頁 1643。
〔註 152〕 高魁祥、申建國編，《中華女杰譜》，頁 260-261。

3. 化學方面

王世靜於 1923 返國後，應聘為廈門大學化學系副教授，月薪 100 元。藉此，她得以清償大學時代的欠款，並幫助妹妹世婉到東京女醫專求學。1924 年，她回到母校華南女大任化學系教授（薪金 300 元）。〔註153〕其姊王世秀也大約同時赴美留學，但由於華南女大由師姑（泛指美籍未婚女傳教士教員）主持校政，已婚者不受歡迎，故未入校工作。〔註154〕1924-1927 年在華南女大，任教化學；1927 年兼教務長。1928 年她再留美，以獎學金入密西根大學習教育行政 1 年返國。〔註155〕

余寶笙於 1928 年返國，回母校華南女院化學系擔任講師，至 1935 年再度自費赴美深造，習營養化學；〔註156〕在世界知名的生物化學家、維生素 ABC 的發明者麥卡倫教授指導下，1937 年獲得約翰霍浦金斯大學生物化學博士，論文題目"The Biological Distribution of Boron."〔註157〕指導教授決定留她當助手，但不久因抗戰爆發而匆匆返國。她趕上上海至福州的最後一艘船，再轉往南平，〔註158〕到母校華南女院化學系為教授。〔註159〕以 1940 年度下學期而言，她在化學系任教的課程有五種。（1）無機化學：一年級必修，4 學分，每週授課 3 小時，實驗 4 小時；家事組也同列為必修。修習學生計有 19 人。（2）定量分析：二年級必修，5 學分，每週授課 4 小時，實驗 7 小時；學生有 7 人。（3）有機化學：二年級必修，6 學分，每週授課 3 小時，實驗 8 小時；家事組同列為二年級必修。修習學生計有 10 人。（4）理論化學：三四年級選修，3 學分，每週授課 2 小時，實驗 1 小時；家事組同列為二年級必修。共有學生 10 人。（5）問題研究：二年級必修，2 學分，每週授課 1 小時，沒有實驗；學生有 4 人。那一學期，化學系共開 6 門課，除了上述的 5 門，還有一門「食物化學」，由陳芝英任教。可見余寶笙是該系的主要教授，每週上課 13 小時，月薪 200 元；惟該校各系人數不多，大多數課程修習學生數為個位數，

〔註153〕〈王仁堪〉，《福建歷史人物》第一輯（福州：福建教育出版社，1988），頁 55-59。

〔註154〕郭肇民，〈私立華南女子文理學院歷史概述〉，頁 97。

〔註155〕Cavanaugh, ed., 1931, p. 251; *Who's Who in China: Biographies of Chinese* p.p. 421-422.

〔註156〕華夏婦女名人詞典編委會編，《華夏婦女名人詞典》，頁 487。

〔註157〕Tung-li Yuan, Compiled, 1961, p. 217.

〔註158〕李晴，〈余寶笙年譜簡編〉，頁 34-35。

〔註159〕教育部編，《教育部專科以上學校教員名冊》第一冊，頁 112。

甚至只有 1 人選修也開課，〔註160〕算是一種「小班制」的精英教學，教學品質較能顧及到每個學生。

　　1949 年中共政權建立初期，余寶笙任華南女院化學系主任（1950-1951）。〔註161〕後隨華南女大加入福州大學任職，受到領導器重。文化大革命期間被受迫害，事後，80 多歲的她沒有向政府要求賠償，捐棄前嫌，重新走上科研與教育崗位。〔註162〕她晚年最重要的貢獻，是重組華南女大校友會，建立華南女子學院。1992 年，英國劍橋國際傳記中心授予她「世界婦女名人獎狀」。〔註163〕她在坎坷的人生道路上，始終堅持華南女大校訓「受當施」的信念，服膺「受」是爲了「施」，努力學習，努力培養，充實自己，將來才可以「施」得從容，「施」得出色，「施」出水平。〔註164〕余寶笙年輕時，以留美生化博士的優越條件，若能繼續在美國作科學研究，必獲得更大成就。但她並不後

〔註160〕福建省檔案館，藏號 39-1-97：〈私立華南女子文理學院校史（1950 年編）〉。

〔註161〕福建省檔案館，藏號 39-1-97：〈私立華南女子文理學院教育概況〉。

〔註162〕余寶笙於 1951 年任福州大學化學系主任及理學院院長，至 1953 年 9 月擔任福建師範學院化學系教授，直到 1957 年 9 月擔任福建師大化學系生物化學研究室主任、教務處副處長。她曾在學習會發言，質疑〈中蘇友好歌〉：「我們不做牆頭草，我們堅決一邊倒。」認爲應該跟蘇聯、美國都友好。這類政治話題使她在同年被劃爲右派受批鬥。1960 年代四清運動開始。華南女院被列爲重點打擊對象。余寶笙成爲受打擊的核心人物。文革期間，60 多歲的她被輪番批鬥，甚至連夜吊打，工作權也被剝奪。十多年間，反覆寫材料交代。後來她參加中國「863」高科技項目，爲福建師大生化專業奠基。1980 年赴美探親，應邀至望晨大學講學，並在明尼蘇達大學生化研究所免疫研究室作藥物與免疫研究。1983 年回國，被選爲全國人大代表，並兼任福建省科協委員，福建師大學術委員會副主任。見余寶笙，〈祖國，母親！〉，《福建日報》1981 年 6 月 11 日；華夏婦女名人詞典編委會編，《華夏婦女名人詞典》，頁 487；徐友春主編，《民國人物大辭典》，頁 406。

〔註163〕余寶笙是中國農工民主黨黨員，歷任福建省政協常委、全國政協委員。1984 年 9 月自任理事長，集各地華南女大校友會的力量，排除諸困難，籌畫私立華南女子職業學院。次年 10 月在福州煙台山下開學，自任校長，以「自強、開拓、勤樸、奉獻」爲校訓，成爲中國大陸第一所民辦公助的女子大學，也是唯一的一所私立女子高等教育學府，在香港設有校董會。該校設置實用英語、兒童教育與諮詢、營養與食品科學、服裝設計工程四個專業，學制 3 年。10 年間培養 1300 餘名高素質女子人才，還與美國亞聯董、衛爾斯理大學、聯合國開發計劃署、韓國梨花女大，建立交流合作計劃。見福建華南女子學院，《建院十週年紀念特刊》（福州：出版者不詳，1995），頁 8-9。

〔註164〕余少玉、江德愛、黃興靈、李碧欽，〈緬懷敬愛的余寶笙老師〉，《余寶笙院長紀念集》，頁 21。

悔，認為自己是中國人，應為國家服務，而許多高校基於專業上和生理上的要求，限制招收女生的數量，甚至不收女生，使眾多女性的才能得不到進一步培養和發揮。所以她創立福州華南女子職業學院，相信這「比留在美國有意義得多」。〔註165〕

高振貞學習看護科，獲得哥大碩士。1931 年已返國，在華南女大專任，教化學課程，月薪 120 元。〔註166〕1940 年已不在該校任教。〔註167〕

陶慰孫於 1924 年返國後，在上海大同大學擔任化學教授。1927 年再度赴日本京都帝國大學深造，1930 年獲得理學博士。論文名稱〈米、澱粉の生物化學的研究〉，中文名稱為《稻米澱粉的可消化性科學研究》，是第一位獲得日本文部省認定的理學博士的留日學生，也是第一位獲得理學博士的中國女性。〔註168〕她在返國的次年，即 1932 年與京都大學中國同學關實之結婚，同年 9 月返上海大同大學，為生物化學教授。她在該校先後教過十種以上的科目，除了生物化學，還有營養化學、特殊分析、有機化學實驗、立體化學、膠體化學等。上海被日軍佔領期間，陶慰孫和她的丈夫關實之抵制日本，不願舉開日本語講座。〔註169〕1951 年調東北工學院任教。文革結束後，她繼續教學與研究，培養年輕的教師人才，還共同發表論文，編纂教科書。她的學生在生物化學界的專家頗多，少數開設化學公司。1982 年 12 月 11 日陶慰孫病逝。她丈夫的遺言，將兩人的儲蓄寄付吉林大學，創立「陶慰孫獎學金」。〔註170〕由此可見陶慰孫有學問，品格高，遺愛人間而受尊敬。

〔註165〕1987 年，美國有位東北大學分析化學專家至福建訪問她。這位專家認為她放棄自己的專業，後來當上全國人民代表，以及華南女子學院院長，實在是人才的極大浪費。林梅英，〈緬懷余寶笙老師〉，《余寶笙院長紀念集》，頁 5。

〔註166〕福建省檔案館，藏號 39-1-97：〈私立華南女子學院呈請立案用表之（一）〉，頁 253。

〔註167〕福建省檔案館藏號 39-1-97：〈私立華南女子文理學院 1940 年各項校務報告〉。

〔註168〕教育部總務廳文書科編，《教育公報》第七年二期，報告，頁 22；長島讓，《女博士列傳》（東京：科學知識普及會，1937），轉引自周一川《中國人女性の日本留學史研究》（東京：株式會社國書刊行會，2000），頁 147。惟 Cavanaugh, ed., 1932, p. 296,謂陶慰孫是 1931 年獲博士。

〔註169〕郊其庚，〈關實之、陶慰孫兩教授在大同大學〉，收在吉林大學建校五〇週年紀念《關實之、陶慰孫百年誕辰紀念文集》（長春：吉林大學出版社，1996），頁 27。

〔註170〕1950 年中共政權建立，陶慰孫與丈夫歡欣赴北京與東北參觀，還去瀋陽工學院。1952 年院系調整，該院併入東北人民大學（吉林大學前身）化學系。東北氣候嚴寒，要建立綜合大學很難，但在她與同事的努力下，吉林大學陸續

曹簡禹於 1933 年返國，任上海大同大學化學系及生物系教授、北平國立女子師範學院教授；擔任「有機化學」、「理論化學」、「植物生理學」。並曾加入國內外的學術研究社團，如中國科學社、中國化學會、中國化學工程學會及美國化學會（American Chemical Society）。〔註171〕抗日戰爭期間，她隨國立女子師範學院遷至四川白沙，任理化系教授兼主任。當時物力維艱，倡導以代用品開設物理及化學諸種實驗，使學生研習不輟，程度不減於標準。抗戰勝利後回南京，任金陵女子文理學院化學系教授。1948 年，曹簡禹來台，初任教於台南師範專科學院；時中小學教師以政府不發教具為苦，她以豐富的經驗，輕易地教導員生自製教具，為今日台灣各校師生競相自製教具及科技研究的創始人。不久，她獲省立工學院（即今國立成功大學）化工系、化學系及電工系（今礦冶及材料科學系）聘為教授。她除了教授物理化學及電化以外，兼化工程序、量子化學及光化學等多種課程。又奮力從事學術研究。〔註172〕

曹簡禹曾多次出席國際性學術會議。〔註173〕1962 年應邀出席「英國國際放射線研究學會」。1974 年，她應邀出席巴西里約熱內盧「國際聚合學會」。她參加後兩會，且為唯一的中華民國會員，使我國國旗在會場上飄揚，又曾赴美國普渡大學、伊利諾大學及威斯康星大學，從事講學及研究。〔註174〕

鄧雲鶴在燕京大學擔任講師，執教 1 年，想必與她的專長化學或化學工程有關。1933 年她再自費赴柏林大學進修。〔註175〕

值得注意的是，1910 年新立的中國女子大學，如金女大與華南女大，其化學專業教師，除了聘任外籍女教師或女傳教士以外，難以覓得中國女性擔任。以當時的金女大為例，1915 年聘請李瑪琍（Ma-li lee 或 Mali Lee, Mali Li，

　　設立化學系、生物系，專攻生物化學領域的研究環境得以形成。陶慰孫夫婦生活樸素，家中沒有冰箱與洗衣機等電氣用品，還幫助貧困的同事或學生。文革期間，她倆在大同大學所教的學生嚴沛霖夫妻過世，遺下三個未成年的孩子，陶慰孫與丈夫每月供給他們生活費。見張德安，《陶慰孫傳記》，收於《關實之、陶慰孫百年誕辰記念文集》，頁 4、61-62；中華留學生名人辭典編委會，《中華留學生名人辭典》，頁 619。

〔註171〕〈編後餘談：本期作者履歷現狀介紹〉，《教育雜誌》卷 26 號 12，頁 141。

〔註172〕教育部編，《教育部專科以上學校教員名冊》第二冊，頁 152；中華民國當代名人錄編輯委員會，《中華民國當代名人錄》，頁 848。

〔註173〕高魁祥、申建國編，《中華古今女杰譜》，頁 268。

〔註174〕徐友春主編，《民國人物大辭典》，頁 816。

〔註175〕中國婦女管理學院編，《古今中外女名人辭典》，頁 84、85；華夏婦女名人詞典編委會編，《華夏婦女名人詞典》，頁 1122。

又稱李瑪利）〔註176〕，任教化學與數學 1 年，1916 年度離校。〔註177〕1917
年，李瑪琍在美以美會中學（Methodist High School）任教，〔註178〕但地點不
詳。1922 年她擔任南京東南大學女生指導部主任兼化學教授。該校於 1920 年
開放女生入學，校長郭秉文以曾任中國留美學生會會長，多次赴美考察高等
教育，趁機禮聘留美畢業生。李瑪利是他延聘的 3 位女性教師之一。〔註179〕
在她之前，該校已聘留美返國的男生張子高講授現代化學。〔註180〕

4. 生物學方面

李舜訇於 1927 年左右返國，嫁給福州城內劉一連。她曾任福建省興化縣咸
益女校校長；福建學院農科植物學教授，專長生物形態學、生物優生學。〔註181〕
1931 年已在華南女大專任，教生物學課程，月薪 120 元。〔註182〕1942 年擔任
金陵大學教授。〔註183〕

許引明於 1928 年返國，以生物學博士，回母校華南女院生物學系教授兼
主任。她專長寄生蟲學，1942 年仍在該校。〔註184〕曾任教務長（1937-1950）；
1946-1947 年任代理校長。〔註185〕

劉德珍於 1928 年返國後，曾任廣州嶺南大學動物學講師。1933 年她仍在
任，已婚，丈夫姓李。〔註186〕

馬心儀於 1930-1933 年任燕京大學講師；1931-1933 年任北平協和醫科大學

〔註176〕 Matilda Thurston to Calder Family, 13 September 1915, Box 2, 2.3, Matilda Calder Thurston papers UTS, in Waelchli, see Mary Jo, M.A., "Abundant Life: Matilda Thurston, Wu Yifang and Ginling College, 1915-1951." （Ph. D. Dissertation of The Ohio State University, 2002）, pp. 63-64, 李瑪琍作 Mali Li。

〔註177〕 Lawrence Thurston and Ruth N. Chester, p. 155；曾芳苗，〈民國教會女子教育〉，頁 229、241。

〔註178〕 "Returned Students", *The Chinese Students' Monthly,* Vol. 12, No. 8（June, 1917）, p. 441.

〔註179〕 謝長法，《借鑑與融合——留美學生抗戰前教育活動研究》，頁 175、178、184。

〔註180〕 中國人講授現代化學的先聲張子高（1886-1985），是 1917 年獲得麻省理工大學學士，返國擔任南京高師理化部教授。南京高師於 1922 年併入東南大學。見安宇、周棉主編，《留學生與中外文化交流》，頁 314-317、319。

〔註181〕 教育部編，《教育部專科以上學校教員名冊》第一冊，頁 133。

〔註182〕 福建省檔案館，藏號39-1-97：〈私立華南女子學院呈請立案用表之（一）〉，頁 254；《華南女子學院一覽》，頁 93。

〔註183〕 教育部編，《教育部專科以上學校教員名冊》第一冊，頁 133。

〔註184〕 同上，頁 131；《華南女子學院一覽》，頁 11。

〔註185〕 貝德士輯，〈中國基督徒名錄〉，頁 437。

〔註186〕 清華大學同學會編《清華同學錄》，頁 58。

（P.U.M.C.）細菌學系研究員；1933 年以後任梧州廣西大學生物學教授。〔註 187〕

5. 衛生學方面

抗日戰前，方雪瓊於 1931 年以前返國，擔任華南女大生理衛生學課程，月薪 120 元。〔註 188〕陳美愉於 1928-1934 年在母校金女院任教衛生學，兼課 6 年。〔註 189〕1933 年，陳美愉爲金女大衛生學系主任。〔註 190〕後來陳美愉擔任中央大學衛生學教授，1937 年仍在任。〔註 191〕

6. 心理學方面

楊保康於 1923 年獲碩士返國，歷任上海大同大學教授、中央大學區南京女子中學校長，1930 年代初擔任上海大夏大學附設女子幼稚師範學校主任。〔註 192〕

陳懿祝獲得哥大教育學及心理學碩士，1924 年返國，在廈門大學教育學科爲副教授，任教科目「實驗心理學」。〔註 193〕此前爲教育學副教授。〔註 194〕後爲福建協和學院副教授，任教科目「教育心理」，1942 年仍在該校任教，時 34 歲，仍未婚，專心教書。〔註 195〕

高君珊於 1925 年由哥大畢業返國後，應該是先回北京女高師任教，後曾任國立東南大學教育教授。她終身未婚，〔註 196〕在 1929 年 6 月以前又獲得獎學金，再度赴美，〔註 197〕到密西根大學進修，〔註 198〕1931 年獲得哥大

〔註 187〕 *Who's Who in China: Biographies of Chinese Leaders,* p. 186.
〔註 188〕 福建省檔案館，藏號 39-1-97：〈私立華南女子學院呈請立案用表之（一）〉，頁 255。
〔註 189〕 Lawrence Thurston and Ruth N. Chester, p. 152；曾芳苗，〈民國教會女子教育〉，頁 230。
〔註 190〕 不著撰人，〈衛生學系之新貢獻〉，頁 3-4。
〔註 191〕 《金陵女子文理學院校刊》期 66（1937 年 6 月 16 日），頁 6。
〔註 192〕 樊蔭南編纂，《當代中國四千名人錄》（香港：波文圖書公司，1978），頁 346。
〔註 193〕 廈門大學編，《廈門大學佈告》第 3 卷第 2 冊（民國十三年至十四年）」，頁卯一。
〔註 194〕 同上，頁 10。
〔註 195〕 教育部編，《教育部專科以上學校教員名冊》第一冊，頁 164，以及第二冊，頁 280；廈門大學編，《廈門大學佈告》卷 3 期 2（廈門：廈門大學，1925），頁 10。
〔註 196〕 賈逸君，《中華民國名人傳》，附錄二，頁 42。
〔註 197〕 寰球中國學生會編，《寰球中國學生會廿五週年紀念冊》，頁 7。
〔註 198〕 毛彥文，《往事》，頁 29。

碩士返國，先後任燕京大學副教授、中央大學教育學系教授、〔註 199〕濟南大學、震旦女子文理學院、大同大學教授。1950 年以後歷任大同大學、華東師範大學教授。〔註 200〕1930 年代初期，為中央大學區教育委員。1935 年以該校教授身份，參與曾任國立清華大學留美公費生考試「教育心理及兒童心理學」科目命題委員。由此可見心理學在教育與兒童方面的應用，是高君珊的專長。〔註 201〕此外，她還曾參加太平洋國際婦女會議。〔註 202〕

7. 建築學方面

1928 年 9 月，林徽因與夫婿在梁啓超安排與高惜冰推介下，先後赴瀋陽東北大學，應聘在新成立的全國第一個建築系任教，是當時該系僅有的兩位教員；梁兼系主任。〔註 203〕第二學期開學後，有賓大同學陳植、童雋與蔡力蔭，加入她倆的教學行列。他們還其組一「營造事務所」，以為研究並承攬建築工程。當時建築系 40 多名學生集中在一間大教室裡，坐位不分年級，但要點名，嚴格限制曠課；課程多採取英美大學教材與教學法，實習報告用英語。梁思成任教「建築設計」與「中西建築史」課程。林徽因擔任「美學」、「建築設計」、「雕飾史」與「專業英語」等課程。她力主專業英語，並親自執教，使學生很快能看外國的建築資訊。〔註 204〕她常帶學生往瀋陽的清故宮與昭陵上課；以僅存的古建築為實例，深入淺出地講解建築與美的關係。她淵博的知識、幽默犀利的風格，很受學生歡迎。當時東北局勢不穩，夜間時有北方牧野南下的鬍匪，騎馬從屋外奔馳而過；她倆雖不敢開燈，卻仍熱心輔導學生，常到深夜。她初為人師，挑戰很大，加上熱忱奉獻教育，又全程參與設計工作，以致懷孕後幾乎累垮。〔註 205〕

〔註 199〕〈編後餘談：本期作者履歷現狀介紹〉，《教育雜誌》卷 26 號 12，頁 140。

〔註 200〕《上海高等教育系統教授錄》編委會編，《上海高等教育系統教授錄》，頁 66。

〔註 201〕王煥琛編著，《留學教育》第四冊，頁 1891、1897。

〔註 202〕《教育雜誌》卷 26 號 12，頁 140。

〔註 203〕梁思成，〈祝東北大學建築系第一班畢業生〉，頁 226-229；又南京中央大學稍早在機械系有建築生訓練，但無獨立的建築系，見 Wilma Fairbank, pp. 33, 41-42。

〔註 204〕Wilma Fairbank, p. 34，謂梁的月薪 265 元；林杉，《從徐志摩的靈魂伴侶到梁啓超的欽定媳婦——林徽音傳》，頁 100-104，則謂梁、林的月薪分別是 800、400 元。昭陵是清太宗皇太極的陵墓，在瀋陽北邊，又稱北陵。

〔註 205〕林洙，《大師的困惑——我與梁思成》，頁 33；陳鍾英、陳宇，〈建築學家、詩人林徽因〉，頁 303-304。

　　林徽因在東北大學任教近 2 年期間，也遭遇人世間生離死別的大事；感情問題又有另一番衝突與掙扎。1929 年 1 月放寒假以前，梁啓超因接受一次拙劣的腎臟手術，導致病危；她倆接到家裡拍來的電報，隨即趕往北平協和醫院探望。梁父於同月 19 日病故，遺體移到西山臥佛寺西邊東溝村，與李夫人合葬。〔註206〕同年 8 月 21 日，她在北平協和醫院生下長女，取名「再冰」，以紀念「飲冰室主人」梁啓超。女兒滿月後，她回校繼續任教。但到 1930 年秋，就不堪教學與家務工作勞累，肺結核病復發，而暫別丈夫、孩子，由生母陪同到較溫暖約北平香山休養半年。次年夏，梁思成以東北時局益惡，且不滿東北大學校長張學良揚言要殺死校內鬥爭激烈的院長派系人選（梁未捲入其中），辭職返回北平，一家 5 口才得團聚，租居於靠近東城牆的北總布胡同 3 號四合院。〔註207〕

　　東北大學在九一八事變後被日軍關閉，惟林徽因、梁思成等及時栽培了張錢、劉致平、陳明達與莫宗江等建築系第一班的畢業人才；後三人不久也加入營造學社研究古建築行列。1935 年，她又應聘到北大女子文理學院外語系，講授「英國文學」課程，還有多次演講、報告等，頗受學生歡迎。以上這些短暫而寶貴的教學經驗，後來促成林、梁先以書面，後在 1946 年 2 月去昆明，拜會西南聯大校長梅貽琦，建議清華大學成立建築系獲准，以培養人才，配合戰後中國迅速工業化，改善都市規劃。〔註208〕

　　抗戰勝利，林徽因與梁思成共同創辦清華大學建築系，用心教導栽培後進，傾囊相授。1946 年 8 月，她帶病在清華園安家後，兼系主任的梁思成赴美講學（1946.11-1947.8），因此籌辦建築系的諸多事務，多由她代為組辦。她為解決清大學生的經濟負擔問題，倡議並帶頭組織「工藝美術設計系」，接受校外的設計工作；所得收入則購買顏料、紙張，供學生學習建築繪圖時用。〔註209〕可見她對學生關懷備至。中共政權建立後，她倆同獲聘為清大營建系（後為建築系）

〔註206〕許惠利，〈梁啓超墓尋訪記〉，《傳記文學》卷 72 期 6，頁 34-36。

〔註207〕林洙，《大師的困惑——我與梁思成》，頁 35；Wilma Fairbank, p. 42-43；林洙，《困惑的大匠梁思成》，頁 32-33。林徽因的生母自此與她們同住。

〔註208〕梁思成，〈致梅貽琦信——建議清華創辦建築系〉，引自喬紀堂編選《二十世紀散文精品——梁思成·林徽因卷》，頁 230-233；陳鍾英、陳宇，〈林徽因年表〉，頁 332、336-337；林洙，《大師的困惑——我與梁思成》，頁 34-35。

〔註209〕梁從誡，〈倏忽人間四月天——回憶我的母親林徽因〉，頁 264，梁思成應聘赴美耶魯大學作訪問教授，主講中國古代建築；後代表中國任聯合國大廈設計委員會顧問。

一級教授。她擔任「中國建築史」、「市鎮設計」等課程，並在研究所開「住宅概論」等專題課。在她病逝的前一年（1954），中國建築史有 2／3 課程，是躺在床上講授，學生則圍坐床前聽講而完成教學任務。1966 年以前，清大營建系學生需 6 年才畢業。她還爲中央美術工藝學院代培 2 名研究生。〔註210〕她授業的學生中，也有女生學建築，如郭黛姮、黃匯等。〔註211〕學生爲紀念她而編寫的紀念集，提到「對工藝美術、園林設計、室內設計與建築裝飾等廣泛涉獵，有獨到的見解……這一部文集其中有她的辛勤工作，是對梁先生的紀念，也是對她的紀念。」〔註212〕可見在中國現代建築藝術人才的培育上，林徽因不但是早期重要傳授者之一，更是當時第一位的女性教授。她兼長建築與藝術設計，又能與丈夫同心協力，是不可多得的才女。

8. 其它方面

徐亦蓁在 1923 年返國後，在上海從事教育工作，主管上海盲童學校、教會免費學校以及孤兒院等。這是她婚前所從事的工作，顯示她也有自己的事業。1924 年與名醫牛惠生結婚。他勵志在上海創辦一所骨科醫院，於是從募集捐款到醫院成立，徐亦蓁全心參與一切。上海骨科醫院，是當時東亞第一所現代化現代化專科醫院，牛惠生自任院長，徐亦蓁除任職人事處外，兼管病人福利，並任骨科護士培訓班主任等。1928 年金女大董事會改組，徐亦蓁被選爲董事會主席。〔註213〕董事會推選吳貽芳博士爲校長。此後 10 年，徐亦蓁擔任董事會主席，與吳貽芳密切合作，一起爲金女大的發展而努力，是一位以身作則的卓越教育家。〔註214〕

張匯蘭於 1926 年在美獲生物碩士返國，9 月回原來的金女大體育系任講師，教運動解剖學，教具簡單，只用零星的人體散骨，上課時讓學生傳遞觀察；有些女青年會的老同學再考入金女大，成爲她的學生。〔註215〕她同時在中央大

〔註210〕陳鍾英、陳宇，〈建築學家、詩人林徽因〉，頁 309-311；林洙，《困惑的大匠梁思成》，頁 153。
〔註211〕林洙，《困惑的大匠梁思成》，頁 80、156-157。
〔註212〕吳良鏞、劉小石，〈編輯說明〉，《梁思成文集》（台北：明文書局，1998），頁 6。
〔註213〕牛惠生畢業於美國哈佛大學醫學院，是骨科專家。見《金陵女兒》編寫組，《金陵的女兒》，頁 3。
〔註214〕徐振玉，〈吳貽芳的知心摯友──徐亦蓁〉，頁 3-4。
〔註215〕張匯蘭，〈我和金陵女大體育系〉，頁 36；德本康夫人等著，楊天宏譯，《金陵女子大學》，頁 52、91；曾芳苗，〈民國教會女子教育〉，頁 229、241。

學體育系兼課，教舞蹈類課程；1927 年秋勇敢接下金女大體育系系主任，成爲第一位中國籍系主任，藉此對日後擔任體育行政增加歷練。惟以教會大學華籍教師待遇較低，1928 年秋應聘在中央大學體育系專任講師。〔註 216〕直到 1929 年，中大體育教師共有 11 位，但女性只有她與助教孫徵和 2 位。〔註 217〕張匯蘭在任教之初，缺乏教具，只得採用靈活的方法，以豐富的形象如鋼筋水泥的比喻，加強學生對枯燥概念的理解，使學生在沒有顯微鏡的情況下，也能準確把握骨骼的化學成分及作用。〔註 218〕她對女生穿著高跟鞋和旗袍上體育課，頗不以爲然。爲了維持教學品質與紀律，要求她們改穿平底鞋、白襯衫與黑燈籠褲，卻遭反彈與聯名抗議，連同事也不甚諒解，經她結合女教師出面解釋與排解，並耐心說明原因，且爲經濟困難的學生聘請裁縫師協助，才平息風波。〔註 219〕總之，當時她所任教的年代，女子體育剛起步，樣樣不足，只有以艱苦創業精神面對。

張匯蘭曾任中央大學女子體育部主任 6 年，至 1935 年由高梓接任，〔註 220〕她轉赴河北省立女子師範學院擔任體育系主任。〔註 221〕1938 年，張匯蘭三度赴美，入愛阿華（Iowa）州立大學，1945 年獲得公共衛生博士，論文是研究有關中國體育健全課程結構基礎的事實與原則總括，名稱爲"A colligation of facts and principles basic to sound curriculum construction for physical education in China"，她成爲中國第一個體育相關科系的女博士。〔註 222〕1944 年返國，曾在四川巴縣歇馬「鄉村建設學院」任衛生教育工作 1 年。〔註 223〕1947 年秋再度接金女大體育

〔註 216〕 張匯蘭，〈我和金陵女大體育系〉，頁 37；郝更生，《郝更生回憶錄》，頁 110。

〔註 217〕 孫徵和是江蘇武進人，家住蘇州。那一年中大男體育教師，除了吳蘊瑞，還有副教授盧頌恩、講師趙士法，以及助教 6 位，即吳澂、王子鶴、王毅誠、陳柏青、蔡紹遠、金兆均。參見〈國立中央大學教育學院體育科現任教職員錄〉，《體育雜誌》第一期（南京，1929 年 6 月），頁 125。

〔註 218〕 金海，〈體壇名宿張匯蘭的人生追求〉，頁 39。

〔註 219〕 張匯蘭回憶、邱偉昌整理，〈我在中大體育系生活片斷〉，《體育史料》輯 10（1982），頁 86。

〔註 220〕 金海，〈體壇名宿張匯蘭的人生追求〉，頁 39。

〔註 221〕 張匯蘭，〈體格檢驗及體育分組問題〉，《勤奮體育月報》卷 2 期 12（北平，1935），頁 801。

〔註 222〕 Tung-li Yuan, Compiled, 1961, p. 4 謂 1945 獲博士。但徐友春主編，《民國人物大辭典》，頁 958；華夏婦女名人詞典編委會編，《華夏婦女名人詞典》，頁 539，均作 1944 年獲得博士。今從前者。

〔註 223〕 徐友春主編，《民國人物大辭典》，頁 958；《華夏婦女名人詞典》，頁 539。

系系主任，一個月間藉由該系同事的協助，制定一些應急的管理規章和工作計劃，逐步恢復教學秩序等。她所教運動解剖課，教具僅一副英國文化協會贈送的人體骨骼架和一些散骨。〔註224〕次年時局愈壞，金女大體育系專修科生 7 人；本科生僅 1 人，師生一對一上課。至 1950 年本科畢業生共有 52 人，若連同專修班 73 人與一年制簡易進修班 30 人，則共培養初、中、高級體育師資 155 人；而該校於 1919-1951 年間的畢業生總數有 1,000 人。〔註225〕可見體育系佔將近 1／6 的比例，是頗高的份量。

此外，高君韋於 1930 年代初期病死於北京協和醫院，英年早逝，最令他父親高夢旦重傷心情。〔註226〕她的長姊高君珊哀痛之餘，以中國科學社社友身分，捐贈一筆紀念獎金，頒給算學、物理、化學、生物學及地學五種，每年訂一科輪流給獎。〔註227〕

二、擔任教育管理工作

（一）女子大學校長吳貽芳與王世靜

吳貽芳從 1928 年初任金陵女子大學校長，到 1949 年中共建立政權的 20 多年間，培養眾多傑出的女子人才。她任內致力探索和改革教育體制和教育方法，提出「要求學生做到的，首先要求自教師做到；要求教師做到的，首先要求自己做到。」反對學生讀死書、死讀書，主張課堂教學與實踐、實驗相結合，知識傳授和技能訓練二者不可偏廢；要求理科的報告論文，一定要根據實驗來寫；爲擴展學生的知識面，提出文科學生要選讀一定學分的理科課程，理科學生也一定要掌握中文、歷史、地理等基本知識；鼓勵學生多接觸實際，該校內的女青年會，辦起培幼小學，由同學們輪流上課；社會學系經常組織學生做社會調查，就多種專題進行討論研究。金女大實行學分制，

〔註224〕金陵女子文理學院辦公室編，《金女大大事記》，頁 61；張匯蘭，〈我和金陵女大體育系〉，頁 37。

〔註225〕同前註；吳貽芳，〈金女大四十年〉，頁 107-109；1950 年金女大遵照指示，與金陵大學合併爲公立金陵大學，張匯蘭任教務長。1952 年該校再與中大、華東師大合併，改組爲上海華東體育學院，10 月張匯蘭轉赴此校就職。

〔註226〕莊俞，〈悼夢旦高公〉，頁 17。

〔註227〕中國科學社成立於 1915 年，至 1950 年仍存，1915 年所出版《科學》雜誌至 1949 年停刊。任鴻雋，〈中國科學社社史簡述〉，中國人民政治協商會議全國委員會文史資料研究委員會編《文史資料選輯》輯 15（北京，1961），頁 21。

允許經濟困難的學生，讀一個階段，離校工作一段時間，再來讀滿所要求的學分。〔註228〕

她重視學生的人格教育，用多種訓練方式，如採取新生入學周、新生月、姐妹班以及畢業生退休會等制度，取得良好效果。吳貽芳宣稱金女大「每學年秋季開學之初，有一個『新生入學周』，對新生進行訓練，教務處、總務處、校長室、學生組織等，在這幾天裡分別介紹情況和規則，帶新生參觀圖書室、遊覽校園，幫助她們了解如何利用圖書資料，熟悉環境。」〔註229〕這個做法，能幫助新生儘快適應大學的生活環境。對考入金女大的學生而言，由高中入大學，意味要離開家庭等熟悉的環境，在身體、心理、學習方式、人際關係、生活環境等諸多方面，都是一個轉折，難免感到人地生疏，面臨許多問題和新要求。因此，金女大每年舉辦新生入學周，教導幫助她們儘快熟悉學習和生活環境。以1934年9月的新生周而言，開展的主要內容有：介紹金女大的辦學目的和學校的發展歷史；介紹學校的組織機構和分掌事項；介紹學校的課程安排、學生組織和畢業生的就職情況；參觀學校、女青年會組織舉辦的培幼小學與社會活動中心；觀看放映生活的電影等。可以說該校的新生入學教育豐富而有效。

1938年改新生入學周為「新生月」，使心生教育更充實、有收穫。第一周聽取國內外形勢報告；第二、三周則分成小組，到成都及附近地區的教育機構參訪、住宿農村，並考察農家和學校，讓城市女孩趁機了解農民生活，引發她們對農村工作的興趣；第四周及最後一周，進行討論、總結，寫體會報告。藉由「新生入學月」的活動，心聲可以了解學校環境、組織與活動，也增進對其他師生的認識，還獲得對學校生活初步經驗。這種對新生的教育方式，在吳貽芳主持金女大時，形成慣例，且制度化。在當時國立大學並不多見。1942年的心聲教育，除了體育和體格檢查外，由教職員分別講該校的校史、讀書生活、家庭生活、貸金與資金、三民主義厚生團（學生自治會）、如何利用圖書館，以及世界形勢，再由學生寫出對新生教育的印象。1945年的新生入學教育，不僅介紹學校歷史與辦學目的、圖書館使用方法、讀書方法，還有講演三民主義、練習校歌、參觀古蹟與短途旅行等，可謂多采多姿。1947年金女大的心聲教育，除了有教職員歡迎新生的儀式，各處室還向新生做報

〔註228〕歷代名人教育志編委會編《歷代名人教育志》，頁625。
〔註229〕吳貽芳，〈金女大四十年〉，頁111。

告。吳貽芳也經常在新生教育活動中，向學生介紹學校的歷史和辦學目的，提醒和告誡學生從入學開始就要注意人格的訓練。〔註230〕

至於姐妹班制度，則是規定新生入住的宿舍，有一位三或四年級的「姊姊」同住，以便對新來的「妹妹」進行多方面的照顧、幫助。該校安排大一與大三學生、大二與大四學生結為姐妹班，使新生盡快適應在校的學習生活，也為增強不同年級學生間的交流情誼。每個學生有一二個姐妹。吳貽芳認為「『姐妹班』制度使得這些新來乍到的『妹妹』，能很快習慣新生的生活，也使當『姊姊』的高班學生學會關心照顧別人，培養了學生間互相友愛的精神。」〔註231〕金女大創立這個制度頗有價值。首先，它打破不同年級學生間的隔閡，強調開放、交流。其次，明確高年級學生有照顧低年級學生的責任。第三，使心生移入校，就感受到親情，行程對學校的好感，進而增強學校的親和力、凝聚力與向心力。如此，不至於「獨學而無友，則孤陋而寡聞」，有助於教育目標的成功。

「四年級同學退修會」，也是在吳貽芳任內創立。該校凡修滿三年的學生，進入第四年，必須參加退修會，以進行有關人生、社會與就業的教育。主要內容有教師做主題報告或演講，然後學生針對主題展開討論。如 1929 年的退修會，由教師講演「生命的永恆價值」，學生圍繞「如何把所追求的價值實現在金女大的學校生活裡」進行討論。1934 年的退修會，則由數位老師主講，包括「如何發展健全人格」、「團結精神於個人及團體生活之重要」、「大學生對於社會之關係」等多方面內容，吳貽芳還親自給學生講演「最後一年內如何達到我們的希望」。四年級的學生在聽完這些演講、報告後，就「如何希望大學教育發展我之健全人生」的主題進行討論。這些命題的意義，在於讓她們前三年的學科知識教育能有所總結與昇華，且做為就業預備教育的基礎。

抗日戰起，金女大更加注重對四年級學生的職業、生活與人生的指導。1937 年，退修會的題目──對於社會需要的認識及怎樣應付這需要？人生的價值與意義？離開前應有準備？怎樣支配環境而不為環境所支配？怎樣服務才可表現金陵的精神？1939 年退修會討論題目──如何善用大學四年？四年級如何服事學校，職業指導、友誼與婚姻的關係。1945 年討論的總綱是「大

〔註230〕 程斯輝，〈論高校心聲與畢業生的教育──從吳貽芳在今陵女子大學的實踐談起〉，《河北師範大學學報（教育科學版）》卷 6 期 1（2004 年 1 月），頁 88。
〔註231〕 吳貽芳，〈金女大四十年〉，頁 111。

學婦女對完美之生活，應具有之正確認識與準備」，要求從學業、家庭、社會、宗教、職業等五個面向，展開深入討論。1947 年的退修會，討論兩個主題：對今日社會及政治，應採取何種態度或如何積極輔助？對學校如何幫忙？參與的學生達成以下共識：1.對學校應體貼諒解，也要敢作敢為，如有不良的個人行為或團體風氣，要以輿論制裁。2.求學態度方面，要抓住每一個學習機會，以至誠的態度追求真理；無論求學或做人，都要「活」的個人表現。〔註232〕

　　吳貽芳在金女大對新生和四年級生的教育，形成制度與規範，其特色如下。一是內容豐富、形式多樣，能貼近學生關心的問題，激發學生的興趣與思考。二是校長、教師、學生組織、各行政單位都要參加，顯示學校注重校內多重資源的協調。該校學生經過四年的系統訓練，文化知識與身心等素質明顯變化，社會責任感、工作能力等也有增強，成為受社會歡迎的婦女人才。她也因此成為中國近現代史上的著名女教育家。她的教育作法，值得吾人在現今省思借鑑。

　　另一位留美實科女生王世靜，則成為華南女子大學校長。她自 1927 年 9 月回國，接管校務。1928-1929 年獲得密西根大學巴勃獎學金，再度赴美進修教育。1930 年 1 月 18 日起，正式出任院長。〔註233〕次年她到南京呈請立案，未獲教育部接納。主因是該校的常年經費僅 11 萬餘元，不到規定的一半。她努力陳說該校優點——教職員資格好，雖薪俸不多，都願犧牲奉獻；歷屆畢業生 51%以上當教員，其餘或學醫或服務社會，比他校畢業生對社會貢獻更多。這兩點使教育部於 1934 年 6 月准許該校永久立案。王世靜也因此在教會和該校的地位受到肯定。她做為該校第一位華人校長，領導教學內涵有所轉變。1930 年訂定國文為該校必修課，學分與英文科相等，甚至更高。她希望該校維持為一間小型學校，保持與福建基督教婦女需要的緊密持久關係，進一步能滿足更多中國婦女的需要。〔註234〕

　　儘管抗戰期間，辦學日益艱難；但該校在社會受歡迎程度不斷上升，報讀人數劇增。原先反對華人治校的美以美會督高智（John Gowdy）也承認：「我從

〔註232〕程斯輝，〈論高校心聲與畢業生的教育——從吳貽芳在今陵女子大學的實踐談起〉，頁 88-89。

〔註233〕朱峰，《基督教與近代中國女子高等教育》，頁 82；Cavanaugh, ed., 1937, pp. 421-422.

〔註234〕Lucy C. Wang, "My Call"，轉引自朱峰《基督教與近代中國女子高等教育》，頁 98-99、186。

來沒有看過一個大學能像華南女大在短短十年中進步這麼快。」〔註235〕抗戰勝利後，國民經濟瀕臨破產，華南女大學生數量卻急遽增加，1946 年秋高達 228人，其中新生有 107 人。1946-1948 年相對穩定，甚至發展到鼎盛時期。1947-1949年的畢業生與肄業生數量，幾乎接近 1946 年以前的總和。〔註236〕可見王世靜很有能力。

（二）擔任中小學教師或校長

1897 年梁啓超倡立女學，他與康廣仁在上海設立女子學堂。該學堂做為中國較早自辦的女學堂，董事會想聘請剛回國的康成與石美玉為教習，主持教務，以「振二千年之頹風，拯二兆人之籲命。」〔註237〕可見這兩位優秀的留美實科女子精英，甚受當時維新派人士器重，寄望能扭轉兩千年來中國女子所受的壓制，以提升半數人口的素質，挽救國勢，振衰起弊。但她們並未就任。主要原因是她倆已經受洗為基督徒，而學堂又偏偏要「尊吾儒聖教」、「供奉至聖先師神位」，加上孔子說過「惟小人與女子為難養也」等蔑視女性的話，所以拒絕合作。她倆還在《字林西報》上發表一篇說明書。〔註238〕足見當時欲興辦女子教育的男性精英份子，受傳統觀念的影響仍舊很深。

1904 年，康成在南昌創設女學塾，招收女生，不拘年齡。學科俱備，學生一律通學，學費則每月僅取紙筆費 300 文，因此入學人數頗多。〔註239〕這可算是南昌地區最早由中國留美實科女生所辦的基礎女學。

留美攻讀數學的曹芳芸，於 1911 年返國後，回母校上海中西女塾任教。1914 年在浙江湖州女學任教。〔註240〕

黃振華於 1930 年 4 月再次獲准公費留美。〔註241〕她曾任江蘇與安徽女子師範學校教員、四川女子師範學院校教授、湖南教育廳長、大學院及教育部編審、行政院參議、中央新生活婦女運動委員會委員。1949 年中國大陸易

〔註235〕 L. Ethel Wallace, *Hwa Nan College, The Woman's College of the south China* （New York: United Board for Christian HigherEducation in Asia, 1956）, p. 87.
〔註236〕 福建省檔案館，藏號39-1-69：〈私立華南女子學院畢業、肄業生人數〉。
〔註237〕 梁啓超，《飲冰室文集》第一冊，頁 119-120。
〔註238〕 最早的女學堂是在蘇州，見諸季能〈第一次自辦女學堂〉，頁 130。
〔註239〕 《警鐘日報》1904 年 12 月 19 日。
〔註240〕 田原禎次郎編，《清末民初中國官紳人名錄》（北京：中國研究會，1918），收在沈雲龍主編《近代中國史叢刊》第三編八十輯（台北：文海出版社，1996），頁 502。
〔註241〕 王煥琛，《留學教育》第四冊，頁 1860。

守前，隨國民政府來台，續任立法委員。歷任國民黨中央評議委員，著有《社會教育》、《民國史略》等書。〔註 242〕其夫陳維倫，江蘇人，燕京大學研究院出身，自費留美同學。〔註 243〕黃振華早期投入女子師範教育，培養中小學師資，後來擔任地方教育首長、中央教育機關等公職，主管教育行政等工作。我們尚不知她教授的科目，但可想見與她早年留美所學的實科知識有關，這應該也是奠定她服務國家社會理念的基礎。

　　王季昭於 1917 年獲得生物學碩士返國，曾在北京協和女校、女師大、燕京大學、培華女中任教。1919 年 8 月起，在蘇州協助其妹王季玉辦理振華女校，1920 年秋擔任教務。1917 年秋，王季玉由美回國，放棄從事植物學的研究工作，婉拒教會與政府提供的諸多聘約，如金陵女大的教職與南京第一女師校長等，〔註 244〕擔任蘇州振華女校教務，人稱「三先生」。當時該校已開辦 11 年，有一些改變。1912 年民國肇興，因省費裁撤，振華女校將師範生轉送至新成立的省立蘇州女師，而專辦兩等小學，且附設幼稚班，以適應社會需要。為緊縮開支，1915 年秋遷校至她們王氏私宅內的餘屋。〔註 245〕王季玉為承繼母志，全心投入振華的校務發展。1918 年春接任校長，綜理校務。她鑒於當時國內女權運動方興未艾，以自身在海外的求學經驗與見識，認為女子宜求高深學識，再謀其他權利，而中學是高等教育的基礎，應加以重視；惟蘇州僅有少數教會女學，收費太高，便和楊季威、薛默先諸友人共籌經費，決定在 1918 年秋增設中學。第一年僅招到 5 人，其中 3 人讀滿 4 年畢業，分別考入上海國民大學、滬江大學與南京金女大。〔註 246〕後來學生漸增，為日後的發展奠定基礎。1923 年秋，該校遵照教令，改為三三制；學生增至 200 餘人。次年春江蘇教育廳批准立案。當時舊制中學四年級生只有 3 名，但授課用學分制，上國文課最高程度的學生有 11 人，已可直接大學。還有當過教

〔註 242〕 李雲漢，《黃克強年譜》，頁 436；中華民國當代名人錄編輯委員會，《中華民國當代名人錄》第二冊，頁 417。

〔註 243〕 寰球中國學生會編，《寰球中國學生會廿五週年紀念冊》，頁 30、31。她的夫婿陳維倫，日後依據黃振華回憶及其家族所有資料，寫成〈黃興〉，收在《民族英雄及革命先烈傳記》下冊，1966 年由台北中國國民黨黨史會出版。

〔註 244〕 Cavanaugh, ed., 1931, p. 243.

〔註 245〕 季玉，〈三十年來校史報告〉，蘇州振華女校編輯《振華女校三十年紀念特刊》，頁 1。

〔註 246〕 楊若枌，〈記振華女子中學〉，中國人民政治協商會議江蘇省蘇州市委員會文史資料研究委員會編《文史資料選輯》第八輯（1982 年 12 月），頁 38。

員，願入學就讀，可見該校教學用心，水準又高。理化設備，除了實習室的儀器，且與鄰近的東吳大學特約，可借用所需儀器。

1925 年春，因王季玉出國參加會議兼赴美考察，會後在美為學校籌募基金。唯因五三慘案發生，美國人頗多質疑，以致所得無幾。至同年秋歸國。此期間，由王季昭、王佩錚代理校務，直到 1926 年秋。1927 年遵照政府規章改組，王季玉校再被董會推為校長。次年成為全蘇州最早立案的學校，學生倍增。1931 年秋獲得江蘇省教育廳嘉獎。她注意指導學生利用課餘時間，經常請國內外專家蒞校演講，使學生擴大知識面，激勵愛國情操。如 1932 年春舉行九一八紀念儀式，沈彬貞女士與周振鶴先生演講；金女大校長吳貽芳來校演講。〔註247〕在 1917-1937 年間，振華女校聲譽遠揚國內外。國內來校參觀的專家、學者達 103 人次；如 1934 年春金女大數理教授魯淑音女士（1930年代留美）來校調查數理課及教法。〔註248〕該校在教職員的共同努力，素質高，用費省，畢業生成績優秀，升入大學的人數較多，故上海與附近各縣的家長爭相將女兒送來入學，住宿生比蘇州其他女校多。據不完全統計，高中畢業生有 30 多人留學國外；升入國內大學的 600 多人。許多校友成就卓著。留學國外的傑出者，除了張鏡歐、沈驪英、王淑貞，還有何怡貞、顧蘊輝。該校又有唯一的男生費孝通，後來留學英國，為著名社會學家。〔註249〕

1937 年秋，日軍進陷蘇州，學校被迫停辦。王季玉將住宿生安排到可靠人家暫住，所有重要器物分別藏在東山席家祠堂牆壁內，以及學生家中。直到八年後勝利復校，均完好運回蘇州。抗戰期間，偽政府在該校原址辦蘇州女中，欲聘她為校長，堅不應聘；全體教職員也拒聘以明志。王季玉隱姓埋名，在東山保安醫院工作維生，並保護 3 名與家人失聯的學生一段長時間。〔註250〕1948年秋，她赴美參加母校何樂山女大校慶會，並獲頒名譽獎。會後，在哥大進修

〔註247〕〈振華女學校三十年來大事記〉，蘇州振華女校編輯《振華女校三十年紀念特刊》，頁 9-12。

〔註248〕季玉，〈三十年來校史報告〉，頁 1-4；楊若枬，〈記振華女子中學〉，頁 38-41。

〔註249〕何怡貞為美國何樂山女子大學理科碩士、密西根大學理科博士，為中國科學院冶金化學研究所研究員；其妹何澤慧為 1940 年德國高等工業大學工程博士，1946-1948 年在法國法蘭西學院研究原子核物理，在鈾三分裂、四分裂的研究受到科學界稱譽，回國後在中國科學院近代物理研究所研究自製核乳膠，1981 年獲選為中國科學院學部委員。顧蘊輝曾留學英國，返國後任北京醫學院生理教研組組長。楊若枬，〈記振華女子中學〉，頁 38、47-49、51。

〔註250〕楊若枬，〈記振華女子中學〉，頁 42-43。

教育學一年。1949 年 10 月，她獲悉政權易手，掛心校務，想盡速回國，雖被胞姊等親友勸阻，還是毅然上路。她繞道東北，途中爲錦州大水所阻，在瀋陽等車，歷月餘始抵蘇州，看到校園無損，如釋重負。次年春，有鑑於物價漲風未止，不少女子讀完初中，困於家境，無法升學，她提議試辦高級技術工讀實驗班，得到很多教師支持。直到 1952 年暑假後，振華改公立，工讀班才停辦。〔註251〕該校綿延 47 個寒暑，其中王季玉主持 35 年。大約同時，她也受政府聘任，爲多個中國教育組織的委員。〔註252〕

　　王季昭在 1927 年以後，專辦校董會內部事，曾任數理系主任兼事務顧問及級主任，1933 年仍在任。直至 1935 年由校董會議決，減輕她的職務，擔任圖書館主任。〔註253〕她也重視進修。1929 年春，她再度赴美考察，爲芝加哥社會學院研究員、太平洋學院研究員，次年春返國。1931 年獲太平洋宗教學院（Pacific School of Religion）教育博士（D.B.）。〔註254〕她擔任教學與行政管理工作，就如王季玉所描述：「歷任重要教職，皆爲義務」。〔註255〕她與王季玉引用在國外所受西式教育優點，兼顧中國國情，在 1910 年代風氣未開的蘇州，慘澹經營，由幼兒園、小學（初小、高小），往上開辦女子中學，從初中、高中到大學預科。所謂「疾風知勁草」，王季昭、王季玉姐妹愛國、愛校、愛師生的情操，不因亂世而稍改。

　　不少留美女生，先後在蘇州振華女校任教。如 1911 年有音樂女教師李虞貞，曾留美學音樂。〔註256〕1920 年代初期獲得理學碩士返國的沈彬貞，抗日戰前也曾在振華女中任教。楊蔭榆於 1925 年因學潮而自北京女師大校長去

〔註251〕共軍佔領蘇州前夕，曾通知振華安心上課，故未停課。見楊若枬〈記振華女子中學〉，頁 43-46。

〔註252〕Cavanaugh, ed., 1931 p. 43.

〔註253〕北京清華學校編，《遊美同學錄》（1918），頁 2；季玉，〈三十年來校史報告〉、〈校董會略史〉、〈現任職員一覽表〉，蘇州振華女校編輯《振華女校三十年紀念特刊》，頁 3-5、9、11、117。

〔註254〕清華大學同學會編，《清華同學錄》，頁 8。

〔註255〕季玉，〈三十年來校史報告〉，頁 4；〈振華女學校三十年來大事記〉，蘇州振華女校編輯《振華女校三十年紀念特刊》，頁 10-11。

〔註256〕李虞貞留美學音樂，嫁留美工程師兼教育家楊豹靈。她喜研兒童音樂教育，1915 年受所任教的英華女校附設幼稚園的洋人校長所託，編印《共和幼稚歌》，收集當時美國出版的兒歌 40 首，填以中文，其中不乏名曲。此書是中國最早以五線譜介紹西洋歌集之一。她還曾任教南京匯文女校等。參見韓國璜《自西徂東》（2），頁 42-43。

職，同年冬遷居蘇州其兄楊蔭杭家，次年曾在振華女中任教。〔註257〕1927 年春，家政專業的張鏡歐由美回國，助理教務多年，因此王季玉稱讚她返國後「即在本校任主任兼教務多年，頗具熱忱。」〔註258〕1929 年秋，沈驪英由美返國，應聘擔任教務主任；同時聘俞慶棠擔任訓育主任。沈驪英後來離職，從事農業品種改良研究。王季玉對她稱讚有加。「沈驪英先生於初辦時，助理教務數載，迨留學歸國，任本校教務主任，詳爲計劃，更多研究工作，雖離校後仍時與指導，其熱心有足多者。」〔註259〕

　　清華專科留美習實科類女生返國，也有任教中學的，如蔡秀珠在天津南開中學，任教家政課程，1933-1937 年在任，〔註260〕且兼任南開大學教職。〔註261〕朱蘭貞曾任上海中西女塾教員，1933 年已卸任。〔註262〕

　　此外，藍如溪於 1929 年學成返國後，曾在上海伯特利中學任教。〔註263〕藍如涓返國後，也曾任上海伯特利中學校長，惟工作時間不長，結婚後辭職，後來忙於家務、相夫教子，在教會事工只作有限的參與。〔註264〕

　　綜上所述，可知中國自清末發展新式實科教育以來，千頭萬緒，總以人才爲本。隨著教育制度與設施的長進，逐漸發展；但經費拮据，師資質量一直嚴重不足。數量方面，偏重大學，中學尚可，小學頗受忽略，民眾更不用說。顯示當時實科教育發展的不足。學術本無國界之分，貴在順應世界潮流與適合本國國情。盲目崇洋固不足取，閉門造車更難成事。兩者皆如盲馬奔騰，很有可能遭遇險障崖壁或陷阱深淵。十九世紀末、廿世紀上半葉留美學實科女生，能與男子一樣，有機會到先進的美國，親身體驗不同文化，學習實科各類理論與技術，使眼界開闊，返國成爲少數的精英才女，居於受尊重的地位，促進中外實科教育文化交流。她們配合國家需要，致力推展實科教

〔註257〕〈歷任教職員姓名錄〉，蘇州振華女校編輯《振華女校三十年紀念特刊》，頁120。

〔註258〕季玉，〈三十年來校史報告〉，頁4。

〔註259〕同上；季玉，〈三十年來之校務〉，頁9、10。

〔註260〕清華大學同學會編，《清華同學錄》，頁185。

〔註261〕國立清華大學校長辦公室編，《清華同學錄》，頁69；《清華校友通訊》第十六期；董霈主編，《學府紀聞──國立南開大學》，頁181。

〔註262〕清華大學同學會編，《清華同學錄》，頁210。

〔註263〕同上書，頁210。

〔註264〕〈神學院董事長藍如溪博士〉，收在戎玉琴等編《伯特利‧我們的家》，頁62。

育，傳遞自然與生命科學科學的正確觀念與專業知識，帶動實證研究的科學精神，特別是她們培育不少優秀的女子實科教育人才與中小學師資，爲中國實科教育現代化奠定基礎。

　　清末民初留美實科女生，少數現身科學研究工作，如陶慰孫與曹簡禹的生化科技研究、沈驪英的麥類品種改良，其成就令人刮目相看。酆雲鶴在麻類纖維與紡織的改良，更無男性能出其右。林徽因的現代建築設計、調查中國古建築及研究，培育融合中西長處的建築與設計人才，更在中國屬於罕見。相對地，習實科的留美女生，大多數投入中上教育，尤其是女校，塡補原來不足的師資。女教員比例也越來越大。如 1920 年代初，廣東各級教員中，女性約佔半數。〔註265〕教書成爲知識女性的理想職業。留學回國的女子，選擇當教師的大有人在。現今知識女性從事教育工作，更是廣泛的職業。然而，直到 1949 年爲止的民國前期，單身的職業女性不少，其中有些是前述的留美實科女生。她們爲了追求事業而放棄家庭。也有些女性科學家會和婚姻妥協，退出「科學研究」的行列，從原來的知識生產者（Working Scientists）轉到中學或大專院校任教，變成「知識的傳遞者」。〔註266〕儘管後者對科學教育的啓迪也具有重要貢獻，卻不若前者對中國科技的進步更能發揮積極的的作用。再者，她們面對兩者的抉擇，不免困擾。這種現象，顯示知識女性參與社會的過程，困難屢見不鮮，除了來自家庭的阻力，舊觀念意識的沉渣浮起，以致男女平等在實際生活中遭到嘲弄，似乎形式大於實質。

〔註265〕劉寧元，《中國女性史類編》，頁 203-204。
〔註266〕王秀雲，〈「女性與知識」的幾種歷史建構及其比較，以台灣當代、七〇年代台灣、清末及民出四段時空爲背景〉，（台北：國立清華大學歷史研究所科技史組碩士論文，1992），頁 22。

結　論

一、近代中國留美實科女生的人數與出身

　　十九世紀四十年代，中國首次出現留美女生，可謂是歷史發展的重大事件。分析考察其發生原因、發展狀況及其作用等問題，有助於近代社會史、教育史及婦女史的研究。儘管截至廿世紀初的將近五十年間，留美男女生的數量頗有差距。據估計，留美女生約占總數的十分之一。[註1] 但她們的留學活動，不僅鍛鍊自身，而且對社會有深遠的影響。雖然留美問題的研究堪稱豐富，唯有關近代中國女子留美的史料記載零散，學者探究尚少，聲勢無法與留美男生相比。近代究竟有多少女子赴美留學，至今難以精確統計。筆者嘗試做一番探討，發現內容頗多，超乎想像。清末民初既重視科學救國與實業救國，本文先就其中修習實科的留美女生，做初步探討。

　　從本文第二、三章內容所述，可知自清末至北洋政府末期（1881-1927）的將近半世紀期間，留美實科女生至少有 124 位。若按清末（1881-1911）、民初（1912-1919）、五四後期（1920-1927）三階段來分，可考的留美實科女生，依序分別有 17 人（其中官費 3 人）、37 人（其中官費 21 人）、70 人（其中官費 13 人）。可見人數呈倍數增長現象。其中有兩點值得注意：（一）1912-1919年間，官費人數較私費更多。實科女生的這除了是由於各省考選官費出洋及教育部選派教授出洋進修，更主要是因清華學校運用美國退還的庚款招收專科女生留美，在 1914-1918 年的三批約 30 人所致。（二）1920-1927 年間，私

〔註 1〕　舒新城，《近代中國留學史》，統計。

費生人數較公費生高出 4 倍。總括而言，在三個階段中，留美實科女生的人數增長，不但呈直線趨勢，且以私費生爲多數；惟官費生也佔總數的三分之一。私費留美習實科女生，以來自江蘇省最多，其次是廣東省、福建省、浙江省。

1927 年以前的中國留美實科女生，大部分出生於 1880 年代到 1900 年代之間。因此，解放小腳與新式教育，是她們赴美留學的前提。當然，她們若非天足，實難以出外求學。中國最早倡議戒纏足，也是英美等國來華傳教士，女傳教士尤其熱心奔走鼓吹。她們本身的行動自如與學問見識，就是一種最佳示範。中國留美女子許金訇三纏三放，王立明、吳貽芳甚至自幼纏足，稍大才放足，走路仍見痕跡，時人稱爲「半大腳」穿「改造鞋」。〔註2〕十九世紀末，許金訇、石美玉等的大腳，年少時都備受周遭保守的人們奚落，視爲異類。今非昔比，她們的天足眞是得來不易。興女學，最初得力於來華傳教士的提倡，特別是女傳教士。他們在中國創辦女學，以吸收信徒，作爲傳教媒介。十九世紀中葉以來，美國教會在華所辦女校最多，從小學、中學到大學，包括中西女塾、聖馬利亞女校、清心女校，以及蘇州女子醫學院、上海女子醫學院，北京協和女子大學、華南女子大學、金陵女子大學等。這些舉措，後來影響中國一些開明的愛國人士鼓吹「戒纏足」、「興女學」，如維新派於 1895-1898 年間倡議在先，立憲派、革命派於 1900-1911 年間支持在後，使得中國女子一改深居簡出的閨秀生活方式，靠著自己的雙腳站立起來，走出家門，進入新式學校，立足於人群社會中。

留美女生在國內先接受新教育，以便與赴美深造的學校接軌。她們教育背景，大多出自教會學校。十九世紀末期，中國尚無西式學校的女子教育，僅有幾所教會女校收授「使婢棄女」等窮苦女子。留美女生多有這類出身，且與教會或傳教士有直接關係。據史料記載，1840 年代即有聾啞女子被帶往英美學習。她們應該是近代中國最早留美的女生，甚至比男子更早。可惜她們的後續發展未詳。以最早學醫的四個留美女生爲例。金雅妹以 3 歲孤女，由美國傳教士收養教育，17 歲（1881）被送往美國攻讀醫學。康成則出生爲家裡的第六個女兒，不受歡迎，被美國女傳教士收養教育，19 歲與石美玉按既定計劃留美學醫。許金訇與金雅妹、石美玉都是教會傳道人的女兒，早年

〔註 2〕 北京市婦女聯合會編，《北京婦女報刊考（1905-1949）》（北京：新華書店，1990），頁 398。

在教會女校讀書。許金訇畢業後，在教會所辦福州婦女醫院服務表現優異，被派往美國學醫。1894 年以前，到歐美留學的中國人很少，而女生更屬罕見。這四位留美學醫女子，是教會栽培的初熟果子。廿世紀以後，更多女子在教會的幫助或影響下出國留學。例王立明、吳貽芳，她們也像金雅妹、康成一樣，出身家道中落而孤苦，入教會女校讀書，受傳教士提攜關懷而資助留美。

教會女校所提供的教育內容廣泛；共同特點，除了英文和宗教科目所佔的比例大，還有算學、物理、化學、家政與體育等課程。它們兼涉文理科學，不但對中國女子教育與高等教育的發展，產生重要影響，也對中國醫護等科學的發軔，具有助長作用。特別在醫學、生物等領域，具有先驅作用或傑出成就。雖然，早期經常面臨經費與設備不足，教授多是美國人，但在理工與自然科學方面，教學水平總是在中國高等學府中名列前矛，所培育的優秀人才，大多赴美留學深造。廿世紀初在中國開辦的教會女子大學，也不例外。如華南女大王世靜和金女大校長吳貽芳，分別在化學和生物方面獲得高級學位，1920 年自美國學成回到母校任教。華南女大 3 個主要理科（物理、化學與生物系）系主任——吳芝蘭、余寶笙、許引明，都是擁有留美博士學位的該校畢業生。〔註3〕1910 年代末期，中華女青年會與所屬的上海女子體育師範學校，資送畢業成績優異而留校任教的張匯蘭、高梓等赴美留學。1920 年代起，金女大規定教員服務 3 年，可獲資助赴英美深造。故留美女生人數更見增長。這更表明「科學掛帥」與「留美優先」的價值呼之欲出。

另一方面，緊隨教會女校的增加和成長，國人逐漸認知女子教育的重要性，1907 年 3 月 8 日，《女子師範學堂章程》36 條和《女子小學章程》26 條頒布。這個官方教育改革的政策，使中國女子教育邁向現代化。從此，女子求學的阻力減小，也刺激中國私人開辦女校。隨著新興的女校增多，師資相對缺乏，程度低下，又不宜以男教員任教的情況下，許多人將目光轉向教育發達的國家。有謂「當風氣開通之初，女子求學，極感困難，而國內女學僅

〔註3〕　吳芝蘭，福建古田人，1906 年生；1926 年華南女院文學士，1928 年前後赴美留學，後獲密西根大學碩士。1931 年已返國，在華南女子文理學院專任，教數理學。1939 年再獲密西根大學物理學博士。1950 年任華南女院物理系教授兼主任。許引明，1930 年核准自費留美，密西根大學生物學碩士，1935 年同校博士，後為母校華南女院生物系主任。見福建省檔案館藏號 39-1-97：〈私立華南女子文理學院教育概況〉，以及藏號 39-1-5：〈華南女子學院呈請立案用表之（一）〉。

僅萌芽，為數甚少，程度也不甚高，是以欲圖深造之輩，多謀求游學國外。」
〔註4〕女子基礎教育甫立，中等以上教育也是百廢待舉，千頭萬緒，實科教育
尤其不易。直到民國新政府成立，中國的實科知識的引進與教育發展尚屬有
限，師資仍然不足。在 1914 年在美國康乃爾大學習農的胡適，曾說：「言算，
則微積以上之書，竟不可得；言化學，則分析以上之學幾無處可以受學；言
物理，則尤鳳毛麟角矣；至於植物之學，則名詞不一，著譯維艱。」〔註5〕可
見實科的質與量兩方面都有待加強。男子新式教育尚且如此，遑言更晚起步
的女子新式教育。

　　教育既是百年樹人大計，中央與各地政府官員遂制定頒佈有關解決師資的
訓令，或派女子出國學習，或鼓勵女子自費出國留學。熱切的愛國心與急於汲
取新知的渴望，促使不少開明人士資送子女出洋深造，接受先進教育；女子遂
也得以沾光。這就為近代女子留美提供大好時機。多數留美習實科的女生，受
到父母、親友和師長的支持與鼓勵。她們沒有因為性別而受到次等待遇，有些
甚至來自菁英階層家庭，不乏父兄具備專業或學術背景，是教授、官紳、留學
生等身份。如丁懋英來自世代中醫的家庭。王季玉、季昭、季茞的父親，是清
末官員，母親是艱苦卓絕的寡婦，創辦天足會與振華女校，兄長曾留日主修格
致（物理化學）。其中一位即王淑貞的父親，曾留學英國，精通電學。石腓比、
石梅成志，則是石美玉的妹妹與弟媳，踵繼其後，赴美學醫。

　　再者，女子學校也扮演培植女子赴美習實科的重要角色。除了前述的金
女大、華南女大、上海中西女塾與聖瑪利亞女塾，還有王季玉主持的蘇州振
華女校，也是出色的私立女子學校，對數理與自然科學的課程甚為重視。更
重要的是，留美實科女生自己也有心，主動追求生命科學知識。由前文所述
可知他們當中，有多人出國前曾擔任教職，如楊蔭榆、陶慰孫、沈驪英、吳
貽芳、高梓、張匯蘭等，具有為人師表的經驗。但當時實科的教師缺乏，程
度初淺。正如她們出國前曾任教職的，體會到「教而後知困，學然後知不足」
的遺憾，願意把握深造的機會，努力充實自己。她們做為新女性，自食其力
的工作閱歷，經濟自立，雖在社會上受到尊敬，卻不自以為滿足。因此，她
們大多數立志向上，在留美期間努力學習，嚴格自我要求，在勤儉的生活中
取得優良成績。

〔註4〕　談社英，《中國婦女運動史》，頁 12。
〔註5〕　胡適，〈非留學篇〉，《留美學生年報》1914 第一期。

　　事實上，中國這些生長於十九世紀末、廿世紀初的留美女生，她們的出國留美，其實並非盡如一般人想像的順利，在年少時或多或少曾遇逆境，有的父親早喪，如王季茝、王季昭及王季玉三姊妹、張匯蘭、馬心儀、王立明、王世靜等，有的父母雙亡，如金雅妹；而吳貽芳與其妹，甚至因父母兄姐先後自殺，成為家裡的遺孤；石成志更失去丈夫而早寡。因為遭逢苦難悲情，也為了告慰親恩，只有學會獨立堅強。她們的生命歷程中，也多遭受重男輕女的不公平待遇，如康成，使她們內心感受到委屈遺憾。面對重男輕女的際遇，必須克服悲苦難題，立鴻鵠之志，在人生路上努力向上。而由於美籍女傳教士的愛心幫助提攜，萌生具備改革社會的覺悟觀念。為了探索生命的意義，對抗造化的無奈，更激發她們選擇攻讀醫學、自然科學等實用學科，試圖掌握延續生命的鎖鑰，解除病痛的纏累，以濟世救人，造福國家。惟一般人多只見她們風光的一面，並不了解她們暗夜飲泣，或所付出的堅忍功夫。做為女性，基督教教育給她們的慰藉，至少是一股愛的力量，彌補中國傳統習俗對待女性的不足，在國內外直接的幫助或間接的影響，都不可輕忽。

　　不過，基於民族主義的立場，也有人對教會教育採取質疑的態度。留美學生任鴻雋就曾提出四點：一無正確的常識，不了解中國歷史與國情；二無獨立的見解；三無高遠的理想，佶屈於勸道說教，往來於牧師教士之門，不關心國家大事；四無相當的學業，這主要表現在教會留學生驅騖文科，忽視理工科。若讓這一群人肩負未來中國的責任，實為可驚可慮！〔註6〕唯筆者認為任鴻雋的意見，驗諸本文，也有待商榷。即使教會女子留美主修理科人數，較人文科少，卻湧現不少傑出的醫生、科學家、教育家和各類專家學者，金韻梅、石美玉、康成、吳貽芳、王世靜、伍哲英等，都是代表人物。吳貽芳做為中國近代史上早期的女大學校長，是著名教育家。她不僅在國內教育界、婦女界，而且在國際上也享有聲譽。伍哲英做為白衣天使、虔誠基督徒，一生為教會、醫護工作，愛國愛人。從她們的生平作為，可以證明既有高遠的理想，又能讀書不忘救國，關心國家大事，而獲得博碩士，有相當的學業與事業成就。反之，有的非教會出身的實科女子，留美學習高深知識，卻也因不了解國情，而在工作上備受挫折，如楊蔭榆就是一例。

　　教會學校以傳教為主，姑且不論它們在過去是否始終受到中國人重視，但一般仍保持信仰自由的本質，在教學和生活管理都有嚴格可取的一面，所以不

〔註6〕任鴻雋，〈教會教育與留學生〉，《留美學生季報》1918年夏季第二號。

少家長願意將自己的子女送到教會學校就讀，也爲動亂的中國培育不少傑出的人才。這是不爭的事實。因接受宗教教育的薰陶，較少浮而不實。〔註7〕或許有些女學生的出國動機，並非眞爲求學深造，而是想從教會學校高中畢業後，要出洋鍍金，俾以找個如意郎君。但這並非多數。總之，在中國教育史上，教會與女子留美的出現和發展，值得認眞探討。雖有所謂「聖經和砲彈都是一樣的來源。」〔註8〕但教會學校出身的留美女生，也有不少熱愛家國，勤奮努力，成績優良，且能潔身自好。教會團體或個人對留美實科女生的資助，讓她們在沒有經費的後顧之憂下，成爲女醫、護士、助產士、女科學教師等，推動中國女界參與科學現代化的一批領導人才。事實勝於雄辯。這種培育中國近代女性科學師資與人才的歷史貢獻，不應被抹煞。

　　總之，由言論的鼓勵，再加上師長、親友的實質支持，遂有不少女子留美習實科。再者，欲留美學實科女子，能跨出國門而成行的必要條件，需身心康健，自備強烈的學習動機，不怕苦的決心與用勇氣；還要英文、數理等學業有良好基礎。若家庭經濟條件小康以上，還有開明父兄親友的支持鼓勵，更能如虎添翼，如魚得水。當然，有能力資送女兒出國的家庭，比其資送兒子出國的家庭，在經濟方面要更富裕，而對女子教育的觀念也更開明些。廿世紀前期，用庚子賠款開辦清華留美預備學堂，大批考送資質優秀的人才赴美深造後，赴美留學已經在社會上匯成一股熱流，女子欣羨之餘，也急起直追，赴美進修學習實用科技，成爲女界嚮往的目標。而五四以後，以引進西方賽先生爲尙，更使得留美女生習實用科學的人數逐漸增加，在國內程度也提高，具備深造的條件。

二、近代留美女生修習實科的類別與成績

　　以留美習實科女生所就讀科系來看，清末攻讀科系，只有醫科、護理、生物、數理、心理學5種。以醫科爲最多（9人）；次爲化學（5人）；再次爲物理、植物學、動物學，各有 2 人；攻讀護理、數學、生物與飲食治療，各有 1 人。1912-1919 年間，數理又被區分成數學、物理、化學，醫學還新增有衛生學等科系，生物還有應用至農業經濟學科。1920-1927 年間，在前一時期

〔註7〕　鍾文惠，〈六十年前舊時夢──追記福州文山女中的求學生活〉，《傳記文學》卷 48 期 2，頁 89。
〔註8〕　安宇、周棉主編，《留學生與中外文化交流》，頁 297-298。

的科系上，醫學新增兒科、牙科、公共衛生；生物新增動物學、植物學；還有農學、營養學、建築學、園藝學、航空。顯示她們學習領域更寬廣。

再分別觀察留美實科女生，各領域的人數。如醫學方面，1881-1927 年間，可考者有 41 位，佔留美實科女生總數的三分之一。近代西風東漸，標榜科學進步的西醫隨而引進中國。美教士嗣養中國牧師的子女，常教以語言文字，遣至美國學醫，是爲中國女子習西醫的開始。中國最早出國學醫的女生金韻梅，1881 年留美，1885 年以第一名的優異成績畢業於紐約醫院附設的女子醫科大學，繼續在美國從事科學研究，特別對顯微鏡的研究做出成績，1887 年發表於紐約《醫學雜誌》的論文〈顯微鏡照像機能的研究〉，引起同行專家學者重視。日後，教會傳教士又資助女生許金訇、石美玉及康成等赴美學醫。許金訇於 1894 年費城女子醫學院醫學士，石美玉及康成於 1896 年密西根大學醫學院醫學士。值得注意的是，早期留美女生大多攻讀婦產科，1920 年代以後則新增兒科、牙科。

再者，與醫學密不可分的護理、衛生，也有留美女生攻讀。總計有 10 位學習護理，包括清末與民初（1912-1919），各有 1 位；1920-1927 年間增爲 7 位。還有 5 位主修衛生學，包括 1912-1919 年間 1 位，獲得學士；1920-1927 年間有 4 位主修公共衛生。

在數理方面，清末在美女生主修數理（包括數學、物理與化學）共有 3 位，其中以曹芳芸攻讀數理爲最早。後來科系劃分更細，數學、物理、化學進一步區分，各自獨立成科系。1912-1927 年間，主修數學的共有 7 位，其中獲得博士 1 位。主修物理的，約有 6 位，包括 1912-1919 年間有 2 位；1920-1927 年間有 4 位，且獲得博士。1931 年獲得密西根大學物理學博士的顧靜徽，是中國最早獲得該校物理學博士學位的女生，也是中國第一位獲得物理學博士的女生。主修化學的，留美女生計有 16 位，包括 1912-1919 年間的 4 位；1920-1927 年間的 12 位（包括化學與化學工程）。1920-1927 年間，公費留美女生有 3 位專攻化學，其中 2 位獲得博士，其餘未詳；私費女生共有 7 位（碩士 2 位，學士 3 位，其餘未詳）。換句話說，理工科系當中，以化學類最受留美女生青睞，修習人數最多。

生物領域方面，包括生物學、動物學、植物學與農業，總計有 16 位。清末主修生物的 2 位爲姐妹，其中的妹妹王季茝，以 3 年攻讀博士，於 1918 年獲得學位，成爲中國女子留美學生的第一位博士。吳貽芳則爲第二位生物學博士。

　　至於心理學方面，包括教育心理學。有的主修教育，副修心理學；有的則主修心理學，輔修教育。1912 年以前赴美的，有 2 位；1912-1919 年間有 2 位；1920-1927 年間有 5 位。總計有 9 位。此外，1920-1927 年間，留美女生主修建築學、園藝學、航空學的，各有 1 位。

　　此處值得注意的是，留美習實科的女生，有不少兼學文理科，且多先由文科入門，再轉攻實科領域。如王季茞，由文科轉攻生物科系；吳卓生先是學音樂、幼稚師範，再學心理與教育。這個現象表示文科較符合一般人對女生的角色期待，因此留美習實科的女生，最初被教導或受影響而選擇文科，但經過一段時間的學習後，逐漸覺悟實科讓她們更感到興趣，也許接近自己的性向，或更能利己利人，加上在美國學術自由的風氣，攻讀文理科系的轉變與跨越，比較受到寬容與尊重。因此，即使轉變是比較辛苦，也更爲費時，才能有所成就，但仍毅然做出新選擇的決定。她們努力學習，成績優良，大學畢業佔總數的一半以上，其中 15 位獲得博士，29 位獲得碩士學位，超過全體實科女生的三分之一。這個增長趨勢，受到人們的稱讚。大體而言，她們整體的學識程度較留日女生優秀得多。

　　另外，1916 年以前赴美習實科的女生，多先入學高中或大學預科。此後赴美的，大多是直接入大學甚至研究所就讀。表明在國內的中學等基礎教育水準提高，受到美國認可，程度也較好，因此大學專業知識的預備教育，不需在國外費時耗財，相對地取得碩士、博士者更多。總計，1927 年以前，留美習實科女生所曾就讀學校，以哥倫比亞大學和密西根大學爲最多，各有 23 人次；前者在 1912-1920 年間最多，有 13 人次；後者在 1920-1927 年間最多，有 15 人次。其次，是約翰·霍浦金斯大學，有 11 人次；第三，是芝加哥大學，有 10 人次；第四，衛斯理女子學院有 7 人次；伊利諾大學有 6 人次；康乃爾大學與何樂山女子學院，各有 5 人次。以上這些都是美國頂好的名校。

　　儘管如此，這些留美女生並非都是書呆子。她們當中有些人，不但沒有延續中國傳統女性足不出戶，或扭捏作態的習性，反而學習美國女性的獨立自主精神，以及樂與人往來相處的態度，把握各種機會，多方面了解吸收美國文化與婦女生活。她們課餘生活與學習表現，多采多姿。參加一些美國的學校課外活動，如參觀教堂，到市面、農村、工廠觀光，到紐約廣場看總統選舉。他們廣泛地和他人交流看法，請教問題，還到老師或同學、朋友家作客，在聊天的過程中，得到課本以外的許多生活知識。她們和男生一起創辦

刊物，發表學術論文，促進學習；組織英文演說會、辯論會、讀書會，學習語言，交流心得。她們經常舉辦和參加舞會、音樂會，也自編自演話劇等文藝節目，豐富而有趣。中國留美女生在團體活動中，生動活潑的表演，常使大家樂而忘返，紓解思鄉情愁。還以文學創作，反映自己的生活，抒發對國家時局的感想，如吳貽芳、林徽因等人。她們歸國後，不少人仍和昔日的良師保持聯繫。這種師生之間的情誼，凝結中美兩國人民的友好感情。

三、留美習實科女生返國參與推動中國的現代化

前文所述的有志女生，在留美期間努力學習，取得優良成績，爲回國後工作和繼續鑽研奠定基礎，並且對國家社會有一番突出貢獻。她們有的擔任醫護工作，如最初四位留美學醫的女生，對中國婦女醫療衛生事業的拓展，具有難能可貴的貢獻。在教會影響下到美國學醫的金韻梅，1888 年她回國後，在廈門、成都等地行醫，傳播美國先進的醫療技術。許金訇於美國費城女子醫科大學畢業回國後，曾先後主辦福州婦孺醫院，負責福州馬可愛醫院。她醫術高明，深受社會人士歡迎。康成畢業後，回江西九江、南昌一帶行醫，廣爲病人治病，醫療自立，不願長期倚賴外國差會。學醫的石美玉與康成完成學業後，隨美籍女教士昊格矩回到中國，在九江行醫。當時兩人均 25 歲，心中對中國的積弱深以爲恥，發願爲兩萬萬中國婦女請命，隨著時機與責任的擴展，1903 年康成轉赴南昌行醫。此外，還有李美珠、曹麗雲、彭元昭等女醫，也在清末留美，返國行醫，爲鄉梓服務。武昌起義後，石美玉、康成等，更在九江組織紅十字會，救護傷患，以實地行動表明她們愛國救民的情懷。

金韻梅後返國懸壺天津北洋女醫局兼執掌女醫學堂 8 年，給婦孺治病，培訓醫護人才，且倡導女權運動，鼓吹女子學醫；熱心基督教教育及社會公益事業，積極參與平民教育和扶貧工作等活動。她平生致力將學識貢獻給祖國，被推崇爲「中國的下田歌子」。〔註9〕儘管她個人一生的遭遇，父母早喪，丈夫早逝，兒子早死，悲苦多於喜樂，〔註10〕但做爲中國女醫先進，實爲首開風氣。石美玉及康成返國後，做爲中國現代很早期的女西醫，起初備受質

〔註 9〕　不著撰人，〈女醫士金韻梅紀略〉，《順天時報》光緒卅二年九月十日，頁 1388。
〔註10〕　王惠姬，〈留美女生與中國醫學的近代化──以金韻梅爲例〉，發表於東海大學提昇教學品質卓越計畫「文本、社會與性別研究學術研討會」，2005 年 12 月 3 日（台中：東海大學，2004），頁 101-112。

疑，甚至常被許多人引以爲奇。但到 1920 年代初期，她們不再受到懷疑，反而代以熱情歡迎。中國的人口眾多，而交通與通訊緩慢，在不到 30 年的時間，這種改變可視爲奇蹟，探究起來或可歸因於傳教事工、教會學校與醫院，被治癒的病患與報刊新聞，致力宣導。學醫女生自立自強，在美國深造，成爲新時代女性。這在一向少有西醫，尤其女醫的中國，影響很大。於是，中國女子學習西醫的人數漸增，醫學遂在女子職業教育中首屈一指，發展出獨當一面的新氣象。〔註11〕

金韻梅、許金訇、康成與石美玉等中國早期女醫，在行醫的同時，還創辦、主持醫院，培訓醫生護士。如金韻梅於 1907 年在天津設立醫科學校，親執教鞭爲中國培養一批新式醫務與護理人材。在當時中國缺乏中文醫護教材、較具設備與其他師資幫助的情況下，她們從事醫學教育，培養不少學有專長的良醫與護理人才，爲剛起步的中國女子醫護事業做出貢獻。石美玉譯述西方重要醫學名著，爲中西文化交流作出貢獻。1920 年，她在上海設立一家醫院、兩個藥房、一個護士學校，形成一個規模較大的醫療機構，爲中國醫學發展作出重要貢獻。在她們之後的下一波留美女醫，如丁懋英、鄒邦元、王安福、伍智梅、王淑貞、葛成慧、王逸慧、劉劍秋、楊崇瑞、陶善敏等，可以說是在第一代留美女醫前輩的基礎上，繼續推動中國醫學界的現代化，尤其深化婦產科學的研究，普及婦幼保健工作，並且培植質量更好的女性醫護人材。護理學也因留美專業學護理的女生人數增加，而從醫學獨立出來發展，如蔡珍治、伍哲英、潘景之等。

這群留美女醫師也想要同時多方參與社會改革，宗教慈善關懷，如金韻梅、許金訇、康成與石美玉代表中國出席世界婦女會議，爲中國婦女發聲，促使其他國家婦女對中國的注意與同情，共同提昇女界的進步。石美玉先於王立明擔任世界節制會中國分會會長，致力謀求婦女權益。伍智梅除了行醫，更涉足政治，積極參與婦運。她繼承並發揚家業，以苦心和血汗行醫濟世。中國貧窮，行醫非致富之道，反而是時刻與病菌作戰，處在危險的尖端。她靠著家世與關係，大可安逸度日，不必從事此業。但她數十年致力改善環境，希望國人快樂健康，婦女有平等的機會和權利，爲中國臻於強盛進步的理想奮鬥不懈。相對於廿世紀中國的許多知名女性，有的擅長政治和社會活動，卻沒有職業專長；有的具有專業技能，卻不擅於從事政治和社會活動。這些

〔註11〕 陶善敏，〈中國女子醫學教育〉，頁 850。

行醫的留美女生，可以說是最傑出的女界人才，除了對醫護的進化及女子習醫的趨向，有深遠的影響，還同時在衛生、政治、社會、教育、慈善、經濟、文藝等領域內馳騁，顯示視界遼闊，才華博通。她們也有著述傳世，諸多才幹和表現，均可說是傲視國人。

醫護以外的其他留美習實科的女生，有的從事科學研究工作，如嚴彩韻在留學期間，碩士課程還未畢業，就獲得協和醫學院預聘爲該校助教。有的投入科學研究，尤其傑出的，如沈驪英對小麥等農業品種的改良，造福戰時大後方的糧食生產。也有的擔任教育工作，如陳美愉，引進營養、化學等科學新知。酆雲鶴於 1931 年取得俄亥俄州第一位化學女博士以後，放棄美國大學的高薪邀聘，返國任教燕京大學，由於日本的侵略中國，使她甚感悲憤，遂不以所學爲足，決心到德國攻讀爆炸學，用草類纖維製造廉價的炸藥，打擊侵略者。後來因想追隨的猶太教授逃離納粹德國，她轉而利用隨身帶去現成的稻草等大量的中國農作物材料，做人造絲與印染的研究，2 年後成功地從高粱桿纖維的漿泊中，抽出質地優良的人造絲。她成爲世界上第一位用草類植物纖維而製造人造絲的發明者。品質與舶來品有過之而無不及。返國後繼續投入研製苧麻紡織工業技術的創新改良，成就如「雪裡春」更震驚世界，超越歐美。1949 年以後，她繼續研究大麻、黃麻等纖維作物紡織技術的改良，獨當一面的研究開發麻紡織生產技術，尤爲不讓鬚眉，誠屬不可替代的另類現代化推手。

有些成爲傑出的建築師，如林徽因。她 16 歲時（1920），隨父親林長民赴歐陸遊歷，在英國就讀女子中學 2 年，英語更加流利，對當代西方文藝、建築大開眼界，立志以「建築」爲終身事業。返國後，與梁思成訂婚，並影響他也以建築爲終身志業，1924 年同赴美國賓州大學攻讀建築美學。1927 年畢業，再赴耶魯大學修習戲劇舞台設計半年，成爲中國第一位留學歐美「美學建築」與舞台設計的女生。她與梁思成受過中國古典文化教育，後在歐美廣泛的旅行學習，得以在融合中西智識的基礎上，形成自我的審美標準。

林徽因做爲近代中國的第一位女建築師，從事中國現代的各種建築與美術設計，至少有 23 項優秀傑出的作品。她同時對中國古建築史的研究努力以赴，參與開拓性的田野調查工作。1931 年以後，中國營造學社成員走過中國 15 省 200 多縣，考察城鄉間的民居與古建築文物等 2,000 多個單位。她參與其中大半，甚至發現國內第一個唐代木構建築「佛光寺」，貢獻卓著。她能做爲一個嚴謹的科學工作者，和丈夫和男同事到村野僻壤去調查古建築，爬樑

上柱，測量平面，做精確的分析比較。抗戰期間，她與梁思成分別受肺結核與脊椎硬化病痛纏身，影響工作，卻沒有終止工作。她也與梁思成共同創辦東北大學與清華大學建築系，栽培後進。她珍視中國的藝術珍品，對北京 500 年的古城牆等建築被拆毀，痛心疾首而落淚。她撰 30 種建築專業論述，包括修訂《中國建築史》約 11 萬字的初稿、《中國建築史圖錄》英文稿、《清代營造則例》緒論等，甚至梁文多經她「點睛」潤飾。「表面上看，她是梁的得力協助，實際上卻是他的靈感的泉源。」〔註 12〕

戰時，林徽因生活「貧病交迫」，卻不悲觀氣餒。她病況稍好時，還以瘦弱的身軀奮力持家，言語舉動仍充滿美感、生命與熱情，並堅持與祖國共患難，不肯輕言離去，終致被病魔提早奪命。總之，林徽因集文學、藝術、建築等多方面的才華，且深具修養；一生追求融和中西文化的優點。〔註 13〕與林、梁有深厚交誼的費正清夫婦，宣稱「在我們歷來所結識的人士中，他們是最具有最深厚的雙重文化修養的。」〔註 14〕「窈窕淑女，君子好述」，林徽因聰敏與美貌兼備，不乏追求者。徐志摩因她而離婚，金岳霖因她而遲遲未娶，但她既選擇梁思成，則這對「歡喜冤家」，終能「同甘共苦」貧病相扶持。唯時局艱難，國事多亂，致久病早殤。總之，林徽因在建築設計與古蹟調查、新詩集文學創作、戲劇等三方面，成就非凡，不愧爲中國婦女走向「現代化」，表現獨立自主，追求自我實現的絕佳典範。

留美習實科的女生，在自己的專業工作之外，也參與政治革命或社會改革。如吳貽芳、王世靜長期擔任金陵女子文理學院與華南女子文理學院校長，是中國數一數二的女子大學校長，還有女子中學校長如王季玉等，是中國近現代史上著名的教育家；吳貽芳尤負盛名。〔註 15〕中國留美主修實科的女性，成就高，且影響層面廣大，塑造中國近代女性的新形象，尤其對中國近現代婦女地位的提昇，具有舉足輕重的份量。王立明一生與婦運團體及活動關係密切，1920 年自美返國，時值五四婦女運動方興未艾。她關懷婦女問題，且得到丈夫劉湛恩的同情與支持，改變「科學救國」的初衷，在上海參與不少的婦運團體，擔任重要職務，與國共兩黨女界人才均有接觸，成爲 1920 年代

〔註 12〕 梁從誡，〈倏忽人間四月天──回憶我的母親林徽因〉，頁 255、261。
〔註 13〕 同上，頁 276-277。
〔註 14〕 費慰梅著，曲瑩璞、關超等譯，《梁思成與林徽因》，頁 31。
〔註 15〕 關於吳貽芳，還可參考黃潔珍〈從吳貽芳與金陵女子大學看基督教育理念的實踐〉，香港中文大學研究院哲學碩士畢業論文，1996。

婦女參政運動的倡導者之一。她尤其對基督教的「中國婦女節制協會」，有重要貢獻。她領導該會將近 30 年，到 1957 年被迫停止活動的期間，開拓婦女職業教育，舉辦婦女福利事業。〔註 16〕該會是民初中國第一個提出禁酒、禁煙的社會團體，也是最早反對傳統包辦婚姻、納妾蓄婢、娼妓制度，又最先倡導節制生育、注意婦嬰衛生。〔註 17〕雖然未能成功地拓展新時代的女性觀點，影響有限。但在民初急遽求變的社會中，以成功的組織，擁護女性為人妻母的角色，兼能跨出家庭，關懷社會，仍值得肯定。

　　總之，留美實科女生的成就，為中國婦女贏得崇高的榮譽。她們的表現戳穿以往「女子無才便是德」的偏差觀念。十九世紀以來，中國女子受教育的機會雖不再被剝奪。兩性平等更是廿世紀西方世界的主流思想。1919 年以後，更獲得與男子同受高等教育的機會。這造就女子能修習近代新知識，尤其是理、工、農、醫等實科，留美返國後，大多在公私立中上學校從事科學教育，培育女子實科科技人才與師資，促進科學知識與科學精神的普及化。據中華教育社統計，1922 年度中國受高等教育的女學生，共有 887 人，佔全體學生數的 2.54%，1929 年度的中國女大學生總數 3,283 人，佔全體學生的 10.81%。而大學女教授在全體教授的比例中，1929 年為 5.02%，1930 年為 5.31%。〔註 18〕這樣的數據，對中國整體女子教育發展所能產生的作用，雖說微乎其微，但仍在進步當中，而其中科學教育也令人樂觀其成。

　　再者，時代的進化，為女性發揮才智，貢獻社會提供日益廣闊的天地。女性從羞於拋頭露面，發展到走向社會，從事職業的角色，既對傳統「男主外，女主內」有所衝擊，且在規模和層次上開創女性與經濟的新局面，遠非傳統女性職業可比。留美實科女生學成返國後，有的從事醫療衛生，傳播西方的先進醫學知識；有的從事教育，上自大學講壇，下至幼兒保育，在各級教育層面上辛勤耕耘；還有在學術界、實業界等領域，引進西洋科學新知。她們在知識女性中所佔地位最顯著，分別擔任建築師、議員、教師、醫生、營養師、報人、研究員、公務員、黨務人員、宗教工作者等；有的且兼任一個以上職務，具備多重身分，顯示她們的多才多藝。隨著近現代中國社會經

〔註 16〕　劉紹唐主編，〈民國人物小傳：王立明〉，《傳記文學》卷 46 期 6，頁 144。
〔註 17〕　王立明，〈自序〉，見劉王立明所著《中國婦女運動》，頁 2。
〔註 18〕　自我，〈女子高等教育之統計〉，《婦女共鳴》卷 1 期 12（1932 年 12 月），頁 19-20。

濟的發展，謀求職業，不再是下層女性迫於生計的舉措，中上層女性也因時
代潮流所趨，尋求經濟獨立，以自立立人。更有甚者，做為知識女性的菁英
份子，不少留美實科女生超越謀求「職業」的層次，希冀在社會上擁有「事
業」生涯，做為人生價值的體現，更成為婦女運動的重要項目和追求目標。

四、近代中國留美實科女生社會地位的思考

客觀看來，1920 年代以前，留美習實科女生返國後，除了獨立行醫，能實
際從事較專業或更高深的科學研究，則為鳳毛麟角，並不多見。她們由於博士
不多，碩士與學士較多。若說取得博士學位，是從事獨立科學研究的敲門磚，
那就難怪留美實科女生返國後，大多在中上學校任教，較少從事實際科學研究，
也只能成為科學知識的傳遞者。這現象背後的文化成因，值得進一步探討。

性別作為一種意識形態和刻板印象，規範男女社會化過程中的角色分工
和演化。傳統的觀點中，女性是溫和、柔弱、感性，而科學卻是冷酷、嚴謹
與理性。科學家被假定為理性的、非個人的、非情感的，而女性氣質（femininity）
被視為與這些品性相對立。因此，女性難以進入科學領域，進入後也難以與
男性競爭，而有生存和發展的困境，也就是說「女性在科學中相對缺席」。這
種刻板印象，使得一般觀念中，將女性與科學加以區隔。其實，這是以社會
性別（gender），而非生理性別（sex）來解釋兩性差異；而前者是社會文化建
構的產物。所謂男性氣質（masculinity）、女性氣質的劃分，與生理意義上的
男性（male）、女性（female）之間，並不存在必然的關連。但這種角色行為
與制度，卻促進性別意識的神聖化與神秘化。〔註19〕

在西方文明史上，培根（Francis Bacon）首先將科學知識與權力聯繫起來，
確立科學對自然的控制和支配的目的，並通過隱喻（sexual metaphor）的表達，
將它與男性對女性的統治及征服相對應。自然／文化二分法，所包含的性別
隱喻，將女人與被動的自然相聯繫，男人與主動的文化相聯繫。科學對自然
的控制，就像男人對女人的控制；自然被迫展現自己身體的秘密，被審問、
追蹤、揭露和拷打，如同對女巫的審訊和拷問一樣。因此，自培根以來，具
有主宰優勢的科學觀念，就以科學事業即男性事業；科學思維即男性思惟。
然而，培根所謂科學對自然的神聖結合，似乎是一種暴力的侵犯或壓迫。科

〔註19〕 吳小英，〈女性主義科學〉，李小江、朱虹、董秀玉主編《批判與重建》（北
京：生活・讀書・新知三聯書店，2000），頁 38-39。

學對自然與女性的孿生壓迫，構成一個互動的權力統治網。這是表明社會關係和性別文化的組成部分。〔註20〕

再者，科學中的性別不平等，也由科學觀念自身的偏見造成。十九世紀以來，科學界仍然拒絕聘雇女性研究員。女性科學家被認為應在女子學校或男女合校的大學任教，不被允許從事研究工作。她們常陷入兩難的境地。一方面被期望保持單身，卻又需要一個丈夫，以獲得進入研究實驗室的通行證。女性科學家被局限於設在地下室的實驗室，或位於閣樓的辦公室中。她們匍伏在家具後面參加科學講座；在大學工作數十年，卻甚至未獲得義工的酬勞。即使最成功的女性科學家，一旦進入大學，也要面臨嘲弄和敵意。如著名的科學家居禮夫人（Marie Sklodowska Curie, 1867-1934），工作多年，而未獲得支薪或任何職位。美國遲至1950年代仍是如此。〔註21〕可見女子在科技方面的發展障礙重重，困難仍然存在。

科學一向被視為客觀的、自主的活動，不受任何主觀的因素和社會價值影響，同時也被視為一種男性專利。直到廿世紀下半葉60年代末、70年代初，科學的共同體仍是以男性為權威和主體的等級分層結構，其中女性人數偏少，而且職位偏低，大都屈居於金字塔結構的底層。而傳統的解釋或者從生物決定論出發，將科學中表現的兩性差異，歸諸於男女生理上的差別。如生物學、腦科學研究等，試圖為此提供生物學依據；還有以男女科學家在科學研究競爭力和產出率上的差別，說明女性天生的劣勢，頭腦或生理結構不適合宜學習科學，或說學不好，不宜從事科學研究，與科學無緣。〔註22〕以為女人智力較差的觀念，一直到十九世紀還是牢不可破。大部份人還相信「女性的心是不適於嚴格的學習和論理的思想的。」因此，長期以來，女性被賦予弱者的形象，被期望扮演受保護、內向持家的角色。

以教育機會來說，則女子受普通大學教育以後，神、法、醫三科專業教育的機會，又經過更困難的爭鬥。在美國，醫學訓練直到1848年才開始容納女性，比起英國，則專業的機會來得早些。事實上，在廿世紀頭十年有所成就的女子，是在十九世紀受教育。當時女子的教育機會較貧乏，社會的限制

〔註20〕　吳小英，〈女性主義科學〉，頁39-40。
〔註21〕　（美）Sharon Bertsch McGrayne 著，李靜宜譯，《諾貝爾女性科學家》，頁1-4、193-236，芭芭拉‧麥克琳托克於1983年獲得諾貝爾醫學或生理獎，她終身未婚。
〔註22〕　同上書，頁37-39。

對女子還很嚴厲。到廿世紀廿年代以後，兩性「自由平等」的教育機會下，也沒有人能說社會和經濟的因素對兩性已有平等待遇。因此，男女在專業成就方面距離平等甚遠，但這並非女性的智力先天就較男子爲差。自普遍的心理及教育測驗通行以後，測量兩性間某種智力的情形益爲可能。大部分的研究者發現女性的語音能力比男性稍高一些；在記憶測驗中，從學齡前一直到大學時代，女性較男性顯出確定的優勢。在數的概念和算術能力，以及在手工作業和機械能力方面，則是男勝於女。再者，男孩對日常環境中不常發現的物體，如動物、礦物、職業等知識，比女孩豐富；而女孩在日常接觸的某種物件的知識上勝過男孩。總括來說，智力特性的個別差異，同性間比兩性間大得多。兩性成就不同的原因，主要是環境的差別。在過去，社會的觀念、習慣和職業的機會，兩性間是不同的。〔註23〕

　　儘管女性與科學，似乎是兩個很不易搭調的世界。近現代世界諸多重大的科學發現，都由女性科學家完成。如居禮夫人發現鐳；吳健雄推翻物理學的宇稱定律。〔註24〕這些重大成就，與男性科學家相較，不遑多讓，也證明女性的科學頭腦，並不比男性遜色。在這個意義上，女性對科學的參與，不僅是女性個體微觀選擇的結果，同時也是社會性別文化與制度體系的宏觀選擇。人類科學史上，許多曾做出重要貢獻的女科學家，她們的名字和工作被冷落、忽略、貶低或遺漏。中國也不例外。

　　中國女子在吳健雄之前，就已經有不少從事科學研究，獲得傑出的成就。傳統帝制中國史上，有所謂「女疇人」，也就是通曉天文曆法及算學者，至少有18位，如東漢的班昭、清初的王貞懿，可爲代表例子。〔註25〕近代中國，受到西方科學至上的風潮影響，更多往西方取經的中國女子，其中留美實科女生，人數與成就更備受矚目。甚至吳健雄在國內受大學教育，在物理學方面的啓蒙老師之一，就是1927年以前留美的物理女博士顧靜徽。當然，正如前文所述，在她之外，還有一百廿多位赴美學實科的女生，分別在理工農醫方面學有所長。本文所以致力蒐閱史料，意在發掘她們走上科學研究的背景與表現。

〔註23〕　張家鳳，〈兩性差異的研究〉，《教育雜誌》第27卷6號，頁59。
〔註24〕　江才健，《吳健雄：物理科學的第一夫人》（台北：時報文化公司，1996），頁274-275。
〔註25〕　關於王貞懿及班昭等中國女疇人，可參見劉天祥〈乾嘉才媛王貞懿研究〉（台北：國立清華大學歷史研究所科技史組碩士論文，1993），頁45-50。

　　1927 年以前的中國留美實科女生，在留美期間定志努力學習，爲回國後工作和繼續鑽研打下基礎，並且終有所得。她們返國以後，活躍的時代，正好跨越從清末民初參政權論戰和婦女運動，以及女性取得與男性同樣接受高等教育的 1920 年代，1930 年代抗日戰爭雖造成頓挫，但戰後復員，更能向前奮進。對推動中國現代化的努力，在醫學、護理、生物、化學、農業品種改良、營養研究、家政科學、體育，甚至建築科技與理論研究，都留下一些個別的成果，在整個中國現代化的過程，或許推動的力量薄弱，影響不大，至少突顯女性在中國科學領域中，並未缺席。較顯著的成就，是對祖國醫療衛生事業的貢獻。其次，她們的努力，的確造就一批具科學知識的新女性與人材，促進女子啓蒙和女子教育事業的發展。另外，她們的活動開創中國女權運動的先聲，對以後的婦女運動產生很大影響。這些都是中國現代化的重要內涵，她們的確是具有帶領作用的一群推手。換句話說，這足以說明代表科學知識的智性力量，不再是男性的專利。

　　諷刺的是，吳健雄比較她在中美兩國的求學歷程，認爲在中國社會中，女性還是受到更多公平待遇。〔註26〕1920 年代初期留美學醫的劉劍秋，也認爲在中國不像美國，男子對女子普遍有諸多貶抑的言詞或見解。〔註27〕然而，若非留美深造，女子要在中國成就一番事業，更是不容易。以女子出國學醫科的人數爲例，據統計，至 1932 年中國女子畢業於國外醫學校的人數，共有 96 位。其中留日計有 70 人，留美計有 22 人，留學加拿大計 2 人，麥奇兒大學與多倫多大學各有 1 人。留英則有愛丁堡大學 2 人。顯示女醫以留日爲數最多，其次是留美，再次是英、加。這個調查並不完整，但仍可供參考。〔註28〕因此直到抗戰以前，女生習醫科，仍非以美國爲出國進修的最主要國家。然而，留美習醫科的女生，直接學習美國西醫，程度大多較高。因此，出洋留學對中國的個人與國家現代化，都具有關鍵作用。

　　研究近代中國知識份子與西方的知名學者汪一駒，認爲留學不只是個人或其家庭的抉擇和投資，更牽涉到一個國家的政治、社會、文化、經濟結構和決策。不論公費或自費，留學是整個社會爲少數人所做的投資。這種教育資源分配不均的結果，使得窮者愈窮，富者愈富。內陸偏遠省份越得不到教

〔註26〕　江才健，《吳健雄：物理科學的第一夫人》，頁 270。
〔註27〕　Miss Gien Tsiu Liu, "Chinese Women in Medicine" p. 39.
〔註28〕　陶善敏，〈中國女子醫學教育〉，頁 850。

育資源和機會，越發閉塞；沿海城市則相反。農村即使有少數人能到城裡受
教育，後來也逐漸都市化而滯留城裡，而不願回歸鄉里。再加上在大學所學
的，多屬於外國的東西。因此，他質疑所造就出來的學生，恐怕越發與自己
本國的文化和社會隔閡。〔註29〕儘管如此，愛國救世、自立自強，是近代中
國人欲救亡圖存的重要目標，而「師夷之長技以制夷」則是主要方法，留學
取經於先進國家，更是必要手段。赴歐美進修深造，尤其學習科技以造就中
國富強，自有其存在的道理。這也是迄今留美熱潮不退的主要原因。

投身科學研究的女性，人數顯然不多。以女醫師的培育爲例，第一批留
美的清華專科女生陳衡哲，1905-1908年間曾入「上海中西女醫學院」就讀。
該校創辦宗旨在綜合中西醫學的長處，還希望培養女醫來緩和婦女的病痛。
兩位創辦人分任中西醫主任，也是該校最初兩年的僅有教師。多年後，她在
自傳中感歎那三年學醫是不愉快的經歷。清末中國新式教育機構尚在嬰兒
期，該校師資、設備均缺乏，教授西醫的唯一女醫師，只要求學生死背硬記，
可說是幾乎完全不懂得教學。中醫教授自己連基礎經典如《黃帝內經》的知
識都很有限，〔註30〕更遑言給女學生傳道、授業、解惑，讓她們貫通中西醫
學。以社會重視男子教育十倍於女子習醫的數量，以及他們在學術研究機關
所占的位置，而能在醫科上有重要的發明並不多見，更何況少數在環境中奮
鬥的女子。

中國直到1940年代，女性科技人才仍然不易養成。主要原因，首先是女子
在中高等學府的科學課程中，受到的助益較少。以相當出名的金陵女子文理學
院爲例，吳貽芳擔任校長20多年間，該校有許多教學上優點。但是她以留美生
物學博士的學者身分，也坦承該校對科學研究工作開展不夠，科學儀器設備不
夠完善。由於教師不足，專業教學的廣度和深度都不夠，培養學生的創見能力
助益不夠。學校對通過獨立探索寫得頗好的論文，沒有進行表揚鼓勵。學校沒
有辦過專門的學術性刊物，有些教授的著作只能在校外各類刊物上發表。或者
說教師中的特殊貢獻，在學術上的成就，也沒有提出來讓大家了解研究。據統
計，該校在1919-1947年間的畢業生1,000多人，從事教育工作的佔34.5%，社
會服務工作的佔12.8%，科學研究的佔9.7%，醫護工作的佔4.7%，其他佔

<hr>

〔註29〕 舒新城，《近代中國留學史》，頁224-231；Y.C. Wang, pp. 364-377.
〔註30〕 參見（美）費俠莉著，甄橙主譯，《繁盛之陰》（南京：江蘇人民出版社，2006），
頁1-54。

38.4%。〔註 31〕可見金陵女子文理學院作爲第一流的女子高等學府，在女界高級知識分子中佔有一定比重，其科學研究設備與科學課程的師資，以及畢業生從事科學研究與醫護工作況且如此，更遑言其他學校的情況。

　　筆者以爲更基本的問題，出在女性很難擺脫傳統的角色，必須進入家庭而割捨事業。1928 年以前的留美習實科的女生，多半結婚生子。她們的先生不少是留美同學，也是攻讀實科，甚至獲得更高學位。他們返國後的工作，也多數從事科學研究。當夫妻均爲傑出人物時，照顧家庭與子女的責任，總還是妻子承擔較重。不少在社會服務的女性，尤其教育界與科技研究的傑出女性，對於婦女的角色，多採取兼顧家庭與事業的折衷意見。她們所服膺的觀點，不論是稱爲超賢妻良母或是新賢妻良母，已有別於傳統的賢妻良母觀。1935 年 6 月的《婦女月報》首頁，就刊登一篇〈評新賢妻良母主義〉，文中提到「新賢妻良母就是女子用科學的精神，幫助丈夫的事業，用合乎衛生方法處理家政，用新教育法撫育教育兒女，這主義現在正風行全國，在我國著名的女學校都以賢妻良母爲教育的目標。」〔註 32〕

　　上述的一段話顯示新女性的形象有別於傳統，但仍舊必須承擔相夫教子的責任。儘管用科學的方法與技術幫忙處理家務，並不能如男子一樣，以事業爲先家庭爲後。男子可因家庭賢妻良母的幫助而無後顧之憂，女子則很少得到賢夫良父的支持，而能「忘記背後，努力向前」。除非單身，專注地投入科學事業，否則很難與男子一較長短，成就超越他們。雖然也有些丈夫能支持妻子的科學研究，做出相當犧牲，如 1920 年代，中國留美女生桂質良與王淑貞等人的夫婿。但後來無法支持下去而落跑也不乏其人，如酈雲鶴的丈夫。

　　被譽爲「性別與科學」領域中的健將哈丁（Sandrra Harding），曾以女性主義觀點來論述科學界中的女性，她認爲也許除了赴前線戰鬥外，比起其他社會性活動，女性較易被系統性地排除於純科學研究領域之外。女性科學家常陷入兩難的境地，既被期望保持單身，卻又需要有丈夫，以便獲得研究實驗室的通行證。被認爲應該在女子學校或男女合校的大學任教，她們不被允許從事研究工作。十九世紀末以來，美國大學允許女生入學，但卻拒絕聘僱女性研究員。美國遲至 1950 年代仍是如此。〔註 33〕中國的留美女生作爲高級

〔註 31〕　吳貽芳，〈金女大四十年〉，頁 108。
〔註 32〕　鄭錫瑜，〈評新賢妻良母主義〉，《婦女月報》卷 1 期 5（1935 年 6 月），頁 1。
〔註 33〕　（美）Sharon Bertsch McGrayne 著，李靜宜譯，《諾貝爾女性科學家》，頁 1-4、

知識女性，也必須面對教育社會價值與教育方針的影響。女性不擅科學的迷思仍在，而缺少啓發以及偏差觀念的誤導，女性多半存有懼怕數理學科的傾向；而社會加諸女性操持家務、養育子女的責任，也使女性較不易在專業領域與男性一較長短，除非有家人的全力支持。

知識女性本身，一方面對家庭幸福有所憧憬，一方面又擔心自己墜入家務的牢籠。正是來自家庭和社會的雙重障礙，使知識女性為了自身經濟和人格的獨立，在事業與家庭的兩難選擇中，毅然放棄對幸福家庭的追求。民國前期單身的職業女性不少，其中有些是前述的留美修習實科的女生。她們都是追求事業，而最終放棄家庭的知識女性。知識女性參與社會的過程可謂困難重重，除了來自家庭的阻力，舊的觀念意識常會沉渣泛起，男女平等在實際生活中往往遭到嘲弄。不可否認的，有些女性科學家也會和婚姻妥協，而退出「科學研究」的行列，從原來的知識生產者轉到中學或大專院校任教，變成知識的傳遞者。兩者中間的抉擇，也不免對她們造成困擾。如同前文所述，社會性別化（genderization）的傾向，導致科學對女性的排斥與分離。進入科學領域的女性，不得不在兩個世界和雙重身分中做出調停：成為一個真正的女人，就是成為非科學的；而成為一個真正的科學家就是成為非女性的。可以說「女科學家」的概念是自相矛盾的。女性進入科學這個男性領域，必須付出男性化的代價。因此，科學中的性別差異與分層結構，正好體現傳統社會中性別不平等的權力關係。〔註34〕

不可諱言的，這問題在其他先進國家如此，在中國也有類似的情況。這問題還要歸咎於當時留學返國人才的進用制度。除了各省官派留學生，有政府規定須服務回饋；自費留學生歸國，政府不安排工作。庚款留學生在形式上有歸國任用條文，實際也很少過問。更重要的是，國家貧困落後，所學專業無用武之地。一般人謀職不易，女子留學生謀職更難。國民政府當政以後，高等教育政策的興革，對留美女生習實科人數的增加，有一定影響。如 1933 年度，教育部為防止文法科人才過剩，實科人才缺乏，規定嚴格的比率，且專辦文、法、商、教育的獨立學院，各學系或專修科所招新生及轉學生的數額不得超過 50 名。雖然這個限制辦法，對專收女生的學院不適用，但它連帶

193-236，芭芭拉·麥克琳托克於 1983 年獲得諾貝爾醫學或生理獎，她終身未婚。

〔註34〕 吳小英，〈女性主義科學〉，頁 37-39。

影響實科留學人數的增加，女生也受波及。〔註35〕

　　也有學者檢討中國人對追求科學的態度過於功利。汪一駒認爲從十九世紀末以來，高等教育包括大專及留學教育重視科技，而不注重人文科學，可以看出現代中國教育似乎只是藉以強國，而非用於啓發個人。〔註36〕任鴻雋直言，洋務派把科學當作富國強兵、改善生活的手段，卻不知科學的眞諦，實爲捨本逐末的做法。面對西方物質文明的巨大成就時，總以爲他們把功利放在第一位，殊不知科學也是「明道之學」，是尋求眞理不問功利的學問。人類物質生活的改善和技術的進步，不必是科學家的起初動機，卻是科學的必然結果。眞正的科學是獨立的，不依附於任何主義，把科學等同於物質文明，或者罵科學是帝國主義，都是不諳其中眞諦。他認爲技術是枝節，科學是根本。若只偏重技術，將會重蹈當年洋務運動的覆轍。人不單靠麵包生活，大學教師的職責不是販賣知識，而是要培養學生的研究興趣，讓他們明白科學研究的目的不在乎物質享受，而在於精神滿足。這種高尙愉快的智識刺激，學生需能曉悟，養成研究的習慣，才能對人類有所貢獻。爲此，大學教師必須在獨立研究中，對科學原理和科學精神，具有深切的體認，才能在思想和人格上，對學生產生好的影響。〔註37〕這一番話對留美實科女生，也是適用的。

　　國家興亡，人人有責，匹夫、匹婦均然。十九世紀末至廿世紀初，贊成洋務的官紳學者，如嚴復、吳稚暉、胡適、陳獨秀等，大力引介現代西方科學概念、哲學及政治的思潮，對中國形成教條式的影響，發展出「唯科學主義」，五四以後進入成長期，從中國科學社及其發刊《科學》，還有《新青年》、《新潮》、《少年中國》等雜誌的流通，可見一斑。〔註38〕中國教育日漸重視對自然學科與實用學科的人材培養。女生也積極學習實科，參與推動中國的現代化。1920 年代，中國教育改制後，大學數量隨而迅速增加，新學科的設置，尤其自然科學方面逐步確立其正統地位。當時向西方引進民主與科學的口號，蔚爲風潮，使得她們在實科教育的培養，也與時俱進。1920 年代初，胡適對科學在中國的受到尊重，寫道：

〔註35〕　黃建中，〈三年來之中國高等教育〉，原載《江蘇教育》卷 4 期 1、2，頁 25-33，收入《革命文獻》輯 55，頁 77-84。

〔註36〕　Y. C. Wang, p. 500.

〔註37〕　《科學救國之夢——任鴻雋文存》，頁 388。

〔註38〕　（美）郭穎頤著，雷頤譯，《中國現代思想中的唯科學主義》（南京：江蘇人民出版社，1990），頁 4-7、10-11。

> 這三十年來，有一個名詞在國內幾乎做到了無上尊嚴的地位；無論懂
> 與不懂的人，無論守舊和維新的人，都不敢公然對他表示輕視或戲侮
> 的態度，那個名詞就是「科學」。這樣幾乎全國一致的崇信，究竟有
> 無價值，那是另一個問題。我們至少可以說，自從中國講究變法維新
> 以來，沒有一個自命為新人物的人敢公然毀謗「科學」的。〔註39〕

上述這一番話表明「唯科學主義」的思潮盛行。〔註40〕筆者認為它隱含兩方面的意義。正面來說，無疑地留洋實科學生所起的作用舉足輕重；其中貢獻較大是留美學生，女生更令人矚目。她們返國後，取得工作服務的機會，大多數從事教學工作，特別對中等以上的女子學校實科教育，具有重要的引導作用。其次，從事婦產科兒科、牙科與衛生防疫等醫護服務，以及投入農業品種改良、建築與麻紡等工業實際生產的科技研究，建立起女性的科學事業陣地。這些成就有目共睹，又影響 1930 年代留美女生在國內攻讀實科的人數漸增，留學深造亦然。

但反面來看，這些留學生的倡導、引進科學的理論知識與實務技術，是否普及廣大中國的各角落，使國人生活臻於幸福？其實當時的重視實科，仍有因陋就簡的問題。例如採用西文教科原版教材，但相關實驗設備大多簡陋，以致教學良莠不齊。直到 1930 年代抗戰以前，自然科學在中國，只能稱得上是「草創初期」。〔註41〕由以上所言，可見只有以務實獨立的態度研究對科學、進用人才制度化的規劃支持，以及兩性平等政策的落實，才能使留學生適才適用，讓中國另一半人口——女性，不在科技史上缺席。

無疑地，科學新知的引進，科學技術的研究改良，至今仍然千頭萬緒、進步神速、日新月異。「現代化」是長期而曲折的過程，無可避免地會遇到種種阻力。當日的中國女子既力反舊日的賢妻良母說，而想在社會、學術、經濟生活中，築一鞏固的基礎，扮一重要角色，個人應該「超越性別」的藩籬，對於各種職業，努力進取。國家更應該解決、改變兩性關係的不平等觀念，強化社會對女性工作與福利的社會配套措施。這正是廿世紀下半葉女性在實科及人文各領域能逐步「出頭天」的條件與經驗，而這正是廿世紀初葉修習

〔註39〕　胡適，〈科學與人生觀序〉，《科學與人生觀》上（上海：亞東圖書館，1923），頁 2-3。

〔註40〕　（美）郭穎頤著，雷頤譯，《中國現代思想中的唯科學主義》，頁 99、114-115。

〔註41〕　安宇、周棉主編，《留學生與中外文化交流》，頁 299-300、316。

實科女性的困境。

　　從以上本文所述，可知留美學實科者，並非盡屬男性的天下。科技史家將非西方社會視為沒有歷史，是歷史的缺席；而且在大部分科技史中找不到婦女。事實上，中國婦女延續十六世紀以後，至十九世紀末、廿世紀前期，在科技發展的歷史過程中，並非處於邊緣，而是不可或缺的部分。婦女工作在生育醫護技術的學習與掌握，以及建築、紡織與科技的靈巧，顯示她們在科技方面的角色與地位並未缺席，而是受到忽略。尤其居於最精英而具有領導指標作用的留美實科女生，以其專業知識在性別結構中，與男性的搭配是既分工又彼此關聯。她們不但與男性精英共同推進中國科技的現代化，更身體力行的帶動婦女在社會運動、關懷慈善工作與國家政治的現代化上面，獨當一面。因此可知，留美實科女生的成就，在留學教育史上，自有其不可忽視的重要地位。筆者展現出近代婦女科技，絕不是處於邊緣地位，而留美實科女生以其質量的優異，更居於核心角色。

　　性別偏見與科學偏見，共同造成女性與科學的分離現象。瞭解清末民初諸多留美實科女生的奮鬥與成就，或許可以鼓舞更多年輕女性投身科學研究，也讓更多的人進一步深思女性的社會角色。她們既不是思想家，也不是哲學家；而是實踐家、推動家。以往，人們以為中國女子似乎不適合或甚少修習實科，將她們在實科領域的地位邊緣化，以為她們算不上參與推動中國在科學方面的現代化。這種刻板印象，是膚淺之見。不是女人出了問題，而是性別觀念出了問題。女性被人類的社會與文化所限制，受到後天刻板印象的牢籠，難以全力發揮所致。

　　再者，留美實科女生的成就，也足以證明在中國近代婦女史上，對科技現代化的貢獻。是否社會文化出了問題，科學建置與觀念本身也出了問題？不然，應該將實科女性的貢獻還諸歷史。本文所述 1927 年為止的中國留美實科女生，尚不敢稱搜羅殆盡，惟恐仍有遺珠之憾。或許也稱不上論述詳確，但願能拋磚引玉。無論如何，留美實科女生的教育，或許無法超越世俗價值，但她們成就不凡。她們是女性現代化的驅動者，她們的觀念、工作和活動破舊立新，對男女平等的促進，具有正面的貢獻。

徵引書目

一、中日文部分

（一）檔　案

1. 教育部檔案：平檔，留學事務・美國，前三、二、一年度，第二宗（台北國史館藏，以下教育部檔案亦同）。

2. 教育部檔案：平檔，留學事務・美國，前四年度，第一宗。

3. 教育部檔案：平檔，留學事務・美國，前三年度，第一宗，〈美館造具留美學士名冊〉。

4. 教育部檔案：平檔，留學事務・英國，前三年度，第一宗。

5. 教育部檔案：平檔，留學事務・美國，〈一至六年度，總統選派各國留學姓名清冊〉（一至六年度，共八宗）。

6. 教育部檔案：平檔，留學事務・美國，〈民國八年二月份各部省留美官費生人數清單〉。

7. 教育部檔案：平檔，留學事務・美國，〈民國八年發給留美畢業生證明書報告〉。

8. 教育部檔案：平檔，留學事務・美國，〈清華學校回國學生履歷表〉。

9. 教育部檔案：平檔，留學事務・美國，〈外交部咨送清華學校遊美畢業生履歷備案由附件〉。

10. 教育部檔案：平檔，留學事務・比利時，〈前二年度留比學生案〉、〈前四年度留比肄業生案〉，台北國史館藏。

11. 教育部檔案：平檔・留學事務，日本，未分國。

12. 教育部檔案：平檔・留學事務，日本，〈民前四年至民國十二年度留日畢業生檔案〉。

13. 教育部檔案：留學事務‧美國，〈發給赴美國自費留學證書〉，目錄統編197，案卷編號 085-5。

14. 福建省檔案館藏號 39-1-2，〈教育部立案私立華南女子文理學院一覽〉。

15. 福建省檔案館藏號 39-1-5，〈私立華南女子學院呈請立案用表之（一）〉。

16. 福建省檔案館，藏號 39-1-24，〈准予備案遷南平〉。

17. 福建省檔案館，藏號 39-1-97，〈私立華南女子文理學院校史（1950 年編）〉。

18. 福建省檔案館，藏號 39-1-97，〈私立華南女子文理學院教育概況〉、〈私立華南女子文理學院 1940 年各項校務報告〉。

19. 上海檔案館，檔案號 U121-0-15，〈中華婦女青年會體育師範學校簡章〉，1920，中華婦女青年會。

20. 上海檔案館，檔案號 U121-2-30，〈中華女青年會人事〉（1934 年 7 月至1947 年 4 月）。

（二）史料與史料集

1. 中華民國開國五十年文獻編纂委員會編，《中華民國開國五十年文獻》第一編第十三、十四冊，台北：編者印行，1962、1964。

2. 中華全國婦女聯合會婦女運動歷史研究室編，《中國婦女運動歷史資料》共 5 冊，北京：中國婦女出版社，1986-1991。

3. 《中國普通高等學校教授人名錄》編寫組編，《中國普通高等學校教授人名錄》，北京：高等教育出版社，1988。

4. 王煥琛編著，《留學教育——中國留學教育史料》1-4 冊，台北：國立編譯館，1980。

5. 王樹槐、成露茜、呂芳上等主編，《近代中國婦女史中文資料目錄》，台北：中央研究院近代史研究所，1995。

6. 朱有瓛、高時良主編，《中國近代學制史料》，上海：華東師範大學，1993。

7. 北洋洋務局編，《約章成案匯覽——游學門》，上海：編者印行，光緒卅一年。

8. 任鴻雋、樊洪業、張久春，《科學救國之夢——任鴻雋文存》，上海：上海科技教育出版社、上海科技技術出版社，2002。

9. 朱有瓛、高時良主編，《中國近代學制史料》第二輯，上海：華東師範大學，1989。

10. 朱有瓛、高時良主編，《中國近代學制史料》第三輯，上海：華東師範大學，1990。

11. 朱有瓛、高時良主編，《中國近代學制史料》第四輯，上海：華東師範大學，1993。

12. 多賀秋五郎編，《近代中國教育史資料‧清末編》、《近代中國教育史資料‧民國編（上）》、《近代中國教育史資料‧民國編（下）》，共 3 冊，昭和 47 年，台北：文海出版社，1976 年影印本。

13. 李又寧、張玉法主編，《近代中國女權運動史料 1842-1911》上下冊，台北：傳記文學出版社，1975。

14. 林清芬編著，《抗戰時期我國留學教育史料——各省考選學生》共 6 冊，台北：國史館，1994-1999。

15. 胡健國主編，《國史館現藏民國人物傳記史料彙編》1-27 輯，台北：國史館，1977-2005。

16. 秦孝儀主編，《中華民國重要史料初編‧對日抗戰時期》第四編《戰時建設（一）》，台北：中國國民黨中央委員會黨史委員會編印，1988。

17. 陳學恂主編，《中國近代教育史教學參考資料》，共 3 冊，北京：人民教育出版社，1987。

18. 清華大學中共黨史教研室編，《赴法勤工儉學運動史料》第二冊（上），北京：北京出版社，1980。

19. 清華大學校史研究室，《清華大學史料選編》第一卷，北京：清華大學出版社，1991。

20. 舒新城編，《近代中國教育史料》共 4 冊，台北：天一出版影印本，1979。

21. 教育部文總務廳文書科編，《教育部文牘彙編》（1-4），北京：編者自印，1914-1918。

22. 教育部文總務廳文書科編，《教育法規彙編》，北京：編者印行，1919。

23. 教育部編，《中華民國教育法規彙編》（北京：編者自印，1919），收入沈雲龍主編，《近代中國史料叢刊》第三編十一輯，台北：文海出版社，1987。

24. 國民參政會秘書處編，《國民參政會（第一屆）第一次大會記錄》，漢口：編者印行，1938。

25. 國民參政會秘書處編，《國民參政會（第一屆）第三次大會紀錄》，重慶：編者印行，1938。

26. 國民參政會秘書處編，《國民參政會第三屆第一次大會議事記錄‧第六次會議》，重慶：編者印行，1943。

27. 國民參政會秘書處編，《國民參政會第三屆第二次大會議事記錄》，重慶：編著印行，1943。

28. 學部總務司編，《學部奏咨輯要》卷 2，北京：編者印行，1909（宣統元年春刊）。

29. 臧健、董乃強主編，《近百年中國婦女論著總目提要》，吉林：北方婦女兒童出版社，1996。

30. 藤井志津枝主編，《近代中國婦女史日文資料目錄》，台北：中央研究院近代史研究所，1995。

（三）人名錄、辭典與百科全書

1. 上海中比友誼會編，《留比同學錄》，上海：編者刊印，1933。

2. 《上海婦女志》編纂委員會編，《上海婦女志》，上海：上海社會科學院，2000。

3. 中國徵信社編，《上海工商名人錄》，上海：出版者不詳，1936再版。

4. 中華民國當代名人錄編輯委員會，《中華民國當代名人錄》共4冊，台北：台灣中華書局，1978。

5. 《中華留學名人辭典》編委會，《中華留學名人辭典》，長春：東北師範大學出版社，1992。

6. 中國婦女管理學院編，《古今中外女名人辭典》，保定：中國廣播電視出版社，1989。

7. 《中國大百科全書》總編輯委員會、《中國大百科全書》出版社編輯部編，《中國大百科全書》，北京：中國大百科全書出版社，1994。

8. 《中國普通高等學校教授人名錄》編寫組編，《中國普通高等學校教授人名錄》，北京：高等教育出版社，1988。

9. 田原禎次郎編，《清末民初中國官紳人名錄》（北京：中國研究會，1918），收在沈雲龍主編《近代中國史料叢刊》第三編八十輯，台北：文海出版社，1996。

10. 北京清華學校編，《遊美同學錄》，北京：編者自印，1917。

11. 北京清華學校編，《遊美同學錄》，北京：編者自印，1918。

12. 李立明編，《中國現代六百作家小傳》，香港：波文書局，1977。

13. 李元信編纂，《寰球中國名人傳略‧上海工商各界之部》（*World Chinese Biographies*），上海：環球出版社，1944。

14. 李盛平主編，《中國近現代人名大辭典》，北京：中國國際廣播出版社，1989。

15. 吳成平主編，《上海名人辭典》，上海：上海辭書出版社，2001。

16. 房兆楹輯，《清末民初洋學學生題名錄初輯》，台北：中央研究院近代史研究所，1962。

17. 周棉主編，《中國留學生大辭典》，南京：南京大學出版社，1999。

18. 英文《中國婦女》編著，《古今中外婦女人物》下冊，石家莊：河北人民出版社，1986。

19. 留英同學會編纂，《留英同學錄》，上海：編者自印，1934。

20. 徐友春主編,《民國人物大辭典》,石家莊:河北人民出版社,1991。

21. 高魁祥、申建國編,《中華古今女傑譜》,北京:中國社會出版社,1991。

22. 馬尚瑞,《北京古今名人辭典》,北京:新華書店,1991。

23. 秦孝儀主編,《中國現代史辭典·人物部分》,台北:近代中國出版社,1985。

24. 清華大學同學會編,《清華同學錄》,北平:編者印行,1933。

25. 國立清華大學校長辦公室編,《清華同學錄》,北平:編者印行,1937。

26. 國民大會秘書處編,《制憲國民大會逝世代表傳略》,台北:編者印行,無出版年。

27. 梁元生,《林樂知在華事業與萬國公報》,香港:中文大學,1978。

28. 賈逸君,《中華民國名人傳》,北平:北平文化學社,1937 年;上海書店影印本。

29. 華南女子文理學院編,《華南女子文理學院一覽》,福州:編者印行,1934。

30. 華夏婦女名人詞典編委會編,《華夏婦女名人詞典》,北京:華夏出版社,1988。

31. 教育部編,《專科以上學校教員名冊》第一冊,重慶:編者印行,1942。

32. 教育部編,《專科以上學校教員名冊》第二冊,重慶:編者印行,1943。

33. 廈門大學編,《廈門大學一覽》共 3 卷,編者印行,1921-1925;台北:天一出版社,1985 影印版。

34. 樊蔭南編纂,《當代中國四千名人錄》,香港:波文圖書公司,1978。

35. 廖蓋隆主編,《中國人名大詞典——當代人物卷》,上海:上海辭書社,1990。

36. 寰球中國學生會編,《寰球中國學生會民國十五年特刊》,上海:編者印行,1926。

37. 寰球中國學生會編,《寰球中國學生會二十五年紀念冊》,上海:編者印行,1930。

38. 寰球中國學生會編,《寰球中國學生會出洋學生特刊》,上海:編者印行,1936。

39. 燕京大學研究院編,《燕京大學人物誌》第一輯,北京:北京大學出版社,2001。

40. 燕京大學研究院編,《燕京大學人物誌》第二輯,北京:北京大學出版社,2002。

41. 歷代名人教育志編委會編,《歷代教育名人志》,武漢:湖北教育出版社,1994。

42. 蘇雲峰,《清華大學師生名錄資料彙編(1927-1949)》,台北南港:中央

研究院近代史研究所，2004。

（四）口述歷史、大事記與年鑑

1. 丁致聘編，《中國近七十年來教育記事》，台北：台灣商務印書館，1961。

2. 中華續行委辦會編，《中華基督教會年鑑》共14冊，上海：商務印書館，
   1914-1936；台北：中國教會研究中心與橄欖文化基金會，1983重印。

3. 王萍訪問，官曼莉紀錄，《杭立武先生訪問錄》，台北：中央研究院近代
   史研究所，1990。

4. 林紀庸口述，張朋園、林泉等訪問，《林紀庸先生訪問錄》，台北：中央
   研究院近代史研究所，1983。

5. 金陵女子文理學院辦公室編，《金女大大事記》，南京：金陵女子文理學
   院校友會，1992。

6. 姚舜生，《中國婦女大事年表》，上海：女子書店，1932。

7. 張朋園、楊翠華、沈松喬訪問，潘光哲紀錄，《任以都先生訪問紀錄》，
   台北：中央研究院近代史研究所，1993。

8. 張朋園等訪問，羅久蓉紀錄，《周美玉女士訪問紀錄》，台北：中央研究
   院近代史研究所，1993。

9. 教育部中國教育年鑑編纂委員會編，《第一次中國教育年鑑》，上海：開
   明書店，1934；台北：宗青圖書公司，1981影印。

10. 教育部教育年鑑編纂委員會編，《第二次中國教育年鑑：1934-1947》，上
    海：商務印書館，1948。

11. 振華女校編著，《振華女校校刊》，蘇州：振華女校，1931。

12. 蘇州振華女校編輯，《振華女校二十五周年紀念特刊》，蘇州：編者印行，
    1934。

13. 蘇州振華女校編輯，《振華女校三十年紀念特刊》，蘇州：編者自印，1936。

（五）專　書

1. 丁文江編，《梁啓超年譜》，台北：世界出版公司，1958。

2. 《上海高等教育系統教授錄》編委會編，《上海高等教育系統教授錄》，
   上海：華東師範大學，1988。

3. 于學蘊、劉琳編著，《天津老教堂》，天津：天津人民出版社，2005。

4. 上海市婦女聯合會，《上海婦女運動史1919-1949》，上海：人民出版社，
   1990。

5. 中華書局編，《秋瑾集》，上海，編者印行，1960。

6. 中國藝術研究院音樂研究所編，《中國近現代音樂家傳》第一卷，瀋陽：
   春風文藝出版社，1994。

7. 毛彥文，《往事》，台北：著者自印，1989。

8. 王立新，《美國傳教士與晚清中國的現代化》，天津：天津人民出版社，1997。

9. 王治心，《中華基督教史綱》，香港：基督教文藝出版社，1959。

10. 王奇生，《中國留學生的歷史軌跡 1872-1949》，武漢：湖北教育出版社，1992。

11. 王忠欣，《基督教與中國近現代教育》，武漢：湖北教育出版社，2000。

12. 王承緒編，《世界著名學府──倫敦大學》，長沙：湖南教育出版社，1995。

13. 王恩銘，《二十世紀美國婦女研究》，上海：上海外語教育出版社，2002。

14. 王淑貞，《婦產科學》，香港：中外出版社，1976。

15. 王惠姬，《近代中國女子留學史──清末篇》，台中：捷太出版社，2000。

16. 王惠姬，《近代中國女子留學史──民初篇 I》，台中：捷太出版社，2000。

17. 王燦芝編，《秋瑾女俠遺事》，台北：台灣中華書局，1976。

18. 司徒雷登著，閻人俊譯，《在中國五十年》，香港：求精出版社，1955。

19. 北京市婦女聯合會編，《北京婦女報刊考（1905-1949）》，北京：新華書店，1990。

20. 戎玉琴等編，《伯特利‧我們的家》，香港：伯特利教會天梯出版社，1993。

21. 成露茜、費俠莉、葉漢明等主編，《近代中國婦女史英文資料目錄》，台北：中央研究院近代史研究所，1996。

22. 江才健，《吳健雄：物理科學的第一夫人》，台北：時報文化公司，1996。

23. 朱峰，《基督教與近代中國的女子高等教育──金陵女大與華南女大比較研究》，福州：福建教育出版社，2002。

24. 吉林大學建校五〇週年記念，《關實之、陶慰孫百年誕辰記念文集》，長春：吉林大學出版社，1996。

25. 安宇、周棉主編，《留學生與中外文化交流》，南京：南京大學出版社，2000。

26. 艾德金森等著，曾慧敏、劉金蘭、盧麗玲合譯，《心理學》，台北：桂冠圖書公司，2004 年 3 版。

27. 李璜，《學鈍室回憶錄》，台北：傳記文學出版社，1968。

28. 李瞻、石麗東，《林樂知與萬國公報，中國現代運動之根源》，台北：新聞記者公會，1977。

29. 李濤，《醫學史綱》，上海：中華醫學會出版委員會，1940。

30. 李又寧、張玉法主編，《中國婦女史論文集》第一輯，台北：台灣商務印書館，1981。

31. 李又寧主編，《留美八十年》（二），紐約：天外出版社，1999。

32. 李小江等主編，《性別與平等》，北京：生活·讀書·新知三聯書店，1994。

33. 李汝珍，《鏡花緣》台北：世界書局，1962。

34. 李紹昌，《半生雜憶》，台北：文海出版社影印本，1969。

35. 李雪荔，《中國婦女史話》，南京：中國婦女建國會，1947。

36. 李曼瑰，《盡瘁留芳》，台北：伍智梅女士獎學基金會，1961。

37. 李喜所、劉集林合著，《近代中國的留美教育》，天津：天津古籍出版社，2000。

38. 李雲漢，《黃克強先生年譜》，台北：中國國民黨黨史委員會，1973。

39. 沈宗瀚，《沈宗瀚晚年文錄》，台北：傳記文學出版社，1979。

40. 沈君山、黃俊傑編，《鍥而不捨》，台北：時報文化出版公司，1981。

41. 沈剛伯，《民族英雄及革命先烈傳記》，台北：正中書局，1981。

42. 宋晞，《旅美論叢》，台北：中國文化學院，1965。

43. 宋瑞芝主編，《中國婦女文化通覽》，濟南：山東文藝出版社，1995。

44. 杜學元，《中國女子教育通史》，貴陽：貴州出版社，1995。

45. 薛理勇編著，《上海舊影老學堂》，上海：上海人民美術出版社，1999。

46. 吳文忠，《中國近百年體育史》，台北：台灣商務印書館，1967。

47. 吳汝綸，《東遊叢錄》四，收在王寶平主編《晚清中國人日本考察記集成：教育考察記》（上），杭州：杭州大學出版社，1999。

48. 吳廷燮，《北京市志稿·民政志》，北京：燕山出版社，1989。

49. 吳相湘，《民國人物列傳》，台北：傳記文學出版社，1986。

50. 吳荔明，《梁啓超和他的兒女們》，上海：上海人民出版社，1999。

51. 吳梓明，《基督宗教與中國大學教育》，北京：中國社會科學出版社，2003。

52. 吳梓明編，《中國教會大學歷史文獻研討會論文集》，香港：中文大學出版社，1995。

53. 方非、歸鴻、吳爲公等編，《吳貽芳紀念集》，上海：江蘇教育出版社，1987。

54. 呂芳上、游鑑明、羅久蓉主編，《無聲之聲：新時代中國的婦女與國家》，台北：中央研究院近代史研究所，2003。

55. 伯恩特·卡爾格－德克爾著，姚燕、周惠譯，《醫藥文化史》，北京：生活·讀書·新知三聯書店，2004。

56. 林杉，《林徽因傳：一代才女的心路歷程》，北京：九洲圖書出版社，1998。

57. 林洙，《大將的困惑——我與梁思成》，北京：作家出版社，1991。

58. 林洙，《困惑的大匠梁思成》，濟南：山東畫報社，1997。

59. 林子勛，《中國留學教育史》，台北：華岡出版公司，1976。

60. 林治平，《中國科學史論集》，台北：中華文化出版事業委員會出版社，1958。

61. 林治平主編，《中國基督教大學論文集》，台北：宇宙光出版社，1993。

62. 周一川，《中國人女性の日本留學史研究》，東京：株式會社國書刊行會，2000。

63. 周邦道，《近代教育先進傳略》，台北：文化大學，1981。

64. 周恃天譯，《西洋體育史》，台北：黎明文化事業公司，1971。

65. 江西近代鄉賢錄編輯委員會編，《江西近代鄉賢錄》，台北：編者自印，1998。

66. 金女大校友會編，《永久的思念》，南京：金女大校友會，1993。

67. 《金陵的女兒》編寫組，《金陵的女兒》，南京：江蘇教育出版社，1995。

68. 芭芭拉·麥克哈非（B. MacHaffie）著，朱麗娟譯，《她的歷史——基督教傳統中的婦女》，台北：台灣基督教長老會總會婦女事工委員會，1998。

69. 計榮主編，《中國婦女運動史》，長沙：湖南出版社，1992。

70. 孟繁科編著，《中國婦女之最》，北京：中國旅游出版社，1989。

71. 胡適，《胡適留學日記》4冊，上海：商務印書館，1948；台北：台灣商務印書館，1975。

72. 胡光麃，《波逐六十年》，香港：新聞天地社，1964。

73. 胡耐安，《六十年來人物識小錄》，台北：台灣商務印書館，1977。

74. 英文《中國婦女》編著，《古今中外婦女人物》下冊，石家莊：河北人民出版社，1986。

75. 查時傑，《中國基督教人物小傳》上卷，台北：中華福音神學院出版社，1983。

76. 姚公騫主編，《中國百年留學精英傳》，共四冊，南昌：百花洲文藝出版社，1997。

77. （美）埃美利·哈恩，《宋氏家族》，北京：新華出版社，1985。

78. （美）西爾維婭·安·休利特著，馬莉、張昌耀譯，《美國婦女解放的神話》，加拿大：明鏡出版社，1998。

79. （美）Sharon Bertsch McGrayne 著，李靜宜譯，《諾貝爾女性科學家》，台北：牛頓出版公司，1994。

80. （美）高彥頤著，李志生譯，《閨塾師——明末清出江南的才女文化》，南京：江蘇人民出版社，2005。

81. （美）白馥蘭著，江湄、鄧京力譯，《技術與性別》，南京：江蘇人民出版社，2006。

82. （美）郭穎頤著，雷頤譯，《中國現代思想中的唯科學主義》，南京：江蘇人民出版社，1990。

83. （美）費俠莉著，甄橙主譯，《繁盛之陰》，南京：江蘇人民出版社，2006。

84. 韋鈺，《中國婦女教育》，杭州：浙江教育出版社，1995。

85. 袁冬林、袁士傑編，《浦熙修記者生涯尋蹤》，上海：文匯出版社，2001。

86. 郝更生，《郝更生回憶錄》，台北：傳記文學出版社，1969。

87. 桂質良，《女人的一生》，南京：正中書局，1937。

88. 高拜石，《古春風樓瑣記》第一至十九集，台北：台灣新生報，1960-1974。

89. 高時良主編，《中國教會學校史》，長沙：湖南教育出版社，1994。

90. 莫法，《溫州基督教史》，香港：建道神學院，1998。

91. 孫石月，《中國近代女子留學史》，北京：中國和平出版社，1995。

92. 孫海英編著，《金陵女子大學》，石家莊：河北教育出版社，2004。

93. 容閎，《西學東漸記》（中譯自傳），收在沈雲龍主編《近代中國史料叢刊》第九十五輯（台北：文海出版社，1973）。

94. 清華大學校史編寫組編，《清華大學校史稿》，北京：中華書局，1981。

95. 清華大學建築學院編，《建築師林徽因》，北京：清華大學出版社，2004。

96. 章開沅主編，《社會轉型與教會大學》，武漢：湖北教育出版社，1998。

97. 梁思成著，梁從誡譯，《圖說中國建築史》，台北：崇智國際文化公司，1991。

98. 梁啓超，《飲冰室文集》，上海：中華書局，1941。

99. 梁啓超，《新大陸遊記節錄》，台北：中華書局，1957 台一版。

100. 梁元生，《林樂知在華事業與萬國公報》，香港：中文大學，1978。

101. 梁從誡編，《林徽因文集：文學卷》，天津：百花文藝出版社，1999。

102. 梁從誡編，《林徽因文集：建築卷》，天津：百花文藝出版社，1999。

103. 梁錫華，《志摩新傳》，台北：聯經出版公司，1979。

104. 梁錫華編譯，《徐志摩英文書信選》，台北：聯經出版公司，1979。

105. 梁錫華選註，《（胡適祕藏書信選）（上）》，台北：風雲時代出版公司，1990。

106. 郭榮生、張源編，《張伯苓先生紀念集》（附：年譜），台北：文海出版社影印本，1975。

107. 梅生編，《中國婦女問題討論集》（一），上海：上海書店，1989。

108. 梅貽寶，《大學教育五十年——八十自傳》，台北：聯經出版公司，1982。

109. 曹汝霖，《一生的回憶》，台北：傳記文學出版社，1970。

110. 晨舟，《中國文博名家畫傳》，北京：文物出版社，2002。

111. 張大慶，《中國近代疾病社會史（1912-1927）》，濟南：山東教育出版社，2006。

112. 張文伯，《吳敬恆先生傳》，台北：中國國民黨黨史會，1964。

113. 張之洞，《張文襄公全集》，台北：文海出版社影印本，1963。

114. 張之洞，《勸學篇》，遊學第二，收在沈雲龍主編《近代中國史料叢刊》第9輯（台北：文海出版社，1967）。

115. 張玉法，《清季的立憲團體》，台北：中央研究院近代史研究所，1971。

116. 張建瑋、鄧琮琮，《中國院士》，杭州：浙江文藝出版社，1997。

117. 張默君，《大凝堂集》，台北：中華書局，1960。

118. 張耘田、陳巍主編，《蘇州民國藝文志》，揚州：廣陵書社，2005。

119. 陳捷，《天主教傳入中國概觀》（台北：文海出版社，1970），收在沈雲龍主編，《近代中國史料叢刊》第65輯。

120. 陳三井主編，《近代中國婦女運動史》，台北：近代中國出版社，2000。

121. 陳尚球，〈營養學〉，見《中華民國科學誌》（三），台灣：中華文化出版事業委員會，1956。

122. 陳炳權，《大學教育五十年（陳炳權回憶錄）》，香港：著者自印：1970。

123. 陳啓天，《最近三十年中國教育史》，台北：文星書店，1962。

124. 陳潔如，《陳潔如回憶錄》上下冊，台北：傳記文學出版社，1992。

125. 陳東原，《中國婦女生活史》，上海：商務印書館，1937二版；台北：台灣商務印書館，1970。

126. 陳廣沅，《壯遊八十年》，台北：著者自印，1978。

127. 陳勝崑，《近代醫學在中國》，台北：當代醫學雜誌社，1978。

128. 陳毓賢，《洪業傳——季世儒者洪煨蓮》，台北：聯經出版公司，1992。

129. 陳衡哲著，馮進譯，《陳衡哲早年自傳》，合肥：安徽教育出版社，2006。

130. 陳學勇編，《林徽因文存——散文 書信 評論 翻譯》，成都：四川文藝出版社，2005。

131. 陳鍾英、陳宇編，《中國現代作家選集——林徽因》，香港：香港三聯書店與人民文學出版社，1990。

132. 馮自由，《革命逸史》，共5冊，台北：台灣商務印書館，1969。

133. 喬紀堂編選，《二十世紀散文精品——梁思成·林徽因卷》，西安：太白文藝出版社，1996。

134. 教育部國際文化教育事業處編，《聯合國教育科學文化組織中國委員會第

一屆大會報告》，《教育部國際文教叢刊》第一卷第三號（1948 年 9 月）。

135. 舒新城，《近代中國留學史》，上海：中華書局，1934；台北：中國出版社影印，1973。

136. 程謫凡，《中國現代女子教育史》，上海：中華書局，1936。

137. 程德培、郜元寶、楊楊編，《良友人物‧1926-1945》，上海：社會科學院，2004。

138. 黃新憲，《中國近現代女子教育》，福州：福建教育出版社，1992。

139. 黃福慶，《清末留日學生》，台北：中研院近代史研究所，1975。

140. 黃福慶，《國立中山大學》，台北：中央研究院近代史研究所，1988。

141. 湖北省地方志編纂委員會編，《湖北省志人物志稿》第 2 卷《人物傳：教育科技》，北京：光明日報，1989。

142. 國史館編，《中華民國史教育志（初稿)》，台北：國史館，1990。

143. 曾寶蓀，《曾寶蓀回憶錄》，香港：基督教文藝出版社，1969。

144. 曾寶蓀治喪委員會編，《曾寶蓀紀念集》，台北：編者自印，1979。

145. 賀國慶，《德國和美國大學發達史》，北京：人民教育出版社，1998。

146. 董鼐主編，《學府紀聞》共 21 冊，台北：南京出版公司，1981-1982。

147. 葛成慧編著，《家庭醫事》，上海：正中書局，1947。

148. 楊絳，《將飲茶》，台北：曉園出版社，1990。

149. 楊愷齡，《民國黃克強先生年譜》，台北：台灣商務印書館，1981。

150. 福建華南女子學院，《建院十週年紀念特刊》，福州：出版者不詳，1995。

151. 雷良波、陳陽鳳、熊賢軍編，《中國女子教育》，武漢：武漢出版社，1993。

152. 費慰梅著，曲瑩璞、關超等譯，《梁思成與林徽因——對探索中國建築史的伴侶》，北京：中國文聯出版社，1997。

153. 傑西‧格‧蘆茨（Jessie G. Lutz）著，曾鉅生譯，《中國教會大學史》，杭州：浙江教育出版社，1981。

154. 塞繆爾‧埃利奧特‧莫里森等著，南開大學歷史系美國史研究室譯，《美利堅共和國的成長》（下卷），天津：天津人民出版社，1991。

155. 葛壯，《宗教與近代上海社會的變遷》，上海：上海書店，1999。

156. 鄒魯，《廣州三月二十九日革命史》，台北：正中書局，1974。

157. 劉一達，《老根兒人家》，北京：北京出版社，2004。

158. 劉巨才，《中國近代婦女運動史》，北京：中國婦女出版社，1989。

159. 劉秉果，《中國古代體育史話》，北京：文物出版社，1987。

160. 劉寧元主編，《中國女性史類編》，北京：北京師範大學出版社，1999 年。

161. 劉蘅靜，《婦女問題文集》，南京：婦女月刊社，1947。

162. 劉王立明，《中國婦女運動》，上海：商務印書館，1933。

163. 劉廷芳，《山雨》，上海：北新書局，1930。

164. 劉國銘主編，《中國國民黨百年人物全書》，北京：團結出版社，2005。

165. 廣東省婦女聯合會、廣東婦女運動歷史資料編輯委員會編，《一代英姿》（一），廣州：廣東人民出版社，1987。

166. 熊月之、張敏，《上海通史》第六卷《晚清文化》，上海：上海人民出版社，1999。

167. 熊賢君，《俞慶棠教育思想研究》，瀋陽：遼寧教育出版社，1997。

168. 鄧鐵濤、程之範主編，《中國醫學通史：近代卷》，北京：人民衛生出版社，2000。

169. 滕大春，《美國教育史》，北京：人民教育出版社，1994。

170. 談社英，《中國婦女運動通史》，南京：婦女共鳴社，1936。

171. 談社英，《婦運四十年》，台北：撰者自印，民 41 年。

172. 實藤惠秀著，譚汝謙、林啓彥譯，《中國人日本留學史》，香港：中文大學出版社，1982。

173. 德本康夫人、蔡路得著，楊天宏譯，《金陵女子大學》，珠海：珠海出版社，1999。

174. 鄭通和，《六十自述》，台北：三民書局，1970。

175. 鄭爾康，《石榴又紅了——回憶我的父親鄭振鐸》，北京：中國人民出版社，1998。

176. 盧燕貞，《中國近代女子教育史》，台北：文史哲出版社，1998。

177. 錢單士厘，《癸卯旅行記》，收在鄭逸梅、陳左高主編《中國近代文學大系》第 9 集第 24 卷，書信日記集二，上海：上海書店，1993。

178. 閻廣芬，《中國女子與女子教育》，保定：河北大學出版社，1996。

179. 謝長法，《借鑑與融合——留美學生抗戰前教育活動研究》，石家莊：河北教育出版社，2001。

180. 韓國璜，《自西徂東——中國音樂文集》第 2 集，台北，時報出版公司，1985。

181. 韓碧秀女士編纂，董碧雲女士譯述，《護士歷史略記》，上海：廣協書局，1937。

182. 顏廷階，《中國現代音樂家傳略》，台北：綠與美出版社，1992。

183. 藍如溪，《溪步集》，香港：伯特利教會天梯出版社，1975。

184. 嚴仁英主編，《楊崇瑞博士誕辰百年紀念》，北京：北京醫科大學／中國

協和醫科大學聯合出版社，1990。

185. 鍾叔河主編，《走向世界——近代中國知識分子接觸東西洋文化的前驅》，台北：百川書局，1998。

186. 鍾敬文主編，《衡哲散文集》，石家莊：河北教育出版社，1994 重印簡體字版。

187. 顧長聲，《傳教士與近代中國》，上海：上海人民出版社，1981。

188. 顧長聲，《從馬禮遜到司徒雷登》，上海：上海人民出版社，1985。

189. 蘇雲峰，《從清華學堂到清華大學：近代中國高等教育研究（1911-1929）》，台北：中研院近史所，2000。

190. 羅莎琳‧邁爾斯著，刁筱華譯，《女人的世界史》，台北：麥田出版社，1998。

191. 羅蘇文，《女性與近代中國社會》，上海：上海人民出版社，1996。

（六）期刊報紙與公報

1. 《江蘇教育》，3 卷 10 期，1934 年 10 月。

2. 《教育公報》，1914-1927。

3. 《教育部公報》，1927-1928。

4. 《政治官報》，1907 年。

5. 《湖北教育廳公報》，第 2 卷 16 期，1931 年 8 月。

6. 《政治官報》，1907 年。

7. 《學部官報》，1907-1911。

8. 《女子參政協進會會刊》，1922 年。

9. 《女青年》，1928-1947 年。

10. 《女聲》1933-1945 年。

11. 《女鐸報》，1918-1937 年。

12. 《中外雜誌》1967-2007 年。

13. 《中國留紐學生會年報》創刊號（1911 年 8 月）。

14. 《中華新報》，1917 年。

15. 《民立報》，1912-1913 年。

16. 《東方雜誌》，1904-1937 年。

17. 《金陵女子文理學院校刊》，1933-1948 年。

18. 《留美學生季報》，1914-1922 年。

19. 《婦女雜誌》，1915-1930 年。

20. 《教育雜誌》，1909-1938 年。

21. 《傳記文學》，1962-2007 年。

22. 《警鐘日報》，1904-1905 年。

（七）論著文章

1. 丁侃，〈紐約文教界悼念程其保博士〉，谷正綱等同著《程其保先生逝世週年紀念集》（朱版地與出版者不詳，1976）。

2. 不著撰人，〈上海婦孺醫院張湘紋醫師等被控反訴案告一段落〉，《中華醫學雜誌》卷 20 期 12（1934）。

3. 不著撰人，〈中國科學社社友錄〉，《科學》卷 2 期 1（1916）。

4. 〈社員通訊〉，《科學》卷 5 期 10（1920）。

5. 方豪，〈同治前歐洲留學史略〉，《六十他定稿》，台北：雲天出版社，1970。

6. 〈王仁堪〉，《福建歷史人物》第一輯（福州：福建教育出版社，1988）。

7. 王奇生，〈教會大學與中國知識女性的成長〉，《近代中國婦女史研究》第四期（台北，1996）。

8. 王季深，〈愛國教育家劉湛恩〉，《人物》1984 年第三期。

9. 王惠姬，〈婦女、科技與救國——以民初留學德國的女生（1912-1937）為例〉，收在《「現代化與國際化進程中的中國社會變遷」兩岸三地歷史學研究生論文發表會（2002.9.2-3）論文集》。

10. 王惠姬，〈清末民初中國的留德女生〉，《中正歷史學刊》第四期（2001 年 9 月）。

11. 王惠姬，〈民初留學比利時的女生〉，《中正歷史學刊》第五期（2002 年 10 月）。

12. 王惠姬，〈二十世紀前期女子留學生與中國體育的拓展（1900-1937）〉，《走向近代》編輯小組編，《走向近代：國史發展與區域動向》（台北：東華書局，2004）。

13. 王惠姬，〈廿世紀上半葉女子留學生與中國體育的拓展（1900-1949）〉，《中正歷史學刊》第七期（2004 年 12 月）。

14. 王惠姬，〈留美女生與中國醫學的近代化——以金韻梅為例〉，發表於東海大學提昇教學品質卓越計畫「文本、社會與性別研究學術研討會」，台中：東海大學，2005 年 12 月 3 日。

15. 王惠姬，〈廿世紀上半葉留美女生與中國家政的拓展（1900-1949）〉，《中正歷史學刊》第八期（2006 年 1 月）。

16. 王斌華，〈美國教育發展的歷史特點和社會因素〉（上），《外國教育資料》1991 年 4 期。

17. 王曉華，〈陳潔如在海外生活錄〉，《南京社會科學》總第六十期（1994 年 2 月）。

18. 水世錚、涂貽芬、羅運仙，〈江西婦女生活改進會在南昌開展抗日活動的片斷回憶〉，中國人民政治協商會議江西省南昌市委員會文史資料研究委員會編，《南昌文史資料》第三輯（1985 年 9 月）。

19. 〈同瀛錄〉，《美洲留學第二次報告》（舊金山：美洲中國學生會，1906 年 4 月。

20. 朱毓祺，〈胡適眼中的聖女——李美步博士〉，《歷史月刊》1999 年 4 月號。

21. 任鴻雋，〈教會教育與留學生〉，《留美學生季報》1918 年夏季第二號。

22. 任鴻雋，〈中國科學社社史〉，中國人民政治協商會議全國委員會文史資料研究委員會編，《文史資料選輯》第十五輯（北京：1961）。

23. 〈交行政院飭主管機關辦理〉，《國防最高會議對國民參政會移送各案之決議暨實施情形概要》（重慶：1938，編者印行）。

24. 余寶笙，〈祖國，母親！〉，《福建日報》1981 年 6 月 11 日。

25. 李晴，〈余寶笙年譜簡編〉，福建華南女子學院編《余寶笙院長紀念集》（未正式出版，1997）。

26. 李又寧，〈記三位不平凡的女性〉，《近代中國》第廿四期（1981）。

27. 李又寧，〈蔣夫人在美國衛斯理女子學院〉，收在秦孝儀主編，《蔣夫人宋美齡女士與近代中國學術討論集》（台北：中正文教基金會，2000）。

28. 李又寧，〈伍智梅與國民黨〉，《中華民國建國八十年學術討論集·政治軍事史》第一冊（台北：近代中國出版社，1991）。

29. 李石曾，〈石僧筆記〉，收在中國國民黨中央委員會黨史委員會編，《李石曾先生文集》下冊（台北：國民黨黨史會，1980）。

30. 李喜所，〈中國留學生與五四運動〉，收在呂芳上、張哲郎主編，《五四運動八十週年學術研討會論文集》（台北：國立政治大學文學院，1999）。

31. 貝德士輯，〈中國基督徒名錄〉，收在章開沅主編，《社會轉型與教會大學》，武漢：湖北教育出版社，1998 年。

32. 呂美頤，〈基督教在中國近代婦女的傳播及其影響〉，李小江、朱虹、董秀玉主編，《性別與平等》（北京：讀書·生活·新知三聯書店，1994）。

33. 杜學元，〈淺談美國女子高等教育的發展及其成因〉，《西華師範大學學報》（哲社版）2004 年第 3 期。

34. 吳襄，〈三十年代來國內生理學者之貢獻〉，《科學》卷 30 期 10（1948 年）。

35. 吳小英，〈女性主義科學〉，李小江、朱虹、董秀玉主編《批判與重建》（北京：生活·讀書·新知三聯書店，2000）。

36. 吳厚柏，〈提倡婦女體育〉，《上海女青年會三十週年特刊》，上海：女青年會，1938。

37. 吳景略，〈生物化學家吳憲的生平事略〉，中國人民政治協商會議天津市

委員會文史資料研究委員會編,《天津文史資料》第 32 輯（1985 年 6 月）。

38. 吳貽芳,〈基督教教育之特殊貢獻〉,《基督教教育季刊》卷 6 期 2（1930 年 6 月）。

39. 吳貽芳,〈金女大四十年〉,收於《吳貽芳紀念集》（上海：江蘇教育出版 社,1987）。

40. 東三省同鄉會編,〈奉天留美同鄉錄〉,《東三省留美學生年報》第一號。

41. 〈法院與本會關於張湘紋醫師等被上訴案往來之函件二則〉,《中華醫學 雜誌》卷 21 期 1（1935）。

42. 邱偉昌、鍾瑞秋,〈榮獲國家體育運動榮譽獎章的張匯蘭〉,《上海體育史 話》1984 年第 4 期。

43. 金海,〈體壇名宿張匯蘭的人生追求〉,《縱橫》2002 年第 5 期。

44. 〈卓國興女士事略〉,中華民國開國五十年文獻編纂委員會編,《中華民 國開國五十年文獻》第一編第十四冊（台北：中華民國開國五十年文獻 編纂委員會,1962）。

45. 胡適,〈美國的婦人〉,《新青年》卷 5 號 3（1918 年 9 月）。

46. 胡適,〈科學與人生觀序〉,《科學與人生觀》上（上海：亞東圖書館,1923）。

47. 胡纓,〈歷史書寫與新女性形象的初立：從梁啟超〈記江西康女士〉一文 談起〉,《近代中國婦女史研究》第 9 期（台北,2001 年 8 月）。

48. 胡有瑞,〈訪卓國華女士談革命往事〉,《中央月刊》卷 3 期 3（1971 年 3 月）。

49. 胡彬夏,〈美國胡桃山女塾之校長〉,《女子雜誌》卷 1 期 1（1915 年 1 月）。

50. 胡伯亮,〈中國近代聲樂事業的先驅──女聲樂教育家周淑安〉,中國藝 術研究院音樂研究所編《中國近現代音樂家傳》第一卷（瀋陽：春風文 藝出版社,1994）。

51. 哈恩忠編選,〈清末金韻梅任教北洋女醫學堂史料〉（中國第一歷史檔案 館藏）,刊在《歷史檔案》1999 年第 4 期。

52. 范長琛,〈衛立煌朱韻珩結縭佳話〉,《紫金歲月》1994 年第 1 期。

53. 俞恰成,〈家庭訪問記：劉王立明女士〉,上海《申報》1934 年 6 月 21 日。

54. 俞慶棠,〈三十五年來中國之女子教育〉,氏著《最近三十五年之中國教 育》（上海：商務印書館,1931）。

55. 〈前山陽高等女學校望月興三郎來書〉,見吳汝綸《東遊叢錄》四,收在 王寶平主編,《晚清中國人日本考察記集成：教育考察記》（上）（杭州： 杭州大學出版社,1999）。

56. 〈英醫士科齡致慶親王稟文〉,《北京檔案史料》1989 年第 2 期。

57. 袁熹,〈近代北京醫療衛生事業與市民健康〉,《北京檔案史料》期 3（2005

年 3 月）。

58. 高梓、張匯蘭，〈中國女子體育問題〉，《科學的中國》卷 2 期 8（南京，1933），頁 166-183。

59. 郝明義，〈傳染病和近代中國〉，http://ww.netandbooks.com/taipei/magazine/book_6_4.html. 2007 年 5 月 1 日擷取。

60. 徐亞倫，〈天津水閣醫院〉，中國人民政治協商會議天津市委員會文史資料研究委員會編，《天津文史資料選輯》第 38 輯（1987 年 1 月）。

61. 徐建云，〈我國古代女醫的成就及其人員稀少的原因探析〉，《南京中醫藥大學學報》（社會科學版）2002 年 3 月第 3 卷第 1 期。

62. 馬林安，〈淺論中國近現代留學生的分期、特點和代表人物〉，《西北大學學報》（哲學社會科學版）1992 年第 2 期。

63. 孫中山，〈中國實業如何發展〉，《實業計劃》（1918）。

64. 夏輝映、宋恩榮，〈著名平民教育家晏陽初先生〉，《人物》1989 年第 3 期。

65. 常道直，〈留美學生狀況與今後留學政策〉，《中華教育界》卷 15 期 9。

66. 梁景和，〈五四時期「生育節制」思潮述略〉，《史學月刊》1996 年第 3 期。

67. 郭常英、蘇曉環，〈近代中國女子留學探析〉，《史學月刊》1991 年第 3 期。

68. 郭肇民，〈私立華南女子文理學院歷史概述〉，中國人民政治協商會議福建省委員會文史資料研究委員會編《福建文史資料》第 21 輯（1988）。

69. 許世瑋，〈許壽裳〉，中國人民政治協商會議全國委員會文史資料研究委員會編，《文史資料選輯》第 21 輯（1990 年 9 月）。

70. 曹育，〈最早在國內從事化學研究的女學者——吳嚴彩韻〉，《中國科技史料》第 16 卷 4 期（北京，1995）。

71. 章清，〈近代中國留學生發言位置轉換的學術意義——兼析近代中國知識樣式的轉型〉，《歷史研究》第 4 期（1996 年 8 月）。

72. 陳偉權，〈我國最早的女留學生——金雅妹〉，《寧波同鄉》期 292（1993 年 7 月 1 日）。

73. 陳霆銳，〈石如玉、丁懋英兩女士合傳〉，《藝文誌》期 74（1971 年 11 月）。

74. 陳衡哲，〈重回母校去〉，見鍾敬文主編《衡哲散文集》（石家莊：河北教育出版社，1994 年重印簡體字版）。

75. 陳鍾英，〈中國婦女自立自強的典範——記余寶笙老師〉，2007 年 5 月 10 日擷取自 www.forsa.org.cn/news/MLB86/20040910113858.htm-30k-

76. 張匯蘭回憶、邱偉昌整理，〈我在中大體育系生活片斷〉，《體育史料》第

10 輯（1982）。

77. 張匯蘭，〈我和金陵女大體育系〉，《體育文史》1983 年 1 期。

78. 張匯蘭，〈體格檢驗及體育分組問題〉，《勤奮體育月報》卷 2 期 12（1935）。

79. 陶善敏，〈中國女子醫學教育〉，《中華醫學雜誌》卷 19 期 6（1933 年 12月）。

80. 傅惠，〈國立第一助產學校與楊崇瑞校長〉，中國人民政治協商會議文史資料研究委員會編《文史資料選編》第 30 輯（1988 年 12 月）。

81. 黃富強，〈我所知道的劉王立明〉，《文史資料選編》第 36 輯（1989 年 3月）。

82. 彭述憲，〈古今醫壇女醫家擇要〉，《遼寧中醫院學報》第 2 卷 4 期（2000年 12 月）。

83. 楊一英譯，〈中國留美學生之統計與分析（1854-1955）〉，《教育與文化》期 218（1959）。

84. 楊若枎，〈記振華女子中學〉，中國人民政治協商會議江蘇省蘇州市委員會文史資料研究委員會編《文史資料選輯》第 8 輯（1982 年 12 月）。

85. 楊崇瑞，〈婦嬰衛生之過去與現在〉，《中華醫學雜誌》卷 32 期 1（1946）。

86. 雷潔瓊，〈抗戰初期我在南昌活動的片斷回憶〉，中國人民政治協商會議江西省南昌市委員會文史資料研究委員會編《南昌文史資料》第 3 輯，紀念抗日戰爭勝利四十週年專輯（1985 年 9 月）。

87. 董滌塵、鍾壽芝，〈前清心女中校史〉，《解放前的上海學校》，中國人民政治協商會議上海市委員會文史資料工作委員會，《上海文史資料選輯》第 59 輯（1988）。

88. 褚承志，〈國立山東大學（上）〉，《山東文獻》卷 6 期 2（1980 年 11 月）。

89. 薛正，〈我所知道的中西女中〉，中國人民政治協商會議文史資料工作委員會，《文史資料選輯》1978 年第 1 輯（北京）。

90. 鄭集，〈現代中國營養學（1920-1953）史料〉，原載中國科學社編，《現代國內生理學者之貢獻與現代中國營養學史料》（上海：編者印行，1954），又刊在《營養學報》第 17 卷 1 期（1995 年 3 月）。

91. 劉光華，〈我的母親劉王立明〉，《人物》總第 10 期（1981 年 11 月）。

92. 劉淑榮，〈基督教在九江的傳播及其創辦的學校和醫院〉，中國人民政治協商會議九江市委員會文史資料研究委員會，《九江文史資料選輯》第 1輯（1984 年 7 月）。

93. 劉王立明，〈滬江大學始末簡記〉，中國人民政治協商會議全國委員會文史資料研究委員會，《文史資料選輯》第 31 輯（1984 年）。

94. 〈劉王立明訪問記〉，收入黃寄萍編纂，《新女性講話》（1937）。

95. 廣東杜清池女士，〈論遊歷閱報為女子立身之要務〉，《女子世界》第二年第四、五期（1906年1月），收在夏曉紅選編《女子世界文選》（貴陽：貴州教育出版社，2003）。

96. 趙曉陽採訪，鄭汝銓口述，〈我在基督教女青年會的經歷〉，見王俊義、丁東主編《口述歷史》第2輯（北京：中國社會科學出版社，2004）

97. 盧平，〈西醫東漸後我國近代的女子醫學教育〉，《中華醫史雜誌》卷29期1（1943年1月）。

98. 〈擬選子弟出洋學藝摺〉，《曾文正公全集》第三冊，收於沈雲龍主編《近代中國史料叢刊》續集第一輯（台北：文海出版社，1985），奏稿。

99. 〈鄺博士兒女的生活及其攝影的藝術〉，《良友》第一期（1926年2月15日）。

100. 盧嘉，〈劉河北畫譽滿羅馬〉，《中國一周》期359（1957年3月11日）。

101. 謝文全，〈我國留美教育〉，《教育資料集刊》第九輯（1984年）。

102. 瞿立鶴，〈五十年來的留學教育〉，收入中國教育學會主編《近五十年來之中國教育》（台北：復興書局，1977）。

103. 〈離婚創舉〉，《女子世界》第15期（1905年），記事。

104. 羅久蓉，〈張蓉珍女士訪問紀錄〉，《烽火歲月下的中國婦女訪問紀錄》（台北：中央研究院近代研究所，2004）。

105. 羅先哲，〈用草製雲絲的女專家鄞雲鶴〉，《炎黃春秋》2003年第3期。

106. 羅先哲，〈情繫雲絲——記著名苧麻纖維專家鄞雲鶴〉，《縱橫》1995年第2期。

（八）博碩士論文

1. 王孟梅，〈抗戰時期的婦女工作〉，台中：東海大學歷史研究所碩士論文，1987。

2. 王秀雲，〈「女性與知識」的幾種歷史建構及其比較，以台灣當代、七○年代台灣、清末及民初四段時空為背景〉，（台北：國立清華大學歷史研究所科技史組碩士論文，1992。

3. 王惠姬，〈清末民初的女子留學教育〉，台北：國立政治大學歷史研究所碩士論文，1980。

4. 安珍榮，〈中華基督教女青年會研究（1916-1937）〉，台北：國立台灣師範大學歷史學系碩士論文，2001。

5. 李玉瑛，〈近代中國基督教教育之發展（1842-1930）〉，台中：東海大學歷史研究所碩士論文，1982。

6. 李美玲，〈中國近代女子教育研究（1912-1949）〉，台北：台灣師範大學教育學系碩士論文，1998。

7. 李傳斌，〈基督教在華醫療事業與近代中國社會（1835-1937）〉，蘇州大學：史學博士論文，2001。

8. 李曉蓉，〈五四前後女性知識分子的女性意識〉，高雄：國立高雄師範大學教育學系博士論文，2002。

9. 吳家瑩，〈國民政府的教育政策與其內外情勢〉，台北：國立台灣師範大學教育研究所博士論文，1988。

10. 林卉玲，〈女性流動經驗下的身體與空間關係的轉化——以台灣女留學生在北美公共空間中身體經驗之轉變爲例〉，台北：台灣大學建築與城鄉研究所碩士論文，2003。

11. 林淑滿，〈我國高等家政教育發展之研究〉，台北：中國文化大學家政研究所碩士論文，1992。

12. 胡國台，〈早期美國教會在華教育事業之建立（1830-1900）〉，台北：政治大學歷史研究所碩士論文，1976。

13. 柯惠鈴，〈性別與政治：近代中國革命運動中的婦女（1900s-1920s）〉，台北：國立政治大學歷史研究所博士論文，2004。

14. 徐元民，〈我國學校體育目標現代化之研究〉，台北：國立台灣師範大學體育研究所博士論文，1997。

15. 許慧琦，〈「娜拉」在中國：新女性形象的塑造與演變〉，台北：國立政治大學歷史研究所博士論文，2001。

16. 張三郎，〈五四時期的女權運動〉，台北：國立台灣師範大學歷史研究所碩士論文，1986。

17. 張錦堂〈動員婦女：國共兩黨在廣東省的婦女運動（1924-1927）〉，台北：台灣師範大學歷史研究所碩士論文，1993。

18. 賈德琪，〈清末新女子教育之興起（1842-1911）〉，台北：台灣師範大學教育研究所碩士論文，1980。

19. 黃潔珍，〈從吳貽芳與金陵女子大學看基督教育理念的實踐〉，香港中文大學研究院哲學碩士畢業論文，1996。

20. 曾芳苗，〈民國教會女子教育——「金陵女子文理學院」的個案研究（1915-1951）〉，桃園：國立中央大學歷史研究所碩士論文，1996。

21. 喻蓉蓉，〈五四時期中國之知識婦女〉，台北：政治大學歷史研究所碩士論文，1987。

22. 彭國樑，〈華東基督教大學之發展與影響（1912-1949）〉，台北：政治大學教育研究所碩士論文，1971。

23. 楊潔，〈民國時期上海女子教育研究（1912-1949）〉，上海：華東師範大學博士論文，2000。

24. 楊彬甫，〈留美學生對中國文學與教育的影響（1917-1949 年）〉，台北：

文化大學中美關係研究所，1980。

25. 劉天祥，〈乾嘉才媛王貞懿研究〉，台北：國立清華大學歷史研究所科技
史組碩士論文，1993。

26. 劉慧俐，〈醫師專業生涯與婚姻、家庭之研究──著重女醫師角色之探
討〉，台北：國立台灣大學公共衛生研究所碩士論文，1984。

27. 熊淑華〈留美學生與中國啓蒙運動（1915-1923 年）〉，台北：文化大學中
美關係研究所，1983。

28. 廖秀眞，〈清末的女子教育（1897-1911）〉，台北：國立台灣大學歷史學
研究所近代史組碩士論文，1980。

29. 趙淑萍，〈民國初年的女學生〉，台北：台灣師範大學歷史研究所碩士論
文，1996。

二、英文資料

（一）期　刊

1. Henderson, C., "Exploring the Future of Home Economics", *Journal of Home Economics*, Fall, 1980.

2. The Chinese Students' Monthly, 1907-1928.

3. Weili Ye, "'Nü Liuxuesheng' The Story of American-Educated Chinese Women, 1880s-1920s" *Modern China*, Vol.20, No.3, July1994.

（二）專　書

1. Behan, Charlotte Louise, *The Woman's Movement and Nationalism in late Ch'ing China*. New York: Columbia University, 1976.

2. Boorman, H. L., ed., *Biographical Dictionary of Republican China*. New York & London: Columbia University Press, 1967.

3. Burton, Margaret E., *Notable Women of Modern China*, New York: Fleming H. Revell Co., 1911.

4. Burton, Margaret E., *The Education of Women in China*, New York: Fleming H. Revell Co., 1911.

5. Cavanaugh, Jerome, ed., *Who's Who in China*. Shanghai: The China Weekly Review, 1931.

6. Cavanaugh, Jerome, ed., *Who's Who in China*. Shanghai: The China Weekly Review, 1932.

7. China Institute in America, *Directory of Chinese University Graduates and Students in America 1946-47*, New York: China institute in America, 1947.

8. Dexter, Edwin G., A History of Education in the United States, New York: The Macmillan Company, 1919,

9. Fairbank, Wilma, *Liang and Lin—Partners in Exploring China's Architectural*

Past. Philadelphia: University of Pennsylvania Press, 1994.

10. Gamble, D., *Peking a Social Survey: Conducted Under the auspices of the Princeton University Center in China and the Peking Young Christian Men's Association*. New York: G. H. Doran, 1921.

11. Lee, Lily Xiao Hong & Stefanowska, A.D., ed., *Biographical Dictionary of Chinese Women: the Qing Period, 1644-1911*. New York: M. E. Sharpe, 1998.

12. Lee, Lily Xiao Hong & Stefanowska, A.D., ed., *Biographical Dictionary of Chinese Women,1912-2000*. New York: M. E. Sharpe, 2003.

13. Lewis, Ida Belle, *The Education of Girls in China*, New York: Columbia University, 1919; Reprinted by San Francesco: Chinese Materials Center, 1974.

14. Mei, Yi-chi,& Cheng, Chi-pao, *A Survey of Chinese Students in American Universities and Colleges in the Past One Hundred Years*, New York: China Institute in America, 1954.

15. Quigley, E. E., *Introduction to Home Economics*, London: The Macmillan, 1969, copyright 1970 in Taiwan, Central Book.

16. Rudy, Willis, *The Universities of Europe, 1100-1914, A History*, Rutherford [N. J.]: Fairleigh Dickinson University Press; London; Cranbury N. J.: Associated University presses, c1984.

17. Tate, M. T., *Home Economics as a Profession*. New York: McGraw-Hill, 1961.

18. Thurston, Lawrence, and Chester, Ruth N., *Ginling College*, New York: United Board for Christian Colleges in China, 1955.

19. Wallace, L. Ethel, *Hwa Nan College, The Woman's College of the south China*, New York: United Board for Christian Higher Education in Asia, 1956.

20. Wang, Y. C., *Chinese Intellectuals and the West, 1872-1949*.Chapel Hill: The University of North Carolina Press, 1966.

21. Wang, Zheng, *Women in the Chinese Enlightenment: Oral and Textual Histories*, Berkeley and Los Angeles: University of California, 1999.

22. *Who's Who in China: Biographies of Chinese Leaders*, Shanghai: The Chinese Weekly Review, 1936.

23. Yuan, Tung-li, Compiled, *A Guide to Doctoral Dissertations by Chinese Students in America, 1905-1960*, Washington, D.C.: Sino-American Cultural Society, 1961.

（三）博碩士論文

1. Bieler, Jan Stacey, "The Lost Reformers: Chinese Students in the United States from 1906-1931", Ann Arbor, M.A. Thesis: Michigan State University, 1994.

2. Linglan Cao "Dreams and Dilemmas: Chinese Female Students Experiences of Overseas Education in the United States", New York Ph. D. Dissertation: Teacher College of Columbia University, 1997.

3. Huang, Carol, "The Soft Power of U. S. Education and the Formation of a Chinese American Intellectual Community in Urbana-Champaign 1905-1954.", Ph. D. Thesis: University of Illinois at Urbana-Champaign, 2001.

4. Jo, Mary, M.A., "Abundant Life: Matilda Thurston, Wu Yifang and Giling College, 1915-1951.", Ph. D. dissertation of the Ohio State, 2002.

5. Kowk, Pui-lan, "Chinese Women and Christianity, 1860-1928.", Doctoral Dissertation of Michigan University of 1989.

6. Liu, Yung-Szi, "The Academic Achievement of Chinese Graduate Students at the University of Michigan（1907-1950）", Ph. D. Dissertation of Michigan University of 1955.

7. Shemo, Connie A., "An Army of Women: The Medical Ministries of Kang Cheng and Shi Meiyu, 1873-1937." Binghamton: Ph. D. Dissertation of History in State University of New York, 2002.

8. Ye, Weili, "Seeking Modernity in China's Name: Chinese Students in the United States, 1900-1927.", Ph. D. Dissertation of History in University of Stanford, 2001.